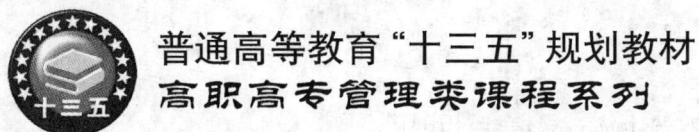

普通高等教育"十三五"规划教材

高职高专管理类课程系列

人力资源管理

主　编／孙　然

副主编／田　月　王　伟　宋平平

立信会计 出版社

LIXIN ACCOUNTING PUBLISHING HOUSE

图书在版编目(CIP)数据

人力资源管理／孙然主编. —上海：立信会计出版社,2016.4

普通高等教育"十三五"规划教材

ISBN 978-7-5429-5016-1

Ⅰ.①人… Ⅱ.①孙… Ⅲ.①人力资源管理—高等学校—教材 Ⅳ.①F241

中国版本图书馆 CIP 数据核字(2016)第 090332 号

策划编辑　赵新民
责任编辑　方士华　李　卿
封面设计　南房间

人力资源管理
Renli Ziyuan Guanli

出版发行	立信会计出版社
地　　址	上海市中山西路 2230 号　　邮政编码　200235
电　　话	(021)64411389　　　　　　传　真　(021)64411325
网　　址	www.lixinaph.com　　　　　电子邮箱　lxaph@sh163.net
网上书店	www.shlx.net　　　　　　　电　话　(021)64411071
经　　销	各地新华书店
印　　刷	常熟市华顺印刷有限公司
开　　本	787 毫米×1092 毫米　　1/16
印　　张	18.75
字　　数	415 千字
版　　次	2016 年 4 月第 1 版
印　　次	2016 年 4 月第 1 次
印　　数	1—2100
书　　号	ISBN 978-7-5429-5016-1/F
定　　价	36.00 元

如有印订差错,请与本社联系调换

前言 Foreword

站在"互联网+"的风口浪尖，受新经济、新人类和新技术的影响，人力资源管理正在发生巨大的变革。HR管理的理论基础——管理科学正被重新定义，HR管理研究的方向也正在发生重大转变。在这样的时代背景下，人力资源管理者必须转变视角，重塑管理模式、变更管理手段，以更好地支持企业战略，结合企业业务，激励员工、激活组织、引爆企业核能，帮助中国企业实现企业互联网+转型。

本书作为专业基础课教材，结合了当前我国人力资源管理的现实和发展趋势，适应高职高专教育的层次，对人力资源管理的内容和体系进行了选择和整合，偏重介绍人力资源管理的整体框架结构和实务处理。在内容安排上，参照人力资源管理的实际工作情境，以工作过程为导向展开，每一章都以一个实际案例引入开始，先引起学生的学习兴趣，启发他们的感性认知，然后再进入具体的内容。整本书遵循"理论够用，侧重方法"的原则，注重学生实践技能的培养。

本教材共分为12章，内容包括：人力资源管理导论、工作分析及职位说明书的编制、人力资源规划的制定、员工招聘、员工选拔与录用、员工培训与开发、员工绩效管理、员工薪酬管理、员工福利管理、劳动关系管理、员工职业生涯管理以及企业文化管理。本教材既适用于高职高专人力资源管理专业及相近专业的教学和学习，也可供从业人员工作参考之用。

本书是由北京经贸职业学院孙然担任主编，田月、河南财政金融学院王伟、宋平平担任副主编。具体分工如下：孙然编写第三至第八章，田月编写第二章，王伟编写第九至第十二章，宋平平编写第一章。杨扬、常婷、燕际森、张璐、张若虹负责内容的校对工作，全书最后由孙然统稿和审校。

本书在编写过程中参考了大量国内外书刊和业界的研究成果，得到了立信会计出版社的大力帮助，在此表示衷心的感谢。

编著好教材是教师的基本职责，写作是一门"遗憾的艺术"，尽管我们希望能努力用心完成我们的职责，但遗憾总是在所难免，期望各位同仁朋友和广大读者能不吝赐教，以便我们在本书的修订过程中弥补些许"遗憾"，有所进益。

编者

目录 Contents

第一章 人力资源管理导论 … 1

第一节 人力资源概述 … 3
一、人力资源的含义 … 3
二、人力资源的相关概念 … 3
三、人力资源的特点 … 4
四、人力资源的构成 … 5

第二节 人力资源管理概述 … 9
一、人力资源管理的含义 … 9
二、人力资源管理的职能 … 10
三、人力资源管理的内容体系 … 11
四、人力资源管理与传统人事管理的区分 … 12
五、人力资源管理的职责分担 … 13

思考与练习 … 13

第二章 工作分析及职位说明书的编制 … 15

第一节 工作分析基础知识 … 17
一、相关概念的界定 … 17
二、工作分析的含义 … 18
三、工作分析的信息提供 … 20
四、工作分析的作用 … 22

第二节 工作分析的程序和方法 … 23
一、工作分析的程序 … 23
二、工作分析的方法 … 25

第三节 职位说明书的编制 … 32

一、职位说明书的内容 ………………………………………… 33
二、职位说明书的编写要求 …………………………………… 34
三、编写职位说明书的注意事项 ……………………………… 35
四、职位说明书范例 …………………………………………… 35
思考与练习 ………………………………………………………… 39

第三章 人力资源规划的制定 …………………………………………… 41

第一节 人力资源规划概述 ………………………………………… 43
  一、人力资源规划的基本概念 ………………………………… 43
  二、人力资源规划的内容 ……………………………………… 45
  三、人力资源规划的程序 ……………………………………… 46
  四、人力资源规划的影响因素 ………………………………… 48
第二节 人力资源需求预测 ………………………………………… 49
  一、人力资源需求预测的程序 ………………………………… 50
  二、人力资源需求预测的方法 ………………………………… 50
第三节 人力资源供给预测 ………………………………………… 54
  一、人力资源供给预测的程序 ………………………………… 55
  二、人力资源外部供给预测 …………………………………… 56
  三、人力资源内部供给预测 …………………………………… 56
第四节 人力资源供求平衡 ………………………………………… 59
  一、供不应求的调整 …………………………………………… 60
  二、供过于求的调整 …………………………………………… 61
  三、结构失衡的调整 …………………………………………… 61
思考与练习 ………………………………………………………… 62

第四章 员工招聘 …………………………………………………………… 65

第一节 员工招聘概述 ……………………………………………… 67
  一、员工招聘的含义 …………………………………………… 67
  二、员工招聘的意义 …………………………………………… 67
  三、影响招聘的因素 …………………………………………… 68
  四、员工招聘的程序 …………………………………………… 70
第二节 员工招聘的渠道选择 ……………………………………… 71
  一、内部招聘 …………………………………………………… 71
  二、外部招聘 …………………………………………………… 74

三、内部招聘与外部招聘的比较分析 …………………………………… 77
　第三节　招聘计划的制订 ………………………………………………… 78
　　一、招聘计划的内容 ……………………………………………………… 78
　　二、招聘计划的编写步骤 ………………………………………………… 78
　　三、招聘计划范例 ………………………………………………………… 79
　第四节　招聘广告的设计 ………………………………………………… 84
　　一、招聘广告的设计要求 ………………………………………………… 84
　　二、招聘广告的内容 ……………………………………………………… 85
　　三、招聘广告设计的注意事项 …………………………………………… 85
　　四、招聘广告案例分析 …………………………………………………… 86
　思考与练习 ………………………………………………………………… 87

第五章

员工选拔与录用 ………………………………………………………… 89

　第一节　简历的分析与筛选 ……………………………………………… 91
　　一、简历项目分析 ………………………………………………………… 91
　　二、简历的逻辑性审查 …………………………………………………… 92
　　三、识别证书真伪的方法 ………………………………………………… 92
　第二节　选拔测试的方法——面试 ……………………………………… 95
　　一、面试的特点 …………………………………………………………… 95
　　二、面试的主要类型 ……………………………………………………… 96
　　三、面试试题的设计 ……………………………………………………… 98
　　四、面试考官的选择 ……………………………………………………… 101
　　五、面试评价量表的设计 ………………………………………………… 103
　　六、面试场所的选取 ……………………………………………………… 104
　第三节　选拔测试的其他方法 …………………………………………… 105
　　一、心理测验法 …………………………………………………………… 105
　　二、评价中心测试 ………………………………………………………… 106
　　三、纸笔测评法 …………………………………………………………… 112
　第四节　人员录用 ………………………………………………………… 112
　　一、录用决策者 …………………………………………………………… 112
　　二、录用决策的程序 ……………………………………………………… 113
　　三、拒聘的处理 …………………………………………………………… 114
　第五节　招聘工作评估 …………………………………………………… 115
　　一、成本评估 ……………………………………………………………… 115
　　二、录用人员评估 ………………………………………………………… 117
　　三、招聘小结 ……………………………………………………………… 118

思考与练习 … 118

第六章 员工培训与开发 … 121

第一节 员工培训与开发概述 … 123
　一、培训与开发的概念 … 124
　二、培训与开发的作用 … 125
　三、培训与开发的种类 … 126
　四、培训与开发的基本程序 … 128

第二节 员工培训需求分析 … 129
　一、员工培训需求分析的意义 … 129
　二、员工培训需求分析的角度 … 129
　三、员工培训需求分析的方法 … 130
　四、员工培训需求分析流程 … 134

第三节 培训技术与方法的选择 … 135
　一、直接传授型培训方法 … 135
　二、实践型培训方法 … 137
　三、参与型培训方法 … 139
　四、态度型培训方法 … 140
　五、互联网+时代的培训方式 … 142
　六、选择员工培训方法的程序 … 143

第四节 培训计划的制定与实施 … 144
　一、培训计划的制定 … 144
　二、培训计划的实施 … 146

第五节 员工培训效果评估 … 148
　一、培训效果评估的含义 … 148
　二、培训成果的层级体系 … 148
　三、培训效果评估方法 … 149
　四、培训评估常用工具示例 … 150

思考与练习 … 152

第七章 员工绩效管理 … 155

第一节 绩效管理概述 … 156
　一、绩效管理的相关概念 … 156
　二、绩效管理的程序 … 161

第二节　绩效计划的制定 ………………………………………………………… 163
一、绩效计划制定的原则 ………………………………………………… 163
二、绩效计划的制定流程 ………………………………………………… 164
三、审定和确认阶段 ……………………………………………………… 167

第三节　绩效考核方法的选择 …………………………………………………… 167
一、比较法 ………………………………………………………………… 167
二、量表法 ………………………………………………………………… 169
三、关键事件法 …………………………………………………………… 174
四、360°绩效考核法 ……………………………………………………… 174
五、目标管理法 …………………………………………………………… 175
六、关键绩效指标法（KPI） ……………………………………………… 176
七、平衡计分卡（BSC） …………………………………………………… 177
八、绩效考核方法的选择 ………………………………………………… 180

第四节　绩效反馈与改进 ………………………………………………………… 181
一、绩效反馈的内涵 ……………………………………………………… 181
二、绩效反馈的重要性 …………………………………………………… 181
三、绩效反馈的基本原则 ………………………………………………… 182
四、绩效反馈的内容 ……………………………………………………… 183
五、绩效反馈沟通前的准备工作 ………………………………………… 183
六、绩效反馈面谈 ………………………………………………………… 184
七、绩效考核结果的应用 ………………………………………………… 185

思考与练习 …………………………………………………………………… 186

第八章

员工薪酬管理 …………………………………………………………………… 189

第一节　薪酬管理概述 …………………………………………………………… 191
一、薪酬的基本概念 ……………………………………………………… 191
二、薪酬的构成 …………………………………………………………… 191
三、薪酬的形式 …………………………………………………………… 192
四、薪酬的职能 …………………………………………………………… 194
五、薪酬管理的含义 ……………………………………………………… 195
六、薪酬管理的特殊性 …………………………………………………… 195
七、薪酬管理的内容 ……………………………………………………… 196

第二节　岗位评价 ………………………………………………………………… 196
一、岗位评价的内涵 ……………………………………………………… 197
二、岗位评价的原则 ……………………………………………………… 197
三、岗位评价的主要方法 ………………………………………………… 198

四、岗位评价的流程 ………………………………………………… 206
第三节　薪酬调查 …………………………………………………………… 207
　　一、薪酬调查的含义 ………………………………………………… 207
　　二、薪酬调查方法 …………………………………………………… 208
　　三、薪酬调查过程 …………………………………………………… 209
第四节　基本薪酬制度 ……………………………………………………… 210
　　一、基本薪酬制度的含义 …………………………………………… 210
　　二、基本薪酬制度的分类 …………………………………………… 211
　　三、宽带薪酬 ………………………………………………………… 214
第五节　薪酬方案设计 ……………………………………………………… 216
　　一、销售人员的薪酬方案设计 ……………………………………… 216
　　二、管理人员的薪酬方案设计 ……………………………………… 216
　　三、专业技术人员的薪酬方案设计 ………………………………… 217
思考与练习 …………………………………………………………………… 217

第九章

员工福利管理 …………………………………………………………… 219

第一节　员工福利概述 ……………………………………………………… 221
　　一、员工福利的内涵 ………………………………………………… 221
　　二、员工福利的种类 ………………………………………………… 221
第二节　员工福利制度的设计与管理 ……………………………………… 223
　　一、员工福利制度设计 ……………………………………………… 223
　　二、弹性福利计划 …………………………………………………… 224
　　三、员工福利制度管理 ……………………………………………… 226
第三节　社会保险及住房公积金 …………………………………………… 227
　　一、社会保险的含义及特点 ………………………………………… 227
　　二、社会保险的基本内容 …………………………………………… 227
　　三、住房公积金 ……………………………………………………… 229
思考与练习 …………………………………………………………………… 229

第十章

劳动关系管理 …………………………………………………………… 231

第一节　劳动关系概述 ……………………………………………………… 233
　　一、劳动关系的含义 ………………………………………………… 233
　　二、劳动关系的要素 ………………………………………………… 233
　　三、劳动关系管理的原则 …………………………………………… 234

四、改善劳动关系的途径 ………………………………………………… 234
　第二节　劳动合同管理 …………………………………………………… 235
　　一、劳动合同的概念与特征 ……………………………………………… 236
　　二、劳动合同的种类 ……………………………………………………… 236
　　三、劳动合同的内容 ……………………………………………………… 237
　　四、劳动合同的订立 ……………………………………………………… 241
　　五、劳动合同的变更 ……………………………………………………… 244
　　六、劳动合同的解除 ……………………………………………………… 246
　　七、劳动合同的终止 ……………………………………………………… 248
　　八、经济补偿金的计算 …………………………………………………… 249
　第三节　劳动争议处理 …………………………………………………… 251
　　一、劳动争议的类型 ……………………………………………………… 251
　　二、劳动争议的范围 ……………………………………………………… 252
　　三、劳动争议的处理程序 ………………………………………………… 252
　思考与练习 ………………………………………………………………… 254

第十一章
员工职业生涯管理 ………………………………………………………… 257

　第一节　员工职业生涯概述 ……………………………………………… 259
　　一、职业生涯的含义 ……………………………………………………… 259
　　二、职业生涯的影响因素 ………………………………………………… 259
　第二节　员工职业生涯规划 ……………………………………………… 261
　　一、职业生涯规划的含义 ………………………………………………… 261
　　二、职业生涯规划的分类 ………………………………………………… 261
　　三、职业生涯规划的基本步骤 …………………………………………… 262
　　四、职业锚 ………………………………………………………………… 263
　第三节　员工职业发展管理 ……………………………………………… 266
　　一、职业发展的必要性 …………………………………………………… 266
　　二、职业发展的负责人 …………………………………………………… 266
　　三、职业发展的实施 ……………………………………………………… 267
　思考与练习 ………………………………………………………………… 268

第十二章
企业文化管理 ……………………………………………………………… 269

　第一节　企业文化概述 …………………………………………………… 272
　　一、企业文化的内涵 ……………………………………………………… 272

二、企业文化的内容 ……………………………………………………… 274
　　三、企业文化的功能 ……………………………………………………… 276
　第二节　企业文化的分类 …………………………………………………… 277
　　一、库克与赖佛特的分类 ………………………………………………… 277
　　二、E·戴尔和 A·肯尼迪的分类 ……………………………………… 278
　　三、Cameron 的分类 ……………………………………………………… 278
　　四、Quinn 的分类 ………………………………………………………… 279
　　五、河野丰弘的分类 ……………………………………………………… 280
　　六、威廉·大内的分类 …………………………………………………… 280
　　七、魏杰的分类 …………………………………………………………… 280
　第三节　企业文化与人力资源管理 ………………………………………… 281
　　一、企业文化在人力资源管理中的作用 ………………………………… 281
　　二、企业文化对人力资源管理的影响 …………………………………… 281
　　三、企业文化与人力资源管理的相互融合 ……………………………… 282
　思考与练习 …………………………………………………………………… 283

参考文献 …………………………………………………………………………… 285

第一章

人力资源管理导论

【知识目标】
- 掌握人力资源的含义、特点及构成
- 掌握人力资源管理的含义、内容体系
- 了解现代人力资源管理与传统人事管理的区别

【技能目标】
- 了解人力资源管理的职责分担

> **引入案例**
>
> ### "以人为本"的惠普
>
> 　　惠普的文化常常被人们称为"HP Way"（惠普之道）。HP Way 有 5 个核心价值观：①相信、尊重个人，尊重员工；②追求最高的成就，追求最好；③做事情一定要非常正直，不可以欺骗用户，也不可以欺骗员工，不能做不道德的事；④公司的成功靠大家的力量来完成，并不是靠某个个人的力量来完成；⑤相信不断的创新，做事情要有一定的灵活性。
>
> 　　惠普公司一直提倡"以人为本"，早在 20 世纪 40 年代，休利特和帕卡德两位创始人就下决心不能让惠普成为一家"雇用人和解雇人"的公司，而是一家"员工至上"的公司。这个理念一直未变，修订后的公司目标如此表述："惠普不应是一家紧张的、军事化的公司组织，而应是这样一家公司，员工们享有自由，并能选择最适合他们各自责任领域的方式去实现总体目标。"惠普在处理问题时，只有基本的指导原则，而具体细节全留给基层经理，给他们更多的发挥空间，结合现实情况自主判断。惠普还是最早实行弹性工作制的企业，允许科研人员在家里工作。惠普总裁办公室从来没有门，任何员工都可以越级向上级反映问题。惠普宽容对待离职后又返回工作的人才，曾经有一位高级副总裁就曾在惠普三进三出。
>
> 　　一次，休利特在星期六参观一个车间，发现实验仓库区的门是锁上的，他立即到维修间取来钳子，撬开了仓库门。星期一早上员工来上班时，发现了他留下的一张纸条，上面写着："请别再锁上这道门了，多谢合作。比尔。"休利特提倡实验仓库应向工程师们开放，他们不但可以自由动用这些设备，还可以带回家去供私人使用。实验仓库是保管电子和机械部件的地方，不管工程师们动用这些部件是否与工作目的相关，但惠普相信，只要在工作场所或家中摆弄一下这些设备，工程师们都可从中学到东西、发现问题、找到灵感。只有给予雇员充分的自由，才能最大限度地激发创新。因此，惠普公司实行"开放式实验仓库"政策，不管在什么地方，工程师们都享有动用各种设备的自由。
>
> 　　　　　　　　　　　　　　　　　　　　　（资料来源：http://wenku.baidu.com）
>
> **讨论：**
> (1) 惠普公司在人力资源管理方面的独到之处是什么？
> (2) 惠普公司的人力资源管理工作还有哪些可以改进之处？

　　当前世界已进入"制脑权"时代，越来越多的企业管理者意识到：谁拥有地球上最多最有智慧的大脑，并能发挥其智能效用，谁就占领了市场竞争中决战制胜的最高点。"大脑"的载体——人，特别是具备创新能力的专业知识人才和高素质员工，成为企业争夺的焦点，并逐步取代了机器、资本等成为企业的第一战略资源。所以，作为当今时代的管理人员，了解并掌握人力资源管理的基本知识已成为必备的素质。

第一节 人力资源概述

一、人力资源的含义

"资源"一词在《辞海》中被解释为"资财的来源"。在经济学中,"资源"是指为了创造物质财富而投入生产活动中的一切要素。资源包括的种类繁多,如自然资源、资本资源、信息资源、技术资源、关系资源、品牌资源等。

在资源的基础上加上"人力"一词,构成"人力资源"这一概念,最早是在1954年美国管理学家彼得·德鲁克《管理的实践》一书中提出的。他指出,与其他资源相比,人力资源是一种特殊的资源,它必须通过有效开发和激励才能充分发挥作用,并为组织带来经济价值。

目前,学术界对于人力资源的定义仍然说法不一,主要存在两种观点:一种认为应从人的角度进行界定,人力资源是指能够推动经济和社会发展的具有体力和智力劳动能力的人的总称;另一种认为应从能力的角度进行界定,人力资源是指人类进行生产或提供服务,推动整个经济和社会发展的劳动者的各种能力的总称。具体到本教材,人力资源是指能够推动经济和社会发展的,能为社会创造物质财富和精神财富的体力劳动者和脑力劳动者的总称。

二、人力资源的相关概念

(一)人口资源

人口资源是指一个国家或地区拥有的人口数量的总称,是构成人力资源的基础。人口资源主要表明数量概念,犹如一个高大建筑的底层,一切人才皆产生于这个最基本的资源中。人口资源中具备智力和体力的那一部分人才是人力资源。

(二)劳动力资源

劳动力资源是指一个国家或地区具有的劳动力人口的总称,具体是指一个国家或地区在一定时间内拥有的实际从事社会经济活动的全部人口,包括正在从事劳动和投入经济运行的人口以及由于非个人原因暂时未能从事劳动的人口。

(三)人才资源

人才资源是指一个国家或地区具有较强的战略能力、管理能力、研究能力、创造能力和专门技术能力的人的总称。他们能够组织、影响、帮助他人共同创造物质财富和精神财富,能够在其所组织的团队和所研究的工作中产生辐射效应。人才资源主要突出质量的概念,它必须是人力资源中较杰出、较优秀的那一部分,它表明的是一个国家或地区所拥有的人才质量,应能较客观地反映一个民族的素质和这一民族所可能拥有的前途。

(四)天才资源

天才资源通常不是指某些通才,而是指在某一领域具有特殊才华的人,他们在自己的这一领域具有十分独特的创造发明能力,通常能在这一领域起领先作用,并具有攀登顶峰的能力。如果他们有崇高的目标指引,会为人类作出划时代的贡献,天才资源不可多得,但必须具备健康的心理和崇高的目标,否则,也可能产生对人类生存和发展不利的影响,甚至对人类生存作出毁灭性的打击。

(五) 人力资本

人力资本是通过对人的教育、训练和卫生保健等方面的投资而形成的资本。它凝结在劳动者身上,体现为知识、智慧、技能与健康等方面。人力资源将"人"作为一种资源财富,人力资本将"人"作为一种投资对象。人力资源包括自然性人力资源和资本性人力资源,而人力资本强调的是人力资源在生产过程中的使用。当人力资源被作为赚取利润的手段时,就被赋予了人力资本的内涵。

人力资源的相关概念关系如图1-1所示。

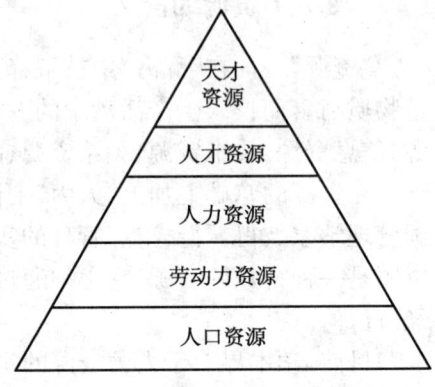

图1-1 人力资源相关概念关系图

三、人力资源的特点

(一) 能动性

劳动者总是有目的、有计划地运用自己的劳动能力。有目的地活动,是人类劳动与其他动物本能活动的根本区别。劳动者按照在劳动过程开始之前已确定的目的,积极、主动、创造性地进行活动。人力资源的能动性主要表现为:①自我强化,即人能够通过学习来提高自身的素质和能力;②功利性的投向,趋利避害是动物的一种本能,但人并不像动物那样只能被动地接受周围环境的影响,而是可以主动选择、积极适应,所以在市场调节人力资源的过程中,人力资源会以一定的功利性目的为依据,有意识地控制和选择其投向;③爱岗敬业,积极工作,创造性地劳动,这是人力资源能动性的最主要方面,也是人力资源发挥潜能的决定性因素。

(二) 再生性

从劳动者个体来说,他的劳动能力在劳动过程中消耗之后,通过适当的休息和补充需要的营养物质,劳动能力又会再生产出来;从劳动者的总体来看,随着人类的不断繁衍,劳动者又会不断地再生产出来。人力资源的这种再生性除了受生物规律的支配外,还受到人类自身意识、意志的左右,受到人类文明程度的影响,受到科学技术水平的影响。

(三) 增值性

人力资源的再生产过程是一种增值的过程。对人体而言,体力和脑力在合理限度内使用不仅不会退化或消失,反而会不断增强。当人受到有效激励时,会主动积极地劳动,尽可能发挥自己的聪明才智,人力资源的价值就能得到充分发挥。另外,人力资源具有无限开发的潜能和价值,而且人力资源开发具有投入少、产出大的特点,加上人力资源的合理使用也是其开发方式之一,因此人力资源可以持续不断地开发和增值。

（四）时效性

作为人力资源的劳动能力只存在于劳动者个体的生命周期之中，而人的生命周期又分为幼年期、青壮年期、老年期，各个时期的劳动能力区别很大。能从事劳动、能被开发利用的时间被限制在生命周期的中间一段，而在这一时期又因为人才类别、层次的不同，有才能发挥的最佳期和最佳年龄段。所以，开发和利用人力资源要讲究及时性，以免造成浪费。

（五）两重性

人力资源与其他任何资源不同，是属于人类自身所有，存在于人体之中的活的资源，因而人力资源既是生产者，同时又是消费者。人力资源的生产性是指人力资源是物质财富和精神财富的创造者，为人类或组织的生存和发展提供条件。人力资源的消费性是指人力资源需要消耗一定的物质财富，维持自身的生存和发展。同时，消费性也是人力资源自身生产和再生产的条件。

（六）社会性

一方面，从宏观层面看，人力资源的获取与配置要依赖社会，人力资源的配置与使用从属于社会分工体系；从微观层面看，人类的劳动是社会性劳动，不同的个体参与社会经济活动中的社会分工。这些构成了人力资源社会性的客观基础。

另一方面，人生活在社会与群体之中，每个群体或民族都有自身的文化特征和价值取向，这些都会通过群体中的个人表现出来。个体不同的价值观会影响个体在社会活动中的行为。另外，因为人是社会人，除了追求经济利益，人还要追求包括社会地位、声誉、精神享受以及自我价值实现等多重目标的实现。在实现这些目标的过程中，个体能力和潜能的发挥不仅会带来生产力的提高和社会经济的发展，而且会产生社会性的外部效应，如人的素质的提高会提高社会文明程度、能够使人有意识地保护并改善自然环境等。因此，从本质上说，人力资源是一种社会性资源。

四、人力资源的构成

人力资源由数量和质量两个方面构成。

（一）人力资源的数量构成

人力资源的数量又分为绝对量和相对量两种。

1. 绝对量

从宏观上看，人力资源的绝对量指的是一个国家或地区中具有劳动能力、从事社会劳动的人口总数，它是一个国家或地区劳动适龄人口减去其中丧失劳动能力的人口，加上非劳动适龄人口中具有劳动能力的人口。其包括以下几个部分：

（1）处于劳动年龄之内，正在从事社会劳动的人口。它占据人力资源的大部分，称为"适龄就业人口"。

（2）尚未达到劳动年龄，已经从事社会劳动的人口。即"未成年劳动者"或"未成年就业人口"。

（3）已经超过劳动年龄，继续从事社会劳动的人口。即"老年劳动者"或"老年就业人口"。

以上三部分构成就业人口的总体。

（4）处于劳动年龄之内，具有劳动能力并要求参加社会劳动的人口，称为"求业人口"或"待业人口"，与前三部分一起构成经济活动人口。

（5）处于劳动年龄之内，正在学习的人口，称为"就学人口"。

（6）处于劳动年龄之内，正在从事家务劳动的人口。

（7）处于劳动年龄之内，正在军队服役的人口。

（8）处于劳动年龄之内的其他人口。

前四部分是现实的社会劳动力供给，是直接的、已经开发的人力资源；后四部分并未构成现实的社会劳动力供给，是间接的、尚未开发的、处于潜在形态的人力资源，人力资源数量构成图如图1-2所示。

未成年就业人口	适龄就业人口				老年就业人口
	待业人口				
	就学人口	家务人口	军人	其他人员	
	病残人口				

| 少年人口 | 16岁 | 劳动适龄人口 | 退休年龄 老年人口 |

图1-2　人力资源数量构成图

2. 相对量

人力资源的相对量即人力资源率，是指人力资源的绝对量占总人口的比例，是反映经济实力的重要指标。一个国家或地区的人力资源率越高，表明该国家或地区的经济越具有某种优势，因为在劳动生产率和就业状况既定的条件下，人力资源率越高，表明可投入生产过程中的劳动数量越多，从而创造的国民收入也就越多。

（二）人力资源的质量构成

人力资源的质量主要包括体质、智质、心理素质、品德、能力素养和情商6个方面。

1. 体质

衡量体质主要有6个指标，即身体素质、忍耐力、适应力、抗病力、体能和健美度。

（1）身体素质，是指身体内外各部分健康的程度和营养的程度。

（2）忍耐力，是指身体抵御艰苦环境的能力。忍耐力直接与一个人的意志力相关联，意志力包含了身体的忍耐力和精神的忍耐力，身体的忍耐力是坚强意志的基础。

（3）适应力，是指适应落差较大的自然环境、居住环境、工作环境、生活环境的能力。身体的适应力与人的意志力也有关联，一个人的身体如不能"随遇而安"，必然会带来工作的困扰，从而严重地挑战人的意志力。适应力是坚强意志力的必备条件，同时又是应变能力的基础。

（4）抗病力，是指抵抗各种疾病的能力，疾病是人类的大敌，对疾病的抵抗能力能使人保持健康的身体以完成各种工作。

（5）体能，是指体力所能承受的强度。体能既是一个综合指标，又是一个独立的指标，表明体力的强度。体能训练在20世纪50年代的日本就十分流行，目前国内企业也已注意到对骨干队伍和员工的体能训练,国内已有若干家培训公司专门对体能进行训练。

(6) 健美度,是指健康的素质和匀称美丽外表的统一。男人应该高大、强壮,表现出力度和刚度,女性应该身材匀称、美丽,表现出美丽和风度。健美度是被我国忽略的指标,应引起我们极大的注意。

古人曾说过:"天将降大任于斯人也,必先苦其心志,劳其筋骨,饿其体肤,空乏其身……。"这说明自古以来,人们对体质的要求就赋予了比健康无疾病更多的内容,包括了身体上的耐力和精神上的耐力,以及身体的适应力和精神的应变力。

因此,高大、健壮、匀称、乐观、坚强、活泼、有耐心和耐力,这些应该都是良好的体质所要求的。相反,孱弱、萎缩、胆怯、弱不禁风,经不起任何变动和压力,即使没有疾病,也不属于有良好的体质。

2. 智质

智质与智商的概念是不相同的。按美国的普遍观点,智质主要表现为三要素:理解能力、判断能力和推理能力。而智力按大的划分,通常表现为7种智力:言语智力、数理逻辑智力、空间智力、音乐智力、体能智力、人际智力和自知智力。

中国对智质提出了以下8种能力:记忆力、理解力、思维能力、应变能力、接受能力、感知能力、幽默感和条理性。这8种能力是宽口径的,包含了各行各业的能力,但不包含某些特殊领域的能力健全的思维。正确理解环境的变化,富有同情心,能爱人和被人爱,这就是劳动者良好的智质所要求的;相反,感知迟钝,不近情理,无法应变周围的环境,就不属于良好的智质了。

3. 心理素质

健康的心理素质包含情绪的稳定性、平常心、能正确把握角色地位、有较强的心理应变能力和适应能力、能爱他人和被人爱等。

1) 情绪的稳定性

情绪的稳定性是指在任何情况下和环境中,均能处变不乱、处乱不惊、不急不躁,保持稳定的情绪去面对各种可能的变化,以稳定的情绪感染他人,使他人的情绪也得以稳定,从而妥善处理好人与人的关系、人与事的关系。

2) 平常心

中国有句古话:"富贵不能淫,贫贱不能移,威武不能屈。"这里指的既是一种人格、一种品德,同时也是一种心理素质。保持平常心的人对于富、贵、贫、贱、成功、失败均能很好地把握。胜不骄、败不馁,无论他处于人生的何种状态,均有一个平常的心去对待不平常的事、不平常的人,从而使自己成功时依然得人心,失败时依然得助力。

3) 正确把握角色地位

正确把握角色地位是一件很难的事情,尤其当你的角色发生变化时,你能否成为一个转变人,准确地在变化了的角色上定位。比如,你从第一把手调任其他单位的第二把手,你能否做到"到位而不逾位",你能否全力协助第一把手完成工作;当你得到上司的特别信任时,你是否会偏离自己的角色而擅用职权;当你受到上司的特别排斥时,你是否会自暴自弃而放弃自己的职责和权利。正确把握角色地位是一个人心理素质中相当困难的那一部分,但也是相当重要的一部分。

4) 心理的应变力和适应力

身体的忍耐力和适应力与心理的应变力和适应力是一个人具备应变能力的两个方面。心理的应变力表现在对突如其来的环境变化、社会地位落差变化、职务变化、家庭变故、身体恶疾、情感变化等多种始料未及的变化的应变力和适应力上,它被赋予的概念和前面几个要素不一样,更多的是心理上承受变故和承受挫折的能力。

5) 爱他人和被人爱

古人云:"仁者爱人。"这里的"爱"是一个广义的概念,爱家人,爱朋友,爱同事,爱所有值得爱的人,是一个人心理健康的重要标志。关心他人,了解他们的需要,理解他们的各种特别的行为和语言。古人亦云:"己所不欲,勿施于人。"不要对他人恶语相向,善待他人就是善待自己。要用健康的心理去接受他人的爱,爱你的人,除了极少数的人之外,都是由于欣赏你、喜欢你、关心你,应该接受他们的关心、帮助、爱护,谢谢他们为你所做的每一件事,珍惜他们为你所付出的每一份爱心。

4. 品德

古代把一个人良好的品德表现为五个字:仁、义、礼、智、信。一个人的道德品质在人力资源的质量评估中是占第一位的。忠信为本,道德为先,是中国古代所有圣人遵循的用人之道。一个人的道德品质应能包含以下几个方面:

(1) 热爱祖国和人民,热爱历史悠久的中华民族和中国文化。

(2) 有事业心,有崇高的事业追求和敬业精神。

(3) 有责任心,对工作、对家人、对朋友均有很高的责任心和信誉度。

(4) 有友爱之心,善于团结、信任、理解和帮助他人。

(5) 心胸坦荡,热情,忠诚,正直,有容人之雅量,有纳谏之心怀。

有高尚品德的人,并不表现在口头上,更不表现在训斥他人和自我标榜上。原则性是一个人品德的内核,这个内核也许从一个外表上看不见,但如果他人用重拳出击时,就会感受到那种内核的无穷无尽的力量,他是不可征服的,因为他有崇高的目标和高尚的品格,永远能保持那不能予夺的壮志和品格内核。

5. 能力素养

能力素养是一个人"四历"的结晶。这四历分别为:学历、经历、阅历和心历。

学历是一个客观的学习历程,它包含了小学、初中、高中、大学专科、大学本科、硕士研究生、博士研究生的学习历程。这个学习历程到达本科之后还应该有相应的学位给予:学士、硕士和博士。学历表达了一个人受教育的程度,是一个知识总量和理论功底的重要标志。

经历是一个人从出生、上学到从业后的全部经过历程。它除了包含学历之外,更多的是从业的过程。学历更多体现在学习的积累,经历更多体现在经验的积累。经历更多的事,就能积累更多的做事经验。

阅历是一个比经历包含更广的概念,阅历未必全部是自己亲身的经历,阅历包含了他身边的人、他了解的人、他见到的人的经历和经验。阅历也包含了对身边的人与事的关心,包含了对中国历史和外国历史的阅读,包含了对世界发生的各类事情的认识和了解。

心历是表达一个人心的历程。内心的波涛起伏，外人是看不见的，就像一平如镜的大海，涌动着多少沧桑便记录着多少苦难。一个人也许经历过，也许阅历过，但如果不往心里去，在心灵的深处作一番思考，经历那心灵的震撼和荡涤，经历那内心的痛苦和煎熬，思考那些深邃的人生哲学和人间沧桑，他依然难以获得足够的智慧、经验和各种能力。

因此，能力素养是学历、经历、阅历和心历的结晶，它可以概括提炼出以下18种能力：战略能力、知识总量、规划能力、理解能力、决策能力、研究能力、组织能力、判断能力、创新能力、人际沟通能力、推理能力、感知能力、分析能力、工作条理性、应变能力、文字写作能力、演讲能力和再学习能力。

6. 情商

情感商数(Emotional Intelligence Quotient)，通俗提法是EQ。EQ这一概念是美国耶鲁大学心理学家彼得·塞拉维和新罕什尔大学的约翰·梅耶于1990年首次提出，并于1996年作了修订。许多学者认为，IQ是被用来预测一个人的学业成就，而EQ则是被用来预测人生成功和职业成功的指数。EQ是与三个要素紧密联结在一起的，即自身、环境、他人。

EQ提示了一条规律，一流人才是在自己的身上安装了"发动机"的人。这种人不需要他人的催化、鼓动、激励，就能永远自我激励，勇猛向上，奋斗不已，这种人能够激励他人，善于与人相处并影响他人向前奋斗，这种人是能够在任何环境下保护自我，获得生存和发展的人。

最后，我们用表1-1来总结人力资源的质量构成。

表1-1　　　　　　　　　　　人力资源的质量构成

质量构成	要　点
体质	身体素质、忍耐力、适应力、抗病力、体能、健美度
智质	理解能力、判断能力、推理能力
心理素质	情绪的稳定性、平常心、角色、应变力、爱人和被人爱
品德	爱祖国、事业心、责任心、信任帮助他人、心胸坦荡
能力素养	学历、经历、阅历、心历
情商	认识、管理、激励自己，认识和处理好自己与他人的关系，认识和处理好自己与环境的关系

第二节　人力资源管理概述

一、人力资源管理的含义

人力资源管理是指企业为实现组织的战略目标制定相应的人力资源战略规划，通过人力资源的获取、使用、保持、开发、评价和激励等方面所进行的计划、组织、指挥和控制的活动。具体的，可以从以下两个方面来理解人力资源管理：

（1）对人力资源外在要素——量的管理。对人力资源进行量的管理，就是根据人力和物力及其变化，对人力进行恰当的培训、组织和协调，使两者经常保持最佳比例和有机的结合，使人和物充分发挥最佳效应。

（2）对人力资源内在要素——质的管理。对人力资源进行质的管理是指采用现代化的科学方法，对人的思想、心理和行为进行有效的管理，通过多种激励手段，激发员工工作的积极性，最终达到企业高效利用和员工自身发展的目的。

二、人力资源管理的职能

（一）帮助组织达成目标

组织中的任何目标都需要人的参与，人力资源部门主动配合组织的各种需要，帮助组织达成目标。

（二）招聘组织需要的人员以补充企业"新鲜血液"

组织为开辟新的生产线，扩大企业的规模，兼并其他企业都提出了大量的人力资源的需求，人力资源部必须帮助组织获取所需要的各类适合的人力资源。此外，一个企业即使不进行扩张，企业人员也会有"自然磨损"，如退休、退职、病退、辞退、辞职、死亡等，这种自然磨损也必然需要人员的补充。

（三）培训员工的技能和能力以达到组织的要求

培训基层和中层管理人员的管理能力使其能行使自己的管理职能；培训各类岗位上的普通员工使其技能适合他们岗位的需求；使所有员工的力量转化成为生产力，为股东、消费者和员工本人谋福利。

（四）培训士气高昂和有协作精神的员工以帮助组织建设优秀的团队

要正确地激励员工，使他们保持一种向上的和高昂的士气；要培训员工的协作精神，学会接纳和理解合作伙伴；要培训他们对组织目标的执著和对领导的信任，从而帮助领导建设一支有战斗力的坚强的优秀团队。

（五）指导员工进行职业规划并为员工提供最大的发展空间

职业规划、职业发展和职业管理是人力资源部门必须主动策划的工作，帮助员工找准找对自己的工作方位和发展方向，测试他们的性格、专业能力和专业兴趣，制定职业规划并提供给他们最大的发展空间。

（六）提高员工的工作生活质量以达到员工的高满意度

满意的工作生活质量包括领导者的管理风格、管理风度、员工参与决策和管理、安全而稳定的职业发展、合理而满意的工作报酬、满意的工作条件、良好的企业形象等，提高上述这些工作环境能使员工达到高满意度。

（七）加强与全体员工进行人力资源管理政策的沟通

要使公司中的每个人都了解人力资源管理的目的、方法和措施，这种沟通不仅仅是存在即可，而应该是持续不断的努力，其工作不仅是与消费者、非消费者、政策制定者、其他外部公众的沟通，而且要与内部员工进行全方位沟通，要让员工了解他们正在为组织的整体战略目标作出贡献。

（八）维护公司政策的伦理道德及行为的社会责任

人力资源管理必须表扬员工的高尚道德和遵守公司政策的行为，必须确保人力资源管理的任何活动都是公平、公正，遵守国家的法律，值得信赖并经得起监督和检查的。要保证员工的人格尊严不被侵犯，其基本权利受到保护，同时引导企业及员工的行为符合社区、社会的道德伦理标准，鼓励员工成为遵纪守法的模范。

三、人力资源管理的内容体系

（一）人力资源规划

人力资源规划是人力资源管理工作的航标，是人力资源管理过程的初始环节，也是人力资源管理各项活动的起点。人力资源规划的目的在于结合企业发展战略，通过对企业资源状况以及人力资源管理现状的分析，找到未来人力资源工作的重点和方向，并制订具体的工作方案和计划，以保证企业目标的顺利实现。

（二）工作分析

工作分析是人力资源管理的基础，是对各类岗位的性质、任务、职责、劳动条件和环境，以及员工承担本岗位任务应具备的资格条件等进行系统分析和研究，并制定工作说明书等人事文件的过程。

（三）员工招聘与选拔

员工招聘与选拔是指组织根据人力资源管理规划和工作分析的要求，采取一些科学的方法，寻找、吸引具备资格的个人到本组织来任职，并从中选拔适宜人员予以录用的管理过程。它建立在人力资源规划和工作分析两项工作的基础之上，是"引"和"用"的结合艺术。

（四）培训与开发

培训与开发是指通过培训提高员工个人、群体和整个企业的知识、能力、工作态度和工作绩效，进一步开发员工的智力潜能，以增强人力资源的贡献率。

（五）绩效管理

绩效管理是指各级管理者和员工为了达到组织目标共同参与的绩效计划制订、绩效辅导沟通、绩效考核评价、绩效结果应用、绩效目标提升的持续循环过程。绩效管理的目的是持续提升个人、部门和组织的绩效。绩效管理通过对员工在一定时间内对企业的贡献和工作中取得的绩效进行考核和评价，及时作出反馈，以便提高和改善员工的工作绩效，并为员工培训、晋升、薪酬等人事决策提供依据。

（六）薪酬管理

薪酬管理是人力资源管理活动中最敏感、最引人关注、技术性最强的部分。一方面，薪酬管理是对员工过去业绩的肯定，使员工的付出能够得到相应的回报，实现薪酬的自我公平；另一方面，借助有效的薪酬福利体系也可以促进员工不断提高业绩，使绩效不同的员工得到不同的报酬，实现薪酬的内部公平。另外，企业的薪酬制度也是预测供给时要考虑的一个重要因素。

（七）劳动关系管理

劳动关系管理是指协调和改善企业与员工之间的劳动关系，进行企业文化建设，营造和谐的劳动关系和良好的工作氛围,保障企业经营活动的正常开展。劳动关系管理的目的在于明确双方的权利和义务,为企业业务开展提供一个稳定和谐的环境,并通过企业战略目标的达成最终实现企业和员工的共赢。

(八) 职业生涯管理

职业生涯管理是现代企业人力资源管理的重要内容之一,是企业鼓励和关心员工的个人发展,帮助员工制订职业生涯规划和帮助其职业生涯发展的一系列活动。员工工作岗位的调配应当是具有职业生涯导向的,它强调根据员工的职业生涯发展需要进行调配;在组织从事职业生涯规划与管理的情况下,培训工作不仅目标明确、具体,而且很容易和员工的需要相结合,从而取得较好的培训效果;而绩效考评可以帮助员工改善绩效,起到修正职业生涯发展偏差的作用,其也是修改或调整职业生涯规划的重要依据。

(九) 人力资源会计

人力资源会计是指与财务部门合作,建立人力资源会计体系,开展人力资源投资成本与产出效益的核算工作,为人力资源管理与决策提供依据。

四、人力资源管理与传统人事管理的区分

(一) 人力资源管理和传统人事管理的相同点

(1) 研究对象相同:人。
(2) 研究的某些内容相同:薪酬、编制、调配、劳动安全等。
(3) 研究的某些方法相同:制度、纪律、奖惩、培训等。

(二) 人力资源管理与传统人事管理的不同点

传统的人事管理是以"事"为中心,注重的是控制与管理人,属于行政事务式的管理方式。而人力资源管理则以"人"为核心,是把人作为活的资源来加以开发,人力资源被提到战略高度。人力资源管理注重人的心理与行为特征,强调人与事相宜、事与职匹配,使人、事、职取得最大化的效益。关于人事管理与人力资源管理的不同点如表1-2所示。

表1-2　　　　　　　　　　　人事管理与人力资源管理的不同点

比较要素	人力资源管理	传统人事管理
管理视角	视员工为第一资源、资产	视员工为负担、成本
管理目的	组织和员工利益的共同实现	组织短期目标的达成
管理活动	重视员工培训与开发	重使用、轻开发
管理内容	非常丰富	简单的事务管理
管理地位	战略层、决策层	操作层、执行层
部门性质	生产与效益中心	单纯的成本中心
管理模式	以人为中心	以事为中心
管理方式	民主式、参与式	命令式、控制式
管理性质	战略性、整体性	战术性、分散性

五、人力资源管理的职责分担

大多数公司都有人力资源管理部门,然而,并非只由这个部门承担公司人力资源管理实践的责任,这个责任由人力资源管理者和直线经理共同承担。人力资源管理者与直线经理所起的作用有时会划分不清,这些作用会因公司的不同而有所不同,主要取决于组织的规模。一个大型公司,它会有一个相当规模的人力资源部门,然而在较小公司中,直线经理必须在有效的人力资源管理实践中发挥更大的作用。一般而言,人力资源管理者与直线经理在人力资源管理中的分工如表1-3所示。

表1-3　　　　　人力资源管理者与直线经理的人力资源管理职责划分

职能	直线经理	人力资源管理者
选人	提供工作分析、工作描述及工作要求的有关数据和资料; 根据企业战略,分析未来工作及工作量,进行人员配置; 同候选人进行面谈,作出最后的录用决定	在直线经理所提供资料的基础上制作岗位说明书和岗位规范; 根据直线经理提供的人员配置情况制定企业的人力资源规划; 寻找合适的求职者,对候选人进行初步筛选,并推荐给相关部门
育人	根据部门具体情况,将员工安排到不同岗位,并对新员工进行指导和培训; 实施部门培训,对培训活动进行评价并向人力资源部门提出建议; 协助员工设计个人职业发展计划	拟订培训文件,制定培训计划,准备培训用资料; 组织企业培训活动,检讨培训活动的效果并加以改进; 制订员工的职业发展计划
用人	确定绩效考核指标和标准; 对下属的绩效状况进行评估,反馈评估结果,帮助员工改进工作; 根据员工的工作表现和个人能力提出岗位轮换或晋升的建议	制定企业的绩效管理制度,组织绩效考核的实施; 提供考核指标、标准的专业性指导,培训直线经理正确操作; 制定企业的岗位轮换制度和晋升制度,保证岗位调换过程的公平性
留人	运用激励的方法提高员工工作的积极性,沟通协调本部门内人际关系; 根据绩效考核结果确定员工的奖金数量; 向人力资源管理者提供关于工作性质和相对价值方面的信息,帮助他们确定工资水平	进行薪酬调查,制定合理的薪酬制度和福利计划; 妥善处理劳资关系; 保障员工的健康与安全,为员工创造良好的工作环境; 就奖金分配方案和工资支付计划向直线经理提供建议

— 思考与练习 —

一、基本概念

人力资源　人力资源管理

二、单项选择题

1. 下列哪个选项不包括在现实的劳动力供给内（　　）。
   A. 未成年就业人口　　　　　　　　B. 暂不能参加社会劳动的人口
   C. 适龄就业人口　　　　　　　　　D. 老年就业人口

2. 下列选项中,（　　）是直接的人力资源。
   A. 失业人口　　　　　　　　　　　B. 暂不能参加社会劳动的人口
   C. 老年就业人口　　　　　　　　　D. 其他人口

3. 人口资源、人力资源和人才资源的关系是（　　）。
   A. 人口资源＞人才资源＞人力资源
   B. 人力资源＞人口资源＞人才资源
   C. 人才资源＞人口资源＞人力资源
   D. 人口资源＞人力资源＞人才资源

4. 人力资源这一概念最早是由（　　）提出来的。
   A. 彼得·德鲁克　　B. 泰罗　　　　C. 韦伯　　　　D. 法约尔

5. 人力资源发挥潜能的决定性因素体现在人力资源的（　　）。
   A. 能动性　　　　B. 再生性　　　C. 社会性　　　D. 时效性

6. 不属于人力资源的质量构成的是（　　）。
   A. 心理素质　　　B. 能力素养　　C. 社会地位　　D. 情商

7. 人力资源管理的初始环节是（　　）。
   A. 人力资源规划　　　　　　　　　B. 员工招聘与选拔
   C. 工作分析　　　　　　　　　　　D. 薪酬管理

8. 人力资源管理和传统人事管理在（　　）方面完全相同。
   A. 研究方法　　　　　　　　　　　B. 研究内容
   C. 研究对象　　　　　　　　　　　D. 研究结果

三、判断题

1. 现实的人力资源数量包括待业人口。　　　　　　　　　　　　　　　　（　　）
2. 视员工为成本、负担的管理视角是现代人力资源管理的视角。　　　　　（　　）
3. 强调战略性、整体性是现代人力资源管理的重要性质。　　　　　　　　（　　）
4. 小明今年大学毕业,但他因为先天性肌肉萎缩而未参加工作,那么小明不属于人力资源。　　　　　　　　　　　　　　　　　　　　　　　　　　　　　　（　　）
5. 人力资源就是人才资源。　　　　　　　　　　　　　　　　　　　　　（　　）

四、简答题

1. 请简单分析人力资源管理和传统人事管理的区别。
2. 简述人力资源管理的职能。
3. 简述人力资源的特点。

第二章
工作分析及职位说明书的编制

【知识目标】
- 了解工作分析的含义和内容
- 掌握工作分析的程序和方法

【技能目标】
- 编写工作分析调查问卷和访谈提纲
- 编制职位说明书

人力资源管理

引入案例

一个员工工作分析的真实案例

在工作实践中,这样的情况很普遍:有的员工工作十分投入,十分认真,但是工作效率不高。

1998年,我们南京金和已经成为南京规模较大的一家IT企业。当时有十几个业务人员,业务人员的素质相差不大,但业绩差异十分巨大。其中最明显的两个人——员工小王与员工小李,他们一个月的绩效居然有5倍之差。但在对全部员工的调查问卷中,大家一致认为小李比小王更吃苦,更认真。于是我对两个人作了一周5个工作日的跟踪。当时我们南京公司规定了上午8:30上班,下午17:30下班,中午休息1小时。一周跟踪下来的情况如下:小王平均是8:21到公司,小李是8:05到公司。

◆ 小王一天的工作情况

到公司后花5分钟时间做卫生工作,然后开始电话联系新客户。一般到9:40电话联系结束,这期间平均打电话为21个,找到对方负责人的电话为15个。

9:40~11:00,处理前一天老客户的成交单据,同时预约下午的老客户拜访。

上午11:00~11:40以及下午13:30~14:30,平均又有大约18个开拓新客户的电话,找到单位负责人的电话为12个。

14:30~17:00,外出进行客户的约定拜访,平均走访4家客户,成功拜访(指能见到分管业务的负责人)平均为3家。

17:00~17:30,回公司处理一些杂务,下班离开公司的平均时间是17:43。

◆ 小李一天的工作情况

到公司后平均花15分钟时间做卫生工作(其中还会帮其他同事做一些事)。

8:20开始处理前一天老客户的业务事务,平均处理1小时,到9:20结束。

9:20~11:50,电话联系开拓新客户的工作。其间,平均打34个电话,成功找到单位负责人的电话为9个。

13:20~17:10,走访老客户,平均走访5家,平均成功访问为1家。

17:10~18:30,回公司处理一些杂务,平均下班时间为18:35。

对小王、小李的专业业务掌握进行了综合测试,小李得91分,小王得84分。对小王、小李的沟通技巧进行了面试,5个评委,小李得81分,小王得89分。

我对小李电话访问成功率低的原因进行了分析,发现小李电话开拓新客户的时间,正好是多数客户的负责人外出办事的时间,而小王打电话的时间多数客户的负责人还在公司。小李走访客户没有事先预约,所以成功率低,多数客户的负责人不在,仅有的一点儿成功率也多是在下午17:00左右的最后一两个拜访中出现的,而小王的走访多是事先预约的。我认为以上两点是小王、小李业绩差异的主要问题。

根据这一结论,我让小李先调整工作时间的分配,采用小王的工作时间分配形式。调整后,经过一周的磨合,到第二周,发现小李的成功率有了大幅度的上升,工作量反而有了一些下降。电话开拓新客户的数量为每天36个,成功数上升到22个,客户走访量仍是5家,成功率上升到4家。两个月后,小李的业绩已经达到小王的90%。

(资料来源:http://wenku.baidu.com)

讨论:
(1) 结合本案例,谈谈对工作分析的认识?
(2) 工作分析是对员工行为的记录吗?为什么?

在早期的人力资源管理活动中,企业很少一开始就为整个企业设计所有的工作岗位。但新经济时代的到来,使企业的生存环境变得更加复杂和多变,企业经历着前所未有的来自全球一体化、信息网络化、知识与创新、投资者等各种力量的挑战和冲击,这种变化对人力资源管理活动提出了更高的要求,如持续学习的需求、领导者管理方法的变化等。工作分析在这种背景下应运而生。从某种角度来说,企业是从周围环境中获取投入,通过某种劳动把投入转换为产品和服务。企业的这些劳动是由企业的价值观念、战略和顾客的需要所决定的,并由人、机器等共同完成,但企业必须对这些有待完成的劳动进行分工,以便按照某种逻辑进行协调合作。工作分析就是承担着这样的责任和义务,它是对一项具体工作的本质内容和有关因素进行系统、全面地研究和描述的过程。

第一节 工作分析基础知识

几乎所有的人力资源管理活动以及员工的行为和态度都基于工作分析,工作分析的目标就是为管理者提供关于组织如何行使其职能、达到组织目标的详细信息。应对其概念给予明确的界定,从而为其他活动的开展奠定基础。

一、相关概念的界定

认识工作分析,还必须了解与工作分析相关的概念,才能精确地了解人力资源管理的各种活动。工作分析相关概念如表2-1所示。

表2-1　　　　　　　　　　工作分析相关概念

相关术语	含　　义
要素	工作活动中除单个动作外的最小划分单位,可被用于描述单个动作。例如,操作工人拿起锤子,财务人员使用计算软件
任务	为达到某一特定的目的而进行的一系列相关活动或要素。例如,打字员为了将文件打成正规文件,需要打开计算机、输入文字、调整版面布局、从打印机中输出文件
职责	特定的工作岗位所负责承担的某类工作任务的集合。例如,招聘专员工作职责中包括"负责招聘工作",其中包括分析各部门对应届大学毕业生的需求,制定应届大学毕业生的招聘计划
工作	(1) 指工作任务,如销售工作、行政工作、人力资源工作 (2) 指由一系列相互联系、职能类似或所需水平相似的任务所组成的工作岗位。一个工作对应一项或多项职责

(续表)

相关术语	含义
职务	岗位名称，是对某一工作岗位特定的指称，如公司的生产部经理、设计部经理等
职位	是指根据组织目标为个人规定的一组任务及相应的责任。职位与个人是一一匹配的，也就是有多少职位就有多少人，二者的数量相等。"职位"与"岗位"的概念相近，在我国，"职位"一词多见于国家机关或相关单位的人事管理中
职系	是指工作性质大体类似，但工作责任、难易程度不同的一系列职位。例如，人力资源助理、人力资源专员、人力资源经理、人力资源总监就是一个职系
职组	是指若干工作性质相似的职系组成的集合。例如，小学教师、中学教师、大学教师就构成了教师这个职组
职级	是指将工作内容、难易程度、责任大小、所需资格都很相似的职位划为同一职级

二、工作分析的含义

(一) 工作分析的基本含义

工作分析又称职位分析、岗位分析或职务分析，是指采用科学的方法对组织中各项工作职务的特征、规范、要求、流程以及完成此工作员工的素质、知识、技能要求进行描述的过程，它的结果是产生工作说明书。

工作分析实质上是确定某一特定工作本身以及完成这一工作所需人员应具备的素质、知识、技能、职责等基本要素的系统过程。

(二) 工作分析的内容

国外心理学家从人力资源管理的角度提出了著名的工作分析公式，把工作分析的内容概括为6W1H，即：做什么(what)、为什么做(why)、用谁做(who)、何时做(when)、在哪里做(where)、为谁做(for whom)及如何做(how)。这6W1H基本上概括了工作分析所要收集的信息的内容。

1. 做什么(what)

它是指所从事的工作活动，主要包括以下几方面问题：

任职者所要完成的工作活动是什么？

任职者的这些活动会产生什么样的结果或产品？

任职者的工作结果要达到什么样的标准？

2. 为什么做(why)

它表示任职者的工作目的，也就是这项工作在整个组织中的作用，主要包括以下几方面问题：

做这项工作的目的是什么？

这项工作与组织中的其他工作有什么联系？对其他工作有什么影响？

3. 用谁做(who)

它是指对从事某项工作的人的要求，主要包括以下几方面问题：

从事这项工作的人应具备什么样的身体素质？
从事这项工作的人必须具备哪些知识和技能？
从事这项工作的人至少应接受过哪些教育和培训？
从事这项工作的人至少应具备什么样的经验？
从事这项工作的人在个性特征上应具备哪些特点？
从事这项工作的人在其他方面应具备什么样的条件？

4．何时做（when）

它表示在什么时间从事各项工作活动，主要包括以下几方面问题：

哪些工作活动是有固定时间的？在什么时候做？
哪些工作活动是每天必须做的？
哪些工作活动是每周必须做的？
哪些工作活动是每月必须做的？

5．在哪里做（where）

它表示从事工作活动的环境，主要包括以下几方面问题：

工作的自然环境，包括地点（室内与户外）、温度、光线、噪音、安全条件等。

工作的社会环境，包括工作所处的文化环境（例如跨文化的环境）、工作群体中的人数、完成工作所要求的人际交往的数量和程度、环境的稳定性等。

6．为谁做（for whom）

它是指在工作中与哪些人发生关系，发生什么样的关系，主要包括以下几方面问题：

工作要向谁请示和汇报？
向谁提供信息或工作结果？
可以指挥和监控何人？
需要指导哪些人？

7．如何做（how）

它是指任职者怎样从事工作活动以获得预期的结果，主要包括以下几方面问题：

从事工作活动的一般程序是怎样的？
工作中要使用哪些工具？操纵什么机器设备？
工作中所涉及的文件和记录有哪些？
工作中应重点控制的环节是哪些？

（三）工作分析的时机选择

工作分析的时机主要在于以下几个方面：

(1) 一个新组织投入运行时。
(2) 一个组织在进行战略调整、业务发展、工作内容与性质发生变化时。
(3) 一个组织在兼并、扩充、增加生产线时。
(4) 劳动生产率提高，企业必须改变编制、重新定岗定员时。
(5) 一个组织引进新的设备、新的工艺和新的技术时。
(6) 需要以工作分析为基础建立相关制度，如绩效考核、晋升、培训机制时。

三、工作分析的信息提供

工作分析的质量主要取决于三个方面：一是工作信息提供者的选择；二是适当的分析方法的选择；三是合理的分析步骤的设计。

其中第一点中，工作信息的提供者即工作分析的主体选择决定了所收集信息的真实性，而人力资源管理专业人员要对各主体提出信息资料的规范性要求。

（一）工作分析所需的资料

工作分析所需要的信息的类型和范围取决于工作分析的目的、工作分析的时间约束和预算约束等因素。资料的连贯性、精确性、可接受性是选择资料来源的决定性因素。因此，相关工作的工作专家、工作执行者和管理监督者是主要的资料来源，而与待分析工作相关的下属和其他工作人员、顾客以及工作分析者则主要是对工作信息进行补充和筛选。

另外，还可以参阅相关的工作分析资料、职业分类辞典等。工作分析信息的主要类型参见表2-2。

表2-2　　　　　　　　　工作分析信息的类型

一、工作活动	三、工作条件
1. 工作任务的描述 　　工作任务是如何完成的 　　为什么要执行这项任务 　　什么时候执行这项任务	1. 人身工作环境 　　在高温、灰尘和有毒环境中工作 　　工作是在室内还是在户外 2. 组织的各种有关情况
2. 与其他工作和设备的关系	3. 社会背景
3. 进行工作的程序	4. 工作进度安排
4. 承担这项工作所需要的行为	5. 激励（财务和非财务的）
5. 动作与工作的要求	
二、工作中使用的机器、工具、设备和辅助设施	四、对员工的要求
1. 使用的机器、工具、设备和辅助设施的清单	与工作有关的特征要求
2. 应用上述各项加工处理的材料	特定的技能
3. 应用上述各项生产的产品	特定的教育和训练背景
4. 应用上述各项完成的服务	与工作相关的工作经验 身体特征 态度

工作分析所需要获得的有关资料包括：

（1）工作活动资料，即各项工作实际发生的活动类型，如清洗、打字等。

（2）人类行为资料，指与个人工作有关的人类行为资料，如体能消耗情况、行走距离长短、写作能力等。

(3) 工作器具资料，指工作中所使用的机器、工具、设备以及辅助器械的情况。

(4) 绩效标准，即用数量或质量来反映的各种可以用来评价工作成绩的方法。

(5) 相关条件，指工作环境、工作进度、组织行为规范以及各种财务性和非财务性奖励措施。

(6) 人员条件，指与工作相关的知识、技能以及个人特征等，包括学历、训练背景、工作经验、性格、兴趣和身体特征等。

(二) 工作分析的主体

决定工作分析信息质量的还有一个重要的因素，就是向谁来获得这些信息，即工作分析主体的选择。一般来说，通常有三种类型的人可以担当，分别是工作任职者、工作任职者的上级主管和人力资源管理工作者。

1. 工作任职者

从对信息的了解程度来看，担任被调查职务的工作任职者对工作内容了解最多，他们有可能提供关于工作的完整的信息，有可能提供关于工作的最真实、最可靠的信息。为什么是有可能？因为有时候工作任职者受到知识和能力的限制不完全了解工作的内容，也有一部分工作任职者不愿意报告工作的内容；更有工作任职者会有目的地夸大自己的工作量和工作范围，以此作为获取更多报酬的依据。因此，人力资源部门必须认真挑选被调查者。

一般来说，被调查者需要满足以下几方面条件：

(1) 自愿参加调查活动，这样被调查者在工作分析中才有比较高的兴趣和热情。

(2) 被调查者必须具有良好的口头交流能力和书面表达能力。

(3) 被调查者至少在待分析的岗位上工作 6 个月以上，这样他们才有可能提供关于该岗位的比较全面和准确的信息。

(4) 被调查者的业务水平属于中等，而且比较稳定。成绩优异的工作任职者提供的信息可能超过一般要求，而成绩过低的工作任职者提供的信息可能达不到要求。

当某一职位的工作任职者数量较少时，可以请所有符合要求的人提供工作信息；当某个职位的工作任职者数量较多时，可以对符合要求的工作任职者进行抽样，抽样要考虑性别、年龄、工作时间、工作地点等因素，以保证样本的代表性。使用工作任职者提供信息的最大好处是他们能够描述工作实际上是怎么做的，而不是工作应该怎样做。这一点能够与其他的渠道信息形成对照和互补。

2. 工作任职者的上级主管

工作任职者的上级主管负责监控工作任职者的工作质量，他们最有机会观察工作任职者的工作，能够客观地提供工作信息。工作任职者的上级主管知道下属应该做什么，并能对下属的工作活动作出比较全面的评价。工作任职者的上级主管一般倾向于从工作任职者"应该"怎样做的角度去描述工作任职者，所以他们在收集工作信息的过程中要承担的是对工作任职者提供的信息作出鉴别：哪些信息是多余的，哪些信息是必须和重要的。

3. 人力资源管理工作者

人力资源管理工作者可以来自组织内部，通常是人力资源部门的员工或业务部门的管理人员;也可以来自组织外部的专业机构。无论来自内部还是外部,他们都有一个共同特点,就是他们都经过专门的训练,能够系统地收集和分析工作信息。人力资源管理工作一般都需要事先接受一种或几种工作分析方法的训练,通常采用多种方法来收集工作信息。究竟需要请外部的专业人才还是由内部的专业人员来实施工作分析的操作要根据具体情况来定。在很多的组织中,由没有受过专门训练的专业人员来操作工作分析的流程,这些组织也不愿花时间来培训专业人员,因为工作分析一旦做好,可以在较长一段时间内使用,使用中需要做的只是一个修改和补充。在这样的情况下,请外部的专业人员来进行工作信息收集和整理就显得更经济。

四、工作分析的作用

工作分析是人力资源管理的基础性工作,人力资源管理的每项工作几乎都需要用到工作分析的结果。可以说,工作分析是企业几乎所有人力资源管理职能的基础。人力资源管理的各种计划或方案——员工选拔、绩效考核、培训与开发、薪酬管理、职业生涯规划、岗位设计及人力资源规划等均需要通过工作分析获得一些信息。因此,工作分析在人力资源管理中具有十分重要的作用。

1. 工作分析对人力资源规划的作用

人力资源规划的核心工作是人力需求与供给的预测,在运用技能清单法、管理人员置换图、人力接续计划、马尔可夫矩阵法进行供给预测时,都离不开清晰的岗位层级关系和晋升、岗位转换关系,这些都是职位说明书所应该规定的。在需求预测时,除了需要对人力资源数量进行预测,还需要对其质量要求进行预测,职位说明书中的任职资格条件就成为重要的参考。

2. 工作分析对人员招聘与录用的作用

职位说明书的另一项必备内容就是岗位任职资格条件,这些条件既是岗位评价的重要参考要素,又是该岗位人员空缺时设计招聘要求的基础。招聘广告中一般有空缺岗位的学历、工作经验、专业技术水平、能力方向、人格特征等要求,而这些内容在职位说明书的任职资格条件项目中均可找到。

3. 工作分析对员工培训与职业生涯设计的作用

企业员工培训的一个重要特点是具有强烈的导向性,这个导向的重要依据之一就是职位说明书所规定的内容,尤其是岗位职责的要求、考核指标要求、能力要求等内容,在新员工培训中,新员工本岗位的说明书甚至能成为其必修教材之一。另外在对员工进行职业生涯设计时,工作分析还可以提供职业发展的路径与具体要求。

4. 工作分析对绩效考核的作用

这一作用主要体现在两个方面:一是职位说明书的必备项目中有"岗位关键业绩指标"这一内容,这些指标指明了对该岗位任职人员应从哪些角度进行考核,也指出了岗位上人员的努力方向,而绩效考核方案的起点就是部门和岗位考核指标的选择,广义的工作分析甚至可以提供部门的关键绩效指标;二是职位说明书如果包含了"沟通关系"这一项目,就可以清晰地指明绩效考核的主体与考核层级关系,因为沟通关系中明确了汇报、指导与监督关系。

5. 工作分析对薪酬设计与管理的作用

工作评价是合理制定薪酬标准的基础,正确的工作评价则要求深入地理解各种工作的要求,这样才能根据它们对组织的价值大小进行排序。工作分析通过了解各项工作的内容、工作所需要的技能、学历背景、工作的危险程度等因素确定工作相对于组织目标的价值,也可以作为决定合理薪酬的依据。工作分析为薪酬管理提供相关的工作信息,通过工作差别确定薪酬差别,使薪酬结构与工作相挂钩,从而制定公平合理的薪资政策。

6. 工作分析对组织分析的作用

工作分析详细地说明了各个岗位的特点及要求,界定了工作的权责关系,明确了工作群之间的内在联系,从而奠定了组织结构设计的基础。通过工作分析,尤其是广义的工作分析,可以全面揭示组织结构、层级关系对岗位工作的支持和影响,为组织结构的优化和再设计提供决策依据。另外,工作分析还与劳动定编和定员工作有着非常紧密的联系。定编是指按照一定的人力资源管理程序,采用科学规范的方法,从组织经营战略目标出发,合理确定组织机构的结构、形式、规模以及人员数量的一种管理方法。定员是在定编的基础上,严格按照组织编制和岗位的要求,为组织每个岗位配备合适人选的过程。在现代企业管理中,只有不断地加强定编定员工作,组织才能实现组织机构的精简与统一,才能避免人力资源的浪费,最终实现组织的经营战略目标。如果组织的定编定员工作没有实际的成效,组织就很有可能出现机构臃肿、人员膨胀、效率低下、人浮于事的现象。

第二节 工作分析的程序和方法

一、工作分析的程序

工作分析是对工作作一个全面评价的过程,这个过程可以分为准备阶段、信息调查收集阶段、分析整理阶段和总结完成阶段四个阶段。

(一) 准备阶段

准备阶段的任务是了解有关情况,建立与各种信息渠道的联系,设计全盘的调查方案,确定调查的范围、对象与方法。

这一阶段主要完成的工作包括:

(1) 确定工作分析的意义、目的、方法与步骤。

(2) 组成由工作分析专家、岗位在职人员、上级主管参加的工作小组,以精简、高效为原则。

(3) 确定调查和分析对象的样本,同时考虑样本的代表性。

(4) 根据工作分析的任务、程序,将工作分析分解成若干工作单元和环节,以便逐项完成。

(5) 做好其他必要的准备工作,在进行工作分析之前,应由管理者向有关人员介绍并解释,使有关人员对分析人员消除不必要的误解和恐惧心理,帮助两者建立起相互信任的关系。

（二）信息调查收集阶段

信息调查收集阶段是工作分析的第二阶段。其主要工作是对整个工作过程、工作环境、工作内容和工作人员等主要方面作一个全面的调查,具体工作如下:

（1）编制各种调查问卷和提纲。

（2）在调查中,灵活运用访谈法、问卷调查法、观察法、关键事件法等不同的调查方法。

（3）根据工作分析的目的,有针对性地搜集有关工作的特征及所需要的各种数据。

（4）重点收集工作人员必要的特征信息。

（5）要求被调查人员对各种工作特征和人员特征的问题发生频率和重要性做出等级评定。

（三）分析整理阶段

分析整理阶段是对信息调查收集阶段所获得的信息进行分类、分析、整理和综合的过程,也是整个分析活动的核心阶段,具体工作如下:

（1）整理并剔除无效的访谈结果和调查问卷,按照编写职位说明书的要求对各个职位的工作信息进行分类。

（2）让在职人员及他们的直接主管对初步整理的信息进行核对,以减少可能出现的偏差,同时帮助员工理解和接受工作分析结果。

（3）修改并最终确定所收集的工作信息的准确性和全面性,作为编写职位说明书的基础。

（4）运用科学的方法创造性地揭示各职位的主要内容和关键因素。

（5）归纳总结出工作分析的必需材料和要素。

（四）总结完成阶段

总结完成阶段是工作分析的最后阶段。这一阶段的主要任务是:在深入分析和总结的基础上,编制工作说明书和工作规范。其具体工作如下:

（1）将信息处理结果写成职位说明书,并对其内容进行检验。

（2）召开工作说明书和工作规范的检验会时,将工作说明书和工作规范初稿复印,分发给到会的每位人员。

（3）将草拟的"职务描述书"与"任职说明书"与实际工作对比,以决定是否需要进行再次调查。

（4）修正"职务描述书"与"任职说明书",对特别重要的岗位,还应按前面的要求进行再修订。

（5）将"职务描述书"与"任职说明书"应用于实际工作中,并注意收集应用的反馈信息,不断完善这两份文件。

（6）对工作分析工作进行总结评估,并以文件形式将"职位说明书"确定下来并归档保存,为今后的工作分析提供经验与信息基础。

职位说明书要定期进行评审,看看是否符合实际的工作变化,同时要让员工参与到工作分析的每个过程。一起探讨每个阶段的结果,共同分析原因,遇到需要调整时,也要员工加入调整工作。只有亲身体验才能加强员工对工作分析的充分认识和认同,从而在实践中被有效实施。

二、工作分析的方法

在进行具体工作分析时,要根据工作分析的目的、工作分析的对象、不同工作分析方法的利弊,针对不同人员的工作分析选择不同的方法。工作分析的方法是多种多样的,一般来说主要有观察法、访谈法、问卷调查法、工作日志法、工作参与法、关键事件法等等。

(一)观察法

观察法是指研究者根据一定的研究目的、研究提纲或观察表,用自己的感官和辅助工具去直接观察被研究对象,从而获得资料的一种方法。科学的观察具有目的性和计划性、系统性和可重复性。

使用观察法时应注意以下原则:①全方位原则。在运用观察法进行社会调查时,应尽量以多方面、多角度、不同层次进行观察,搜集资料。②求实原则。观察者必须注意下列要求:第一,密切注意各种细节,详细作好观察记录;第二,确定范围,不遗漏偶然事件;第三,积极开动脑筋,加强与理论的联系。③必须遵守法律和道德原则。

观察法的主要优点是:①它能通过观察直接获得资料,不需其他中间环节,因此,观察的资料比较真实;②在自然状态下的观察,能获得生动的资料;③具有及时性的优点,它能捕捉到正在发生的现象;④能搜集到一些无法言表的材料。

观察法的主要缺点是:①受时间的限制,某些事件的发生是有一定时间限制的,过了这段时间就不会再发生;②受观察对象限制,如研究青少年犯罪问题,有些秘密团伙一般不会让别人观察的;③受观察者本身限制,一方面人的感官都有生理限制,超出这个限度就很难直接观察,另一方面,观察结果也会受到主观意识的影响;④观察者只能观察外表现象和某些物质结构,不能直接观察到事物的本质和人们的思想意识;⑤观察法不适用于大面积调查。

(二)访谈法

访谈法是指通过访谈者和受访人面对面地交谈来了解受访人的心理和行为的心理学基本研究方法。因研究问题的性质、目的或对象的不同,访谈法具有不同的形式。根据访谈进程的标准化程度,可将它分为结构型访谈和非结构型访谈。访谈法运用面广,能够简单而叙述地收集多方面的工作分析资料,因而深受人们的青睐。

在工作分析时,可以先查阅和整理有关工作职责的现有资料。在大致了解职务情况的基础上,访问担任这些工作职务的人员,一起讨论工作的特点和要求。同时,也可以访问有关的管理者和从事相应培训工作的教员。由于被访问的对象是那些最熟悉这项工作的人,因此,认真的访谈可以获得很详细的工作分析资料。

为在访谈时得到受访人的充分合作,避免被受访人猜忌,访谈者必须受过面谈技术训练,能与受访者建立和谐的关系,能极简要的向受访者说明访谈的目的,消除他们的抗拒心理和防御行为。

做好访谈工作,有以下几点注意事项:

(1) 设计访谈提纲。访谈前,访谈者要先查阅和整理有关资料,并准备好详细的访谈提纲,这样才能有的放矢,防止漫无边际。

(2) 作好访谈记录(包括录音和录像)。从访谈中获得的有关信息是很有帮助的,访谈者可以采用标准的格式进行记录。

(3) 注意修正偏差。被访谈者有时会有意无意地歪曲其职位情况,如把一件容易的工作说的很难或把一件很难的工作说的比较容易,这需要将多个同职者的访谈资料进行对比来加以校正。

访谈法的主要优点是:①可以对工作者的工作态度与工作动机等较深层次的内容有比较详细的了解;②运用面广,能够简单地收集多方面的工作分析资料;③由任职者亲口讲出工作内容,具体而准确;④使工作分析人员了解到短期内直接观察法不容易发现的情况,有助于管理者发现问题;⑤为任职者解释工作分析的必要性及功能;⑥有助于与员工的沟通,缓解工作压力。

访谈法的主要缺点是:①访谈法需要专门的技巧,需要受过专门训练的工作分析专业人员;②比较费精力费时间,工作成本较高;③收集到的信息往往已经扭曲和失真;④访谈法易被员工认为是其工作业绩考核或薪酬调整的依据,所以他们会故意夸大或弱化某些职责。

资料

销售经理岗位访谈提纲

1. 了解岗位的目标

这项岗位最终要取得怎样的结果?

这项岗位具有哪些重要意义?

为这项工作投入经费会有何收益?

2. 了解工作的意义

计算用于这项岗位的一年经费,比如经营预算、销售额、用于员工本身的开销。

此岗位主管能否为部门或机构节省大笔开支?且能否年年如此?

岗位主管能否为公司创造不菲的收益?且能否保持业绩?

3. 了解岗位在机构中的位置

他直接为谁效力?

哪些职位与他同属一个部门?

他最频繁的对内对外联系有哪些?

他出差吗?去何处?因何故?

4. 了解他的助手

他主管哪些工作?

简要说明每位下属的工作范畴:规模、范围及存在原因。

他的下属是何种类型的员工:是否称职、是否经验丰富等。

他如何管理下属?

使用何种信息管理系统?

他经常与哪些下属直接接触？

他是否需具备和下属同样丰富的专业或技术知识？因何如此？

5．了解这一岗位需具备何种技术、管理及人际关系的协调能力

岗位的基本要求是什么？

岗位主管(他)的工作环境在技术、专业，以及经济方面的状况如何？

需要哪些专业技术，按重要程度列出。按事件发生的先后顺序，请他举出工作中的实例来说明。

如何掌握技术知识，脱产培训还是在职培训？

公司是否有其他渠道提供类似的技术知识？他能否有机会接触这些知识？

他对下属工作士气的影响如何？

下属是否拥护他的管理和指导，是否需要他的配合？

他在说服级别相同或更高的人接受他对本领域或其他领域的意见时，是否要颇费口舌？

他与下属的工作程度如何？

他可向谁寻求帮助？

他的自主权限有多大？

他向哪级主管负责？

他大部分时间在做什么？

日常工作中，与技术知识相比，处理人际关系的技巧重要程度如何？

6．了解管理工作中需解决的关键问题以及所涉及的事项

他认为工作中最大的挑战是什么？

最满意和最不满意的地方是什么？

工作中最关切或最谨慎的问题是什么？

在处理这些棘手或重要问题时，以什么为依据？

其上司以何种方式进行指导？

他是否经常请求上司的帮助；或者上司是否经常检查或指导他的工作？

他对哪类问题有自主权？

他需要提交哪类问题上级处理？

解决问题时，他如何依据政策或先例？

问题是否各不相同？具体有哪些不同？

问题的结果在多大程度上是可预测的？

处理问题时有无指导或先例可参照？

以先例为依据和对先例进行分析解释，是不是解决问题的惟一途径？

他能否有机会采取全新的方法解决问题？

他是否能解决交给他的问题，或者说他是否知道该如何解决这些问题？

着手解决问题之前需对问题做的分析工作是由他本人还是他的上司来完成？

要求他举例说明问题是谁、以何种方式解决的？

7．了解他的行为或决策受何种控制

他依据怎样的原则、规章制度、先例和人事制度办事?
他是否经常会见上司?
他与上司讨论什么问题?
他是否改变自己部门的结构?
要求他举例说明曾作出的重大决定或举措。
在以下几方面他有何种权力:
雇佣和解雇员工;
动用资金;
决定近期开支;
确定价格;
改变方法;
改变岗位设计、政策和薪金。

8. 了解管理工作最终要取得的重要成果

除能圆满解决问题之外,他还直接负责什么工作?
他是具体负责处理某事还是负责监督别人来处理此事?
用何种标准衡量事情的结果?
是由他来确定任务还是由他来组织完成任务?
他对事情的成败是否有决定性作用?

(三) 问卷调查法

问卷调查法是用书面形式间接搜集研究材料的一种调查手段,是通过向调查者发出简明扼要的征询单(表),请其填写对有关问题的意见和建议来间接获得材料和信息的一种方法。按照问卷填答者的不同,问卷调查可分为自填式问卷调查和代填式问卷调查。其中,自填式问卷调查,按照问卷传递方式的不同,可分为报刊问卷调查、邮政问卷调查和送发问卷调查;代填式问卷调查,按照与被调查者交谈方式的不同,可分为访问问卷调查和电话问卷调查。

通常,问卷的内容是由工作分析人员编制的问题或陈述组成,这些问题和陈述涉及实际的行为和心理素质,要求被调查者对这些行为和心理素质在他们工作中的重要性和频次按给定的方法作答。

问卷调查法的最大优点是比较规范化、数量化、费用低、速度快;节省时间、不影响工作、调查范围广、可用于多种目的的调查。

资料

某公司岗位分析调查问卷

岗位名称		部门	

答题须知:

＊请您按照工作岗位的实际要求答题,请不要以任何个人的因素来衡量

＊选择题类,请于选定项字母或□前打√

1. 本岗位所需教育程度
    A. 初中(含)以下　　　　　　　　　B. 高中、技校
    C. 大专　　　　　　　　　　　　　D. 本科
    E. 研究生以上
2. 本岗位所需外语语种(　　)，外语程度要求
    A. 不需要　　　　　　　　　　　　B. 书面精通
    C. 书面及口语略通　　　　　　　　D. 书面及口语精通
3. 本岗位所需的计算机水平
    A. 不需要
    B. 办公软件(OFFICE)
    C. 办公系统自动化系统(MIS,财务软件系统等)
    D. 专业软件、系统(UNIX、VISIO C++、AUTOCAD等)
4. 本岗位所需汉语表达能力
    A. 不限
    B. 普通话口头能力强
    C. 书面能力强
    D. 表达能力强并有极强的文字功底
5. 本岗位所需其专业的工作经验
    A. 6个月以下　　　　　　　　　　 B. 6个月~2年
    C. 2~5年　　　　　　　　　　　　 D. 5年以上
6. 请描述您的工作地点
    A. 办公室　　　　　　　　　　　　B. 80%室内
    C. 60%室外　　　　　　　　　　　D. 60%出差
    E. 80%以上出差
7. 本岗位直接下属人数：_____人。(无直接下属员工,请填写0)
8. 本岗位管理工作中的责任及能达到的程度(无直接下属员工不答此题)
    A. 要负责分派工作,按规定检查工作成果,达成目标
    B. 要能很快熟悉新接受的工作,制定计划
    C. 要能解决工作中的矛盾,协调不同部门间的活动,达成目标
    D. 要能有效分配组织资源,制定出最佳激励政策,确保员工与公司的利益最大化
9. 本工作的责任
    A. 按上级指示工作,上级对结果负责
    B. 根据计划进度,安排自己工作
    C. 安排计划,分析结果,决策需要与上级协商
    D. 有下属部门,需要制定公司目标和政策
10. 本工作职能对公司的影响范围
    A. 例行性工作,如果出错容易发现；难于辨别对完成单位目标达成的影响
    B. 有限范围内协调工作,错误不易发现；对单位目标的达成有间接的影响

C. 对部门任务目标达成有较大影响；指引行动路线，导致结果的取得

D. 部门最高主管不在时，负责本部门；对单位目标的达成有显著影响

E. 对单位目标达成起着决定性权威作用

11. 本工作所需的能力及程度(如果本岗位需要下面的素质，请在相对应的素质前面划√，并选择相应的强度等级)

是否需要	素质能力及说明	等级(一般 A 较强 B 很强 C)
	成就导向——要把工作做得更好的企图和行为	
	思维能力——明确事物之间的关系，用新方法/新角度看待事物	
	服务精神——能设身处地为顾客着想、行事	
	培养人才——具有长期培养人才的特点，动机是对"人"	
	灵活性——在需要的时候改变策略或放弃原定目标，最终是为达到公司大目标	
	主动性——有前瞻性，能对未来的需求和机会作出反应	
	人际理解能力——在别人没有直接用语言的情况下，能知道别人在想什么，感受怎样	
	组织意识——对组织的政治和结构非常敏感，理解组织中的非成文约定	
	领导能力——能领导人们有效在一起工作，主要目的是促进团队的运作	
	合作精神——强调融入团队，作为团体的一员	

12. 用一句话说明您所从事的岗位的主要目的是什么？(它为什么存在，该岗位在公司起什么作用，表述方式为：行为动词＋行为对象＋所要达到的目标)

13. 列出您的主要工作责任至少 4~8 条

工作职责	重要程度	所用时间

14. 说明您的服务对象或客户是谁(包括内部和外部)？工作中需要和哪些部门、哪些人合作？频率怎样？

服务对象/客户	需合作部门/岗位	频率

15. 您还有其他需要表达的吗？

重要事项：检查一下您的岗位信息问卷，以便确认没有忽略重要的信息。当您完成

以后,请将岗位信息问卷送到您的直接上级那里。他/她将会与您讨论任何可能需要做的变动。最后,您确认上面的信息代表了所描述的岗位,在相应的位置上签名。

感谢您认真填写本问卷!祝您工作顺利!

(四) 工作日志法

工作日志法是由任职者按时间顺序,详细记录自己在一段时间内的工作内容与工作过程,经过归纳、分析,达到工作分析的目的的一种工作分析方法。

工作日志法的主要优点是:①信息可靠性强,适于确定有关工作职责、工作内容、工作关系、劳动强度等方面的信息;②所需费用较低;③对于高水平与复杂性工作的分析,比较经济有效。

工作日志法的主要缺点是:①将注意力集中于活动过程,而不是结果;②使用这种方法必须要求从事这一工作的人对此项工作的情况与要求最清楚;③使用范围较小,只适用于工作循环周期较短、工作状态稳定无大起伏的职位;④信息整理的工作量大,归纳工作繁琐;⑤工作执行人员在填写时,会因为不认真而遗漏很多工作内容,从而影响分析结果,另外,在一定程度上填写日志会影响正常工作;⑥若由第三者进行填写,人力投入量就会很大,不适用于处理大量的职务;⑦存在误差,需要对记录分析结果进行必要的检查。

资料

工作日志填写实例

序号	工作活动名称	工作活动内容	工作活动结果	时间消耗	备注
1	复印	协议文件	4张	6分钟	存档
2	起草公文	贸易代理委托书	800字	1.25小时	报上级审批
3	贸易洽谈	玩具出口	1次	4小时	承办
4	布置工作	对日出口业务	1次	20分钟	指示
5	会议	讨论东欧贸易	1次	1.5小时	参与

(五) 工作参与法

工作参与法是工作分析人员亲自参加工作活动,体验工作的整个过程,从中获得工作分析的资料。要想对某一工作有一个深刻的了解,最好的方法就是亲自去实践。通过实地考察,可以细致、深入地体验、了解和分析某种工作的心理因素及工作所需的各种心理品质和行为模型。所以,从获得工作分析资料的质量方面而言,这种方法比前几种方法效果好。直接亲自体验,获得信息真实,但只适用于短期内可掌握的工作,不适用于需进行大量的训练或有危险性工作的分析。

(六) 关键事件法

关键事件法是指确定关键的工作任务以获得工作上的成功。关键事件是使工作成功或失败的行为特征或事件。关键事件法要求分析人员、管理人员、本岗位人员,将工作过程中的"关键事件"详细地加以记录(如表2-3所示),并在大量收集信息后,对岗位的特征和要求进行分析研究的方法。

表 2-3　　　　　　　　　　　关键事件描述记录单

行为者	夏琳	地点	公司市场部	时间	9月13日	观察者	总经理
事件发生的背景		17：30左右，公司市场部接到提交的一个营销策划方案（该方案主要是针对"十一"长假而设计的促销方案）被公司总部驳回的通知单					
行为者的行为		市场部核心骨干夏琳下班后，重新认真研究了提交的那份营销策划方案，发现了方案的不足之处，并提出了一份较为完善的新策划方案，直至21：30完成工作后才离开公司					
行为后果		市场信息瞬息万变，夏琳快速地解决了公司遇到的问题，抓住商机，为公司创造了更多的价值					

　　关键事件法是一种常用的行为定向方法。这种方法要求管理人员、员工以及其他熟悉工作职务的人员记录工作行为中的"关键事件"，也就是使工作成功或者失败的行为特征或事件。在大量收集关键事件以后，可以对它们作出分析，并总结出职务的关键特征和行为要求。关键事件法直接描述工作中的具体活动，既能获得有关职务的静态信息，也可以了解职务的动态特点，所研究的工作可观察、衡量，故所需资料适用于大部分工作，但归纳事例需耗大量时间；易遗漏一些不显著的工作行为，难以把握整个工作实体。

　　关键事件法的主要优点是：研究的焦点集中在职务行为上，因为行为是可观察的、可测量的。同时，通过这种职务分析可以确定行为的任何可能的利益和作用。一是为向下属人员解释绩效评价结果提供了一些确切的事实证据；二是确保在对下属人员的绩效进行考察时，所依据的是员工在整个年度中的表现（因为这些关键事件肯定是在一年中累积下来的），而不是员工在最近一段时间的表现；三是保存一种动态的关键事件记录还可以获得一份关于下属员工是通过何种途径消除不良绩效的具体实例。

　　但这个方法也有三个主要的缺点：①费时，需要花大量的时间去搜集那些关键事件，并加以概括和分类。②关键事件的定义是显著的对工作绩效有效或无效的事件，但是，这就遗漏了平均绩效水平；而对工作来说，最重要的一点就是要描述"平均"的职务绩效。利用关键事件法，对中等绩效的员工就难以涉及，因而全面的职务分析工作就不能完成。③不可单独作为考核工具，必须跟其他方法搭配使用，效果才会更好。

　　总而言之，不同工作分析方法的利弊不同，人力资源管理者在进行具体的工作分析时除要根据工作分析方法本身的优缺点来选取外，还要根据工作分析的目的、工作分析的对象来选择不同的方法。

第三节　职位说明书的编制

　　职位说明书是工作分析人员根据某项工作的相关职位工作特点，包括其物质特点、环境特点及其他因素和条件的特点，对该职位的任职者必须具备的生理条件和心理条件需求进行的详细说明。职位说明书是工作分析的结果,是工作分析人员通过工作分析形成的书面文件。

一、职位说明书的内容

职位说明书由职位描述和职位规范两部分组成。

职位描述是一种书面文件,说明了某一职位的性质、责任、权利及其相互间的关系,说明了职位主体的任职资格、条件等内容;职位规范是任职者任用资格和条件的具体说明。职位描述和职位规范结合起来构成了某一职位的完整、全面、详细的职位说明书。

职位规范集中于对任职人员要求的详细分析,更侧重于反映职务定性分析的结果;而职位描述可用于设计业绩评价形式,职位评价和建立报酬系统,能确定需要完成工作的教育和培训,为设计适当的招聘、甄选、任用、培训和开发计划提供依据。

职位说明书的编写没有固定模式,但一般情况下,职位说明书包括工作标识、职位综述、工作活动和程序、工作条件与物理环境、工作权限、工作绩效标准、任职条件和职位规范等内容。

1. 工作标识

工作标识是关于职位的基本信息,包括工作的名称、编号、工作所属部门或班组、工作地位、职位说明书的编写日期、编写人与审核人以及文件确认时间等项目。

表 2-4　　　　　　　　　　职位说明书中的工作标识

工作编号	07001	职位名称	人力资源部主管
所属部门	人力资源部	直接上级	人力资源部经理
工资等级	7	工资范围	5 000~8 000
辖员人数	4~10人	定员人数	1人
工作性质	行政管理	分析人员	2人
分析日期	12月3日	审批人	人力资源部经理

2. 职位综述

职位综述描述工作的总体性质,即列出主要工作的特征以及主要工作范围。

应尽量避免在职位综述中出现笼统的描述,比如"执行需要完成的其他任务"。虽然这样的描述可以对主管人员分派工作提供更大的灵活度,但实际上,一项经常可以看到的工作内容而不被明确而清晰地写进职位说明书,只是用"所分配的其他任务"一类的文字,就很容易为回避责任找到一种托辞,这使得在工作的性质以及员工需要完成的工作的叙述方面出现漏洞。

例如,人力资源部招聘专员的职位综述是:公司人力资源管理的招聘活动的行为和总务,协调各种关系,制定公司的招聘计划,作好招聘预算,完成招聘渠道的选择,发布招聘信息,收集应聘人员的材料,进行材料的筛选和甄别,设计和安排整个面试流程,完成人员的招聘与录用,对招聘的完成情况进行分析总结、汇报和反馈等。

3. 工作活动和程序

其包括所要完成的工作任务、职位责任、所使用的工具以及机器设备、工作流程、与其他人的联系、所接受的监督以及所实施的监督等。

4. 工作条件与物理环境

简要地列出有关的工作条件，包括工作地点的温度、湿度、光线、噪声程度、安全条件、地理位置等。

5. 内外软性环境

其包括工作团队中的人数、完成工作所要求的人际交往的数量和程度、各部门之间的关系、工作现场内外的文化设施、社会习俗等。

6. 工作权限

其包括工作人员决策的权限和行政人事权限、对其他人员实施监督权以及审批财务经费和预算的权限等。

7. 工作的绩效标准

职位说明书中还需包括有关绩效标准的内容，即完成某些任务或工作量所要达到的标准。这部分内容说明企业期望员工在执行职位说明书中的每一项任务时所达到的标准或要求。

比如，要确定绩效标准，只要把下面的话补充完整就可以了："如果你做到这样，我会对你的工作很满意。"对于职位说明书中的每一项职责和任务，如果都能按照这句话指引叙述完整，自然就会形成一套较完整的绩效标准。

8. 聘用条件

其包括工作时数、工资结构、支付工资的方法、福利待遇、该工作在组织中的正式位置、晋升的机会、工作的季节性、进修与学习的机会等。

9. 任职条件

其主要说明担任此职务的人员应具备的基本资格和条件，包括：

（1）一般要求，包括年龄、性别、学历、工作经验。

（2）身体要求，包括健康状况、力量与体力、运动的灵活性、感觉器官的灵敏度。

（3）心理要求，包括观察能力、学习能力、解决问题的能力、语言表达能力、人际交往能力、性格特点、品格气质、兴趣爱好等。

二、职位说明书的编写要求

职位说明书在组织管理中的地位极为重要，是人力资源部门与相关用人部门招聘人员和考核的重要参考依据。一份实用性较强的职位说明书应符合以下几点要求。

1. 清晰明白

在编写职位说明书时，对于工作的描述必须清晰透彻，让任职人员读过以后，可以准确地明白其工作内容、工作程序与工作要求等，无须再询问他人或查看其他说明材料。应避免使用原则性的评价，同时对专业且难懂的词汇必须解释清楚，以免在理解上产生误差。这样做的目的是为了让使用职位说明书的人能够清楚地理解这些职责。

2. 具体细致

在说明工作的种类、复杂程度、任职者须具备的技能、任职者对工作各方面应负责任的程度这些问题时,用词应尽量选用一些具体的动词,尽量使用能够准确地表达意思的语言,比如运用"安装""加工""设计"等词汇。避免使用笼统含糊的语言,如在一个岗位的职责描述上,使用了"处理文件"这样的文句,显然有含混不清的成分,"处理"是什么意思呢?因此,在进行具体编写时,需要仔细区分到底是对文件进行分类,还是进行分发。

3. 简短扼要

整个职位说明书必须简短扼要,以免由于过于复杂、庞大,不便于记忆。在描述一个岗位的职责时,应该选取主要的职责进行描述,一般不超过10项为适,对于兼顾的职责可作出必要的补充或说明。

三、编写职位说明书的注意事项

1. 以符合逻辑的顺序来编写

一般说来,一个岗位通常有多项工作职责,在职位说明书中罗列这些工作职责并非是杂乱无章的、随机的,而是要按照一定的逻辑顺序来编排,这样才有助于理解和使用职位说明书。

2. 尽量使用通俗易懂的语言

应尽量避免过于强调技术性的文字或概念,所描述职位说明书不仅要让上级能够理解,更重要的是使上岗人员能实实在在地领会,因此,当遇到技术性的问题时,应尽量转化成较为通俗的解释。

3. 应该表明各项职责重要程度

许多具体的工作,所出现的频率、各项职责所占的时间比重都有所不同。因此,可考虑按重要程度自上而下排列,或者结合各项职责出现的频率高低,在对应的备注栏上说明职责在总的职责中所占的比例。

四、职位说明书范例

以下为表格式和叙述式的职位说明书范例,仅供参考。

范例1

销售部经理职位说明书

岗位名称	销售部经理	岗位编号	10001
所在部门	销售部	岗位定员	4人
直接上级	营销总监	工资等级	三级
直接下级	业务员	薪酬类型	月薪制
所辖人员	6~10人	岗位分析日期	2015年2月
本职:领导本销售区域内市场开发与管理工作,完成销售任务目标,深入了解市场状况,建立长期代理商关系,树立公司品牌形象			
职责与工作任务:			

人力资源管理

(续表)

岗位名称		销售部经理	岗位编号	10001
职责一	职责表述：协助营销总监制定营销战略规划，为重大营销决策提供建议和信息支持			
	工作任务	根据公司营销战略组织制定本区域市场销售的年度规划		
		协助搜集国内外相关行业政策、竞争对手信息、客户信息等，分析市场发展趋势		
		定期、准确向营销总监和相关部门提供有关销售情况、费用控制、应收账款等反映公司销售工作现状的信息，为公司重大决策提供信息支持		
职责二	职责表述：领导部门员工完成市场调研、市场开发、市场推广、销售、客户服务等工作			
	工作任务	根据年度销售目标，制定本部门工作计划和预算，并组织执行		
		组织市场开发工作，执行公司渠道政策，完成部门的销售目标		
		根据本销售区域特点，提出市场推广方案建议，协助实施市场调研、市场推广工作		
		组织客户管理工作，负责维持重要客户，与客户保持良好关系		
		负责审核产品报价，参与合同谈判、合同签订等工作		
		组织本销售区域客户需求预测，提出预生产申请		
		协调客户培训、退换货等售后服务工作		
		领导部门成员及时回收货款、清收超期应收账款，协助财务部门完成结算工作		
职责三	职责表述：参与公司产品创新			
	工作任务	根据本地区市场特点，提出产品改进、新产品开发建议		
		参与新产品市场推广，组织新产品销售		
职责四	职责表述：负责销售部内部的组织管理			
	工作任务	负责本部门员工队伍建设，提出对下属人员的调配、培训、考核意见		
		参与销售管理制度的制定，检查本部门执行情况		
		负责协调下属业务员之间、本部门与相关部门之间关系		
		监督分管部门的工作目标和经费预算的执行情况，及时给予指导		
职责五	职责表述：完成营销总监交办的其他任务			

权力：

区域营销规划建议权

市场推广方案建议权

权限内销售合同审批权，重大销售合同、供应合同审核权

代理商选择的建议权

公司销售政策建议权

新产品开发建议权

(续表)

岗位名称	销售部经理	岗位编号	10001
权限内的财务审批权			
对直接下级人员调配、奖惩的建议权和任免的提名权,考核评价权			
对所属下级的工作的监督、检查权			
对所属下级的工作争议的裁决权			
教育水平	大学本科以上		
专业	机电相关专业或经济、管理相关专业		
培训经历	市场营销管理、销售管理、公共关系、推销技巧培训		
经验	3年以上工作经历,1年以上本行业或相近行业销售管理经验		
知识	通晓国际贸易业务知识,掌握公司所经营产品国内外行业动态,掌握市场营销相关知识,具备财务管理、法律等方面的知识,了解公司所经营产品技术知识		
技能技巧	熟练使用 Word,Excel 等办公软件,具备网络知识;熟练的英语应用能力,粗通一门其他外语		
个人素质	具有很强的领导能力、判断与决策能力、人际能力、沟通能力、影响力、计划与执行能力、客户服务能力		
其他:			
使用工具/设备	计算机、一般办公设备(电话、传真机、打印机、Internet/Intranet 网络)、通讯设备		
工作环境	办公场所、各市场区域		
工作时间特征	经常需要加班,无明显节假日		
所需记录文档	通知、销售统计或销售分析报告、客户档案、工作总结、合同等		

考核指标:

销售收入、利润率、市场占有率、应收账款拖欠天数及坏账率、客户满意度、预生产需求预测准确性、重要任务完成情况

预算控制情况、下属员工行为管理、关键人员流失率

部门合作满意度

领导能力、判断与决策能力、人际能力、沟通能力、影响力、计划与执行能力、客户服务能力、专业知识及技能

备注

范例 2

人力资源部经理职位说明书

职位名称：人力资源部经理
管辖人数：2人
工作内容
(1) 编制公司人力资源规划。
(2) 负责选拔、配置分公司中层管理人员。
(3) 组织公司人员招聘。
(4) 办理员工人事变动事宜。
(5) 建立健全公司人力资源管理制度。
(6) 编制工资计划；核定分公司工资总额，审查分公司工资管理制度。
(7) 做好劳动合同的签订和管理工作，协商解决劳动纠纷，代表公司进行劳动诉讼。
(8) 制订员工培训计划，组织技能考核鉴定和岗位培训工作。
(9) 负责公司考勤管理。
(10) 制订公司考核制度，定期进行员工考核。
(11) 负责人力资源管理信息系统的建立，为公司人力资源管理决策提供依据。
(12) 负责公司专业技术职务的评聘工作。
(13) 完成上级主管交办的其他工作。
权限与责任
1) 权限
经总经理授权后，可独立开展人员招聘、录用及安置工作。有权根据公司有关规定对员工进行日常考核并提出奖惩意见；经公司批准后，执行奖惩决定。
2) 责任
对公司人力资源的合理配置，公司人力资源管理制度的建立健全，建立职务聘任、全员劳动合同制负组织责任。
发生劳动争议时，应承担协商处理责任。
由于劳动合同的签订与管理不善，发生劳动争议并给公司造成损失，应负赔偿责任及相应的行政责任。
负责公司委托的人力资源管理课题的组织、协调和验收工作。
所受指导
接受办公室主任的行政领导，业务上由总经理直接指导，具体工作任务和目标由总经理下达。
所予指导
(1) 指导分公司健全人力资源管理制度。
(2) 指导分公司合理配置人力资源。
(3) 指导分公司制订并完善工资、奖励制度。
(4) 指导分公司制订并实施员工培训计划。
任职资格
(1) 年龄区间：32～38岁
(2) 性别：无特殊要求
(3) 教育背景
所需最低学历：大学专科　　专业：人事管理或相关专业
(4) 培训

培训科目：现代人力资源管理技术，劳动法，公司历史　培训时限：3个月

(5) 经验：从事人力资源管理实务工作5年以上

(6) 技能：具有独立从事公司人力资源管理实务工作的能力，能够运用管理知识，解决比较复杂的人事管理实际问题，较强的组织协调能力。

(7) 体能：无特殊要求

(8) 晋升趋势：暂无

要较好地编写职位说明书，不仅要清楚其岗位工作的主要内容，而且对其职责大小与次序的划分也是要明确的。在实际编写方面，可按照各项职责的重要程度、难易程度和任职者花费的时间等进行具体分析，关键是客观如实和可操作性（即做什么、如何做、做得好）。

一般来说，由于基层或生产线员工的工作更为具体，其职位说明书中的描述也应更为详细。实际上，许多企业是使用"作业指导书"和"岗位操作规程"来替代职位说明书的。

思考与练习

一、基本概念
任务　职责　职务　职位　工作分析　职位描述　职位规范

二、单项选择题

1. 在工作分析信息收集对象中客观公正保持一致性的是（　　）。
   A. 高层领导　　　　　　　　　　　B. 工作分析专家
   C. 直线主管　　　　　　　　　　　D. 工作任职者

2. 正确的工作分析程序是（　　）。
   A. 明确目的—选择分析工具—收集工作信息—分析工作信息—结果评价—制定工作说明书
   B. 选择分析工具—明确目的—收集工作信息—分析工作信息—结果评价—制定工作说明书
   C. 选择分析工具—明确目的—收集工作信息—分析工作信息—制定工作说明书—结果评价
   D. 明确目的—选择分析工具—收集工作信息—分析工作信息—制定工作说明书—结果评价

3. 处理信息量大、速度快且标准统一是下列哪种工作分析方法的优点（　　）。
   A. 工作参与法　　B. 观察法　　　　C. 问卷法　　　　D. 访谈法

4. 访谈法的优点是（　　）。
   A. 标准统一　　　　　　　　　　　B. 有切身的感受
   C. 互动，双向沟通　　　　　　　　D. 成本低

5. 倾向于夸大责任和重要性的工作分析主体是（　　）。

A. 岗位任职人员 B. 岗位直接主管
C. 外部人力资源专家 D. 人力资源经理
6. 成本高的岗位分析主体是（ ）。
A. 岗位任职人员 B. 岗位直接主管
C. 外部人力资源专家 D. 人力资源经理
7. 将注意力集中于活动过程，而不是结果的工作分析方法是（ ）。
A. 工作日志法 B. 访谈法 C. 问卷调查法 D. 观察法
8. 职位说明书是工作分析的（ ）。
A. 结果 B. 过程 C. 基础 D. 反馈
9. 工作分析的核心阶段是（ ）。
A. 准备阶段 B. 信息调查收集阶段
C. 分析整理阶段 D. 总结完成阶段
10. 下列选项中，（ ）不是工作分析的主体。
A. 工作任职者 B. 工作任职者的上级主管
C. 人力资源管理工作者 D. 工作任职者的平级同事

三、判断题

1. 一岗多人是不规范的管理现象。（ ）
2. 工作任职者的上级主管一般倾向于从工作任职者"应该"怎样做的角度去描述工作任职者。（ ）
3. 问卷法可以深入地收集到客观的工作分析信息。（ ）
4. 工作分析的结果是产生问卷调查表。（ ）

四、简答题

1. 阐述工作分析的作用。
2. 分析工作分析方法的优缺点。
3. 详细说明工作说明书的主要内容。
4. 简述工作分析的时机选择。

第三章

人力资源规划的制定

【知识目标】
- 理解人力资源规划的含义、分类及影响因素
- 掌握人力资源需求预测方法
- 掌握人力资源供给预测方法
- 掌握人力资源供求平衡方法

【技能目标】
- 灵活运用人力资源需求与供给预测方法
- 初步制定企业人力资源规划

NZTH 集团的人力资源规划之路

江苏 NZTH 电气集团是由两大集团本着优势互补、资源共享的原则于 2003 年 1 月重组而成的。通过整合资源，公司相继建成了集团管控架构下的 10 多个专业子公司、1 个研发中心和遍布全国的营销网络。经过 5 年的发展，企业规模不断壮大，经济总量持续攀升，综合实力明显增强，股东权益、职工收入、社会贡献协调增长，企业得到了长足发展，已经发展成为以成套输配电、电能传输为主业，电力电子和自动化为辅业，集新能源、环保和船舶配套为一体的综合性企业集团。

集团人力资源管理工作原由党委办负责，管理中心于 2007 年 7 月成立，人力资源管理工作由管理中心下的人力资源部负责。人力资源部有 3 位工作人员，部长助理主要负责招聘、薪酬，科员一负责培训，科员二负责社保与劳动关系。

集团与专业公司均没有作人力资源规划，有关人力资源规划的内容，仅在一些报告中体现（如管理中心主任的报告中会提及）。NZTH 推行的事业计划，其中包含了部分人力资源规划工作，如《江苏 NZTH 电气集团子公司 2008 年度事业计划》中，包含了人力资源目标分解表、公司组织机构图、人员运用计划表、2008 年度人员需求计划表、2008 年度培训计划表、关键人才培训计划表以及绩效考核计划表。

项目组在人力资源管理诊断的基础上，制定了五年人力资源规划，基本框架如下图：

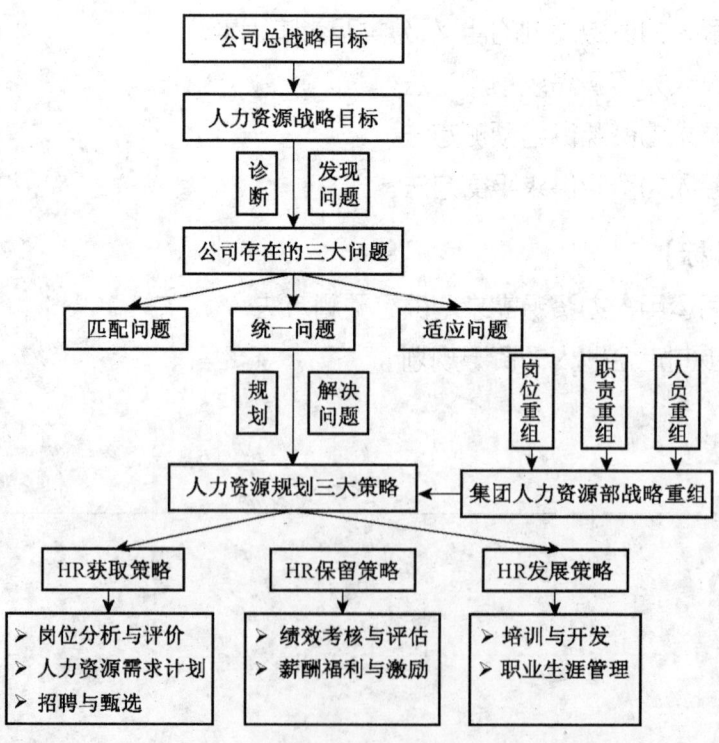

原人力资源管理存在的三大核心问题是：现有人员与企业发展所需人员相匹配问题（人员结构性失衡，且缺乏预警机制）；制度建立与管理执行相统一问题（制度缺失，执行力弱）；员工职业发展与企业发展相适应问题（未关注员工与企业长远和谐的发展）。针对这三大问题，制定了三大人力资源子规划：人力资源获取规划（组织重构、人才库建立、招聘吸引）；人力资源保留规划（绩效考核、薪酬管理）；人力资源发展规划（职业生涯规划、培训与开发、长期激励）。为了支持人力资源战略规划得以实现，同时建议集团人力资源部战略重组，着重从岗位重构、职责重定、人员重选三个方面展开。

人力资源规划总目标是为整个集团的顺利运行及战略实现提供保障，提升人力资源利用效率，保证人力资本持续增值，达到员工与企业共同和谐发展的最终目标。为了支持总目标的实现，三大HR规划也设立了相应的分目标：HR获取规划的目标是"能岗匹配，人尽其才"；HR保留规划的目标是"体制改革，激发活力"；HR发展规划的目标是"提升素质，和谐共赢"。

（资料来源：http://www.glzy8.com）

讨论：
(1) 企业有没有必要进行人力资源规划？为什么？
(2) 人力资源规划的内容有哪些方面？

中国有句古话说得好："凡事预则立，不预则废。"意思是说，在做任何事情的时候，如果想要取得成功，就必须提前作好计划，否则往往会失败。人力资源管理同样如此，为了保证整个系统正常运转，发挥其应有的作用，也必须作好计划。人力资源管理的计划是通过人力资源规划这一职能实现的。

第一节 人力资源规划概述

一、人力资源规划的基本概念

（一）人力资源规划的含义

人力资源规划是指在企业发展战略和经营规划的指导下进行人员的供需平衡，以满足企业在不同发展时期对人员的需求，为企业的发展提供合质合量的人力资源保证，其最终目标是为了达成企业的战略目标和长期利益。

简单地讲，人力资源规划就是对企业在某个时期内的人员供给和人员需求进行预测，并根据预测的结果采取相应的措施来平衡人力资源的供需。

人力资源规划包含三层含义：一是企业进行的人力资源规划是一种预测；二是人力资源规划的主要工作是预测供需关系，制定必要的人力资源政策和措施；三是人力资源规划必须和企业的战略相适应，必须反映企业的战略意图和目标。

要准确理解人力资源规划的含义，必须把握以下几个要点：

(1) 人力资源规划要在企业发展战略和经营规划的基础上进行。

(2) 人力资源规划应当包括两个方面：对特定时期的人员供给和需求进行预测；根据预测的结果采取相应的措施进行供需平衡。

(3) 人力资源规划对企业人力资源供给和预测要从数量和质量两个方面进行，供给和需求不仅要在数量上平衡，还要在结构上匹配。

通过人力资源规划，我们必须回答或解决以下几个问题：

(1) 企业在特定时期需要多少人员，这些人员的构成和要求是什么。

(2) 企业在相应时期内能够得到多少与需求层次和类别相对应的人力资源供给。

(3) 在这段时期内，企业人力资源供给和需求比较的结果是什么，企业应当通过什么方式来达到人力资源供需的平衡。

(二) 人力资源规划的分类

1. 按规划的范围划分

人力资源规划可以分为整体人力资源规划、部门人力资源规划和某项具体任务或工作的人力资源规划。整体人力资源规划把企业所有部门都纳入规划范围内，部门人力资源规划指某个部门或某几个部门范围内的规划。它们没有从属关系，有时企业可能只进行部门人力资源规划而不进行整体人力资源规划。对某些重要的任务或工作，企业会制定该任务或工作的人力资源规划。

2. 按规划的内容划分

人力资源规划可以分为人力资源战略发展规划、人力资源组织人事规划和人力资源开发规划。人力资源战略发展规划是根据企业总体发展战略的目标，对企业人力资源开发和利用的大政方针、政策和策略的规定，是各种人力资源具体计划的核心，是事关全局的关键性规划。

狭义的组织设计，是不包括人力资源供需平衡计划的，实际在广义的人力资源规划中，组织设计涵盖了组织结构设计与调整规划、劳动组织设计与调整规划、人力资源供需平衡计划。前两种规划，主要包括部门化组织设计、(工作)岗位设置、劳动定员定额和科学的组织劳动生产，一旦设计调整好以后，相对来说会保持长期稳定状态，而后者则经常需要根据企业内外部环境进行适应性的调整，因而我们可以把前两种规划合称为静态的组织人事规划，而把人力资源供需平衡计划称为动态的组织人事规划，加以区别对待。

人力资源开发规划包括企业全员培训开发规划(员工职业技能的培训计划、员工职业道德的教育计划)、专门人才的培养计划、人员轮换接替计划、员工职业生涯发展规划、企业文化建设等。

3. 按规划的期限划分

人力资源规划可以分为中长期规划和短期规划。

一般来说，5年以上的计划可以称之为规划，中期计划期限在1年以上、5年以下。短期计划一般是1年及以内，一般按照年度编制。实际中，有的企业将短期规划定为3~6个月，将中期规划定为6个月~2年，长期规划则定为2~5年。而有的企业，即使短期规划，也都定在10年以上。显然，具体的规划时限应根据组织的性质、规模来定。

（三）人力资源规划的作用

1. 人力资源规划使组织更能适应企业内外环境变化的需要

规划是一个摸清"家底"的过程，也是使企业管理者更能做到心中有数的过程，是随着企业外环境的变化，调适企业内环境，尤其是对人力资源的调整和配置的过程。规划的过程，使组织了解本企业各种类人才的余缺，了解各层次人才的需求，了解需求的人数，使企业能迅速地把握人力资源的动态平衡。

2. 人力资源规划有利于组织更好地使用和开发人才

只有很少的企业，其人力的配置是符合理想的状态。在多数企业中，人员忙闲不均，岗位余缺不等的现象十分严重。规划有助于改善人力配置的许多问题，同时谋求人力资源使用的平衡，谋求人力资源的有效和科学的开发。

3. 人力资源规划有利于降低用人成本

规划使组织有机会对人力资源的结构进行分析和研究。当组织了解人员当前余缺、能力与岗位的匹配状况时，就能有效地重新调配人员，使人力资源的结构趋于合理，从而降低组织用人成本。

4. 人力资源规划有利于提供均等就业机会

经过规划了的人力资源不仅结构、布局更加合理，而且可以把切实的就业机会提供给需要就业的人们。当社会发生结构性变革时，每一个就业机会都是社会和人们所珍惜的。正确、科学、有效的规划能为社会提供更多的均等就业机会。

5. 人力资源规划是人力资源战略与人力资源管理之间的纽带

人力资源战略与人力资源管理之间，必须有一个纽带，这个纽带就是规划。规划确定能够满足人力资源的需求，为招聘做了前期准备。规划使人力资源管理的其他功能也得以运作，包括培训、考核、薪酬、激励等。

6. 人力资源规划有效地支持和保证了组织的发展目标

组织的发展目标需要内部环境和外部环境的支持。内部环境包括发展目标所需的人力、物力、财力。规划根据组织发展目标的需要，对人力现期的需求和中远期的储备均作了预测和安排，从而有效地支持和保证了组织目标的实现。

二、人力资源规划的内容

人力资源规划的结果就是人力资源规划的内容，通常包括人力资源总体规划和人力资源业务规划两个方面。

（一）人力资源总体规划

人力资源总体规划是有关计划期内人力资源开发利用的总目标、总政策、实施步骤和总预算的安排。其具体包括：人力资源数量规划、人力资源结构规划和人力资源素质规划三个方面。

人力资源数量规划是根据组织未来的业务模式、业务流程、组织结构等因素来确定组织的编制以及各职类、职种、职层人员的比例。

人力资源结构规划是根据行业特点、企业规模、未来战略要求重点发展的业务及其模式,对组织人力资源进行分层分类,对各职类、职种、职层的功能、责任、权限进行设计与定义,从而理顺它们各自在企业发展中的地位和作用。

人力资源素质规划是根据企业战略、业务流程和组织对员工行为的要求,设计各职类、职种、职层人员的任职资格要求,包括人员素质要求、行为能力要求及标准等。该规划是企业选人、用人、育人、留人等人力资源管理功能顺利实现的基础和前提。

(二)人力资源业务规划

人力资源业务规划是总体规划的展开与具体化,是保证总体规划目标实现的具体措施(如表3-1所示)。这些业务规划之间是相互联系、相互支撑的,同时每项规划要有自身的目标、政策措施、实施步骤和预算。

表 3-1　　　　　　　　　　　人力资源业务规划的内容

计划类别	目标	政策	步骤	预算
人员补充计划	类型、数量、层次,对人力素质结构及绩效的改善等	人员素质标准、人员来源范围、起点待遇	拟定补充标准,广告吸引、考试、面试、笔试、录用、教育上岗	招聘挑选费用
人员分配计划	部门编制,人力结构优化及绩效改善,职位匹配,职务轮换幅度	任职条件,职位轮换范围及时间	各部门提交岗位需求计划,审核计划,选择、审核人选,完成配置	按使用规模、差别及人员状况决定的工资、福利预算
人员接替和提升计划	后备人员数量保持,提高人才结构及绩效目标	全面竞争,择优晋升,选拔标准,提升比例,未提升人员的安置	确定晋升方案,考核、试用,确定晋升对象	职务变动引起的工资变动
教育培训计划	素质及绩效改善,培训数量类型,提供新人力,转变态度及作风	培训时间的保证、培训效果的保证(如待遇、考核、使用)	员工评估,确定培训方案,组织开发	教育培训总投入产出,脱产培训损失
薪酬激励计划	人才流失减少,士气水平,绩效改进	工资政策,激励政策,激励重点	提交激励方案,审核方案,绩效评估,实施激励	增加工资奖金的数额
劳动关系计划	降低非期望离职率、员工关系改进、减少投诉和不满	参与管理,加强沟通	明确员工关系,营造企业文化,加强沟通,提高员工满意度	法律诉讼费
退休解聘计划	劳务成本降低及生产率提高	退休政策及解聘程序	按企业退休解聘程序进行	安置费、人员重置费

三、人力资源规划的程序

为了能够达到预期的目标,需要按照一定的程序来进行人力资源规划,这一程序如图 3-1 所示。

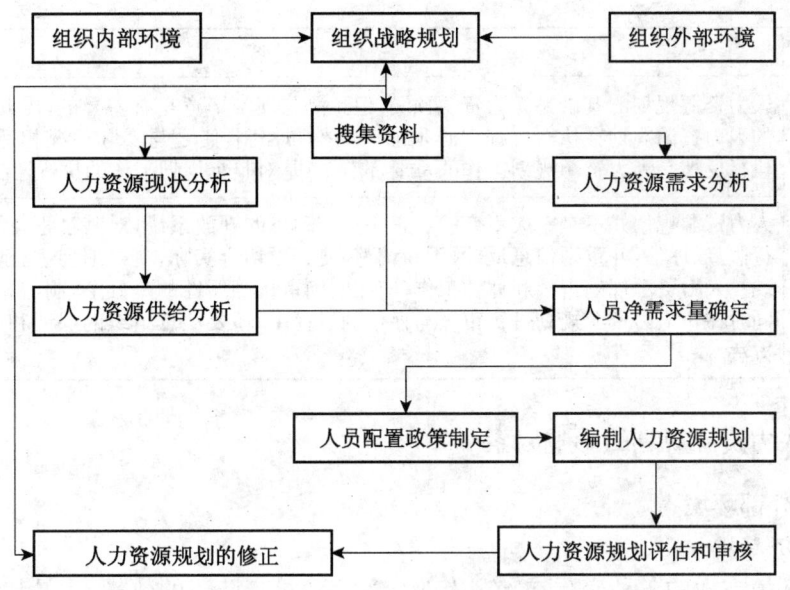

图 3-1 人力资源规划的程序

每一环节的具体内容如表 3-2 所示。人力资源规划制定完毕后,应先积极地与各部门经理进行沟通,根据沟通的结果进行修改,最后再提交公司决策层审议通过。

表 3-2　　　　　　　　　　人力资源规划各环节的内容

环节	具 体 内 容	
明确组织战略规划	人力资源规划要以组织的战略目标为依据	
搜集资料	影响企业经营管理的因素很多,包括社会的政治、经济、文化、法律环境等,以及企业内部的各种因素,而这些因素是企业制定人力资源规划的硬约束,任何企业在制定人力资源规划时都必须首先考虑	
分析人力资源现状	人力资源的供给	弄清企业内部现有人员的数量、质量、结构和人员分布情况,以及外部就业的情况
	人力资源的需求	根据企业内部情况确定人员的需求数量和技能等情况
预测人力资源需求	它主要是根据组织战略规划和组织的内外条件选择预测技术,然后对人力需求结构和数量进行预测。了解企业对各类人力资源的需求情况,以及可以满足上述需求的内部和外部的人力资源供给情况,并对其中的缺点进行分析。这是一项技术性较强的工作,其准确程度直接决定了规划的效果和成败,它是整个人力资源规划中最困难,同时也是最关键的工作	
编制人力资源规划	制定人员供求平衡规划,目的是为了确保组织发展的各时间点上供给和需求的平衡,也就是制定各种具体的规划,保证各时间点上人员供求的一致,主要包括晋升规划、补充规划、培训发展规划、员工职业生涯规划等。人力资源供求达到协调平衡是人力资源规划活动的落脚点和归宿	

(续表)

环节	具 体 内 容
评估人力资源规划	人力资源规划的基础是人力资源预测,但预测与现实毕竟是有差异的,因此,制定出来的人力资源规划在执行过程中必须加以调整和控制,使之与实际情况相适应。因此,执行反馈是人力资源规划工作的重要环节,也是对整个规划工作的执行控制过程
人力资源规划的修正	人力资源规划并不是一成不变的。它是一个动态的开放系统,对其过程及结果必须进行监督、评估,并重视信息反馈,不断调整,使其更切合实际,更好地促进企业目标的实现。人力资源规划审核和评估工作,应在明确审核必要性的基础上,制定相应的标准。同时在对人力资源规划进行审核与评估的过程中,还要注意组织的保证和选用正确的方法

四、人力资源规划的影响因素

(一)外部环境

1. 经济环境

经济环境方面的各种变化在宏观上改变着企业员工队伍的数量、质量和结构,它对企业人力资源需求影响较大。其影响主要体现在以下几个方面:

(1)经济形势。当经济处于萧条期时,人力资源的获得成本和人工成本较低,但是企业受经济形势的影响,对人力资源的需求减少;当经济处于繁荣期时,劳动力成本较高,但是企业处于扩张时期时,对人力资源的需求量会增加。企业在进行人员规划时,必须考虑所处经济社会的宏观经济形势,在整体趋势上保证人员规划总体战略的正确性。

(2)劳动力市场的供求关系。劳动力市场上的各种人才的供求关系对于企业获得各种人才的成本、难易程度都有较大的影响。

2. 人口环境

人员规划的对象是人,因此,人口环境,尤其是企业所在地区的人口环境,对企业获取人力资源有着重要的影响。人口环境因素主要包括:社会或本地区的人口规模,劳动力队伍的数量、结构和质量等特征。

在制定人员规划时,还要考虑劳动力年龄因素对人员规划的影响。因为不同年龄段的员工在收入、生理需要、价值观念、生活方式、社会活动等方面存在着一定的差异性,有着不同的追求。

3. 科技环境

科学技术对企业人员规划的影响是全方位的,它使企业对人力资源的需要和供给处于结构性的变化状态(或处于动态的不平衡状态)。例如,计算机网络技术的飞速发展,使得网络招聘等成为现实;新技术的引进与新机器设备的应用,使得企业对低技能员工的需求量减少,对高技能员工的需求量增加。

4. 文化、法律等社会因素

社会文化反映社会民众的基本信念、价值观,对人力资源管理有间接的影响。例如,不同的文化对待劳动关系的观点就有所不同:我国东部沿海地区,受西方文化的影响较大,人们在选择工作、与企业确定劳动关系时,可能很痛快地与企业签订契约关系;而我国西部广大地区,人们可能比较喜欢传统的较为稳定的终身雇用制度。因此企业在制定人员规划时,应慎重考虑社会文化环境因素,尤其是跨国公司,在国际化与本土化相结合的经营战略下,人员规划以及人力资源管理的其他环节都要充分考虑各个国家和不同地区的社会文化的差异性。

影响人力资源活动的法律因素有:政府有关的劳动就业制度、工时制度、最低工资标准、职业卫生、劳动保护、安全生产等规定,以及户籍制度、住房制度、社会保障制度等,因为这些制度、政策、规定会影响人力资源管理工作的全过程,当然也会影响企业的人员规划。

(二) 内部环境

1. 企业的行业特征

企业所处的行业特征在很大程度上决定企业的管理模式,也影响人力资源管理工作。企业的行业属性不同,企业的产品组合结构、生产的自动化程度、产品的销售方式等内容也不同,则企业对所需要的人力资源数量和质量的要求也不同。比如,对于传统的生产性企业而言,生产技术和手段都比较规范和程序化,人员招聘来源大都以掌握熟练技术的工人为主;而对于现代的高科技企业来说,则需要技术创新型的技术开发人员。

2. 企业的发展战略

企业在确定发展战略目标时,就要制定相应的措施来保证企业发展目标的实现。比如企业生产规模的扩大、产品结构的调整或升级、采用新生产工艺等,会造成企业人力资源结构的调整。因此,在制定企业人员规划时要着重考虑企业的发展战略,以保证企业人力资源符合企业战略目标的要求。

3. 企业文化

企业文化对企业的发展有着重要的影响,好的、适合的企业文化,能加强企业的凝聚力,增强员工的进取精神,稳定企业的员工队伍,企业面临的人力资源方面的不确定性因素就会少一些,有利于人员规划的制定。

4. 企业人力资源管理系统

企业人力资源管理系统既包括企业拥有的人力资源的数量、质量和结构等特征,也包括人力资源战略、培训制度、薪酬激励制度、员工职业生涯规划等功能模块,这些都对人员规划有着重要的影响。

第二节 人力资源需求预测

预测是指利用预测对象本身历史和现状的信息,采用科学的方法和手段,对预测对象尚未发生的未来发展演变规律预先作出科学的判断。信息的不确定性决定了预测的困难。人力资源需求预测是指以企业的战略目标、发展规划和工作任务为出发点,综合考虑各种因素的影响,对企业未来人力资源的数量、时间等进行估计的活动。

一、人力资源需求预测的程序

人力资源需求预测可分为目前人力资源需求预测、未来人力资源需求预测和未来流失人力资源需求预测。人力资源需求预测的具体步骤如图3-2所示。

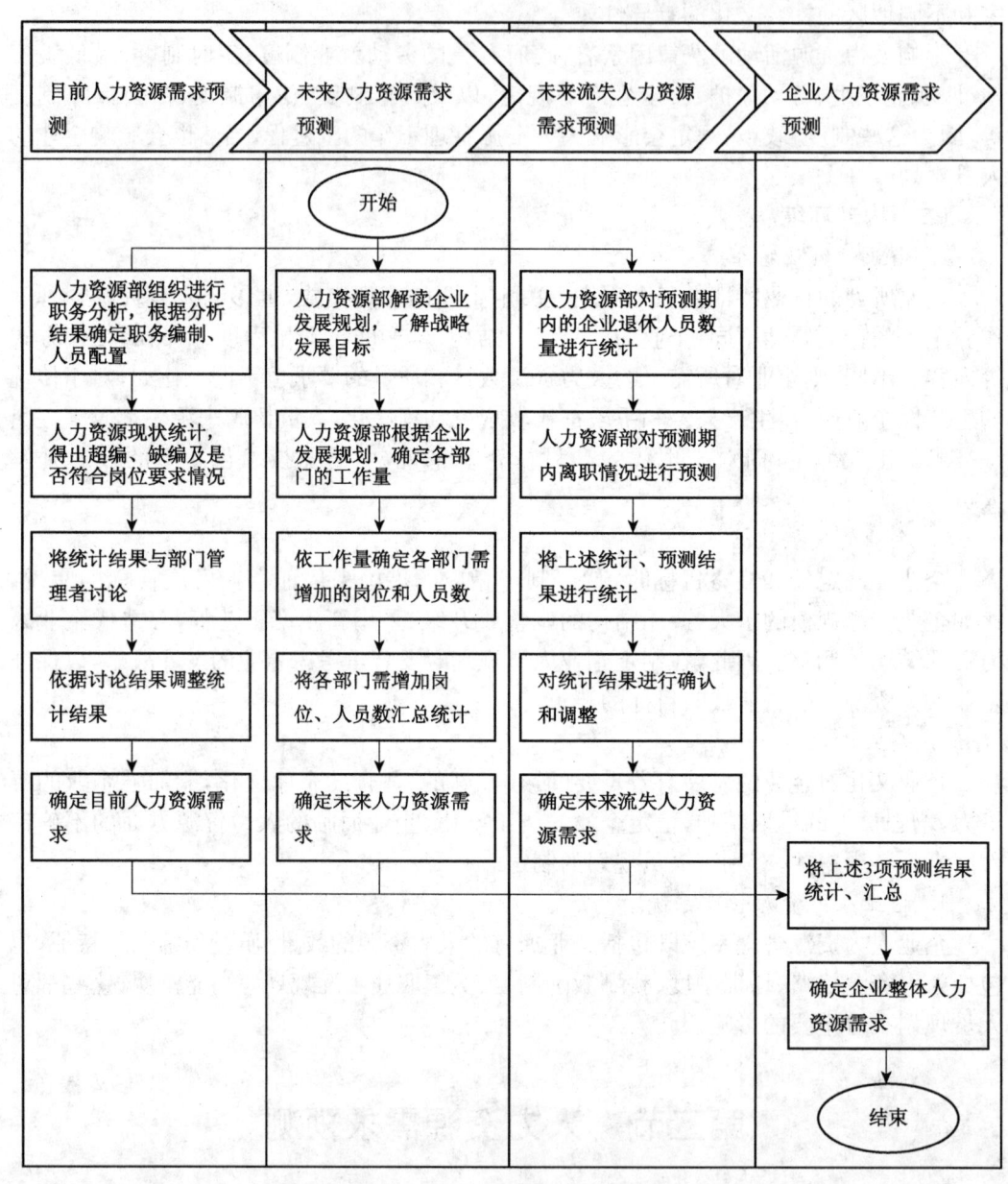

图3-2 人力资源需求预测的步骤

二、人力资源需求预测的方法

根据方法的量化程度,人力资源需求预测可分为定性预测和定量预测。

（一）定性预测

1. 经验预测法

经验预测法是指根据以往的经验对人力资源进行预测规划的方法。现实中，经验预测法具体的步骤是：组织的基层管理人员根据以往的经验将未来一段时期的活动转为本部门人员的需求增减量，提出本部门各类人员的需求预测量；再由上一级管理层对其所属的部门，进行人力的估算和平衡；通过层层估算，最后由最高管理层进行人力资源的规划和决策。

应该说，经验预测法带有相当的主观因素，还受到各部门自身利益等因素制约，预测规划过程则有可能转变为部门与组织之间的谈判与审批过程。它比较适合于短期的预测，并受控于中长期预测。当然，在小规模的企业中，这种方法简单易行，成本低，无疑是一种可行的技术方法。

2. 现状规划法

现状规划法的基本假设是组织对当前的人力资源状况感到满意，即认为目前的岗位设置和人员配置是合适的，在未来一段时间内没有必要变动。因而，现状规划法只需要认清现在的人力资源状况，根据人员流动的情况进行预测即可。所以，该方法又被称为维持现状法。

基本步骤：

（1）分析当前的人力资源状况，确认是否需要较大的变动（如无较大变动，继续下一步；如有较大变动，换用其他方法预测）。

（2）准确预测出退休人员的数量。

（3）大致预测出辞职、辞退、重病等离开岗位的人员数量。

（4）局部是否有较小的岗位变化，如有，预测需要变动的人员数量。

（5）第（4）步变动的人员数量对第（2）、第（3）步离开岗位的人员总和进行修正后，得到的人员数量即是未来的人员需求。

从大体上来说，对未来人力资源需求的预测主要是补充未来可能流走的人员，这种预测方法适用于处于稳定时期的企业，企业没有较大的变动。这种预测没有考虑外部环境和内部条件变化，不能用于长期预测，只能用于中、短期预测。由于大多数企业在短期内变动不大，这种方法又简单易行，因而被广泛地运用于企业的短期人力资源需求预测。

3. 描述法

描述法是指预测者对预测期内企业发展目标和相关因素进行假定性描述、分析、综合，并给出多种备选方案，从而预测人力资源需求量的方法。实际上，预测各种假设情形下的人员需求，会增加预测的工作量，也会降低个别情形的预测效果。但是当外界环境变化迅速、企业变革时，对多种情形的预测是非常必要和有效的。因而，描述法非常适用于外界环境快速变化时期或企业不稳定时期。对于近期的发展往往没有进行假设性描述的需要，所以这种预测方案不用于短期，而通常是用于中、长期预测。

4. 工作研究法

工作研究法是在掌握各个岗位的工作内容和职责范围的基础上，根据需要完成的工作量，预测需要的人员。由于是通过分析岗位来预测人员，所以这种预测法又被称为岗位分析法。

这种预测方法与职务分析紧密相关,对企业的岗位设置有一定的要求,如果企业的岗位设置复杂、混乱、不合理,那就不能运用该法预测。工作研究法适用于结构简单、职责清晰的企业,这样分析容易、运用简单,具有较好的适用性。

5. 德尔菲法

德尔菲法(Delphi Method)是美国著名的兰德公司提出的。这种方法的特点是采用寄发调查表的形式,以不记名的方式征询专家们对某类问题的看法,经过多次反馈,使大多数专家的意见趋于集中,从而获得预测结果。

这种方法实施时比较严格,但有几点需要注意:专家人数一般不少于 30 人,问卷的返回率不低于 60%,以保证调查的权威性和广泛性;实施该方法时必须取得高层的支持,同时给专家提供充分的资料和信息,以确保判断和预测的质量;问卷题目设计应突出主题,意向明确,保证专家都从同一个角度去理解问题;在预测中,专家之间不能互相讨论或交换意见。这种方法适用于长期预测,调查对象既可以是面对面的专家小组,也可以是背靠背的专家小组。面对面的方式,专家之间可能相互启发;背靠背的形式则可以免除某一权威专家对其他专家的影响,而使每位专家独立发表看法。德尔菲法的整个过程如图 3-3 所示。

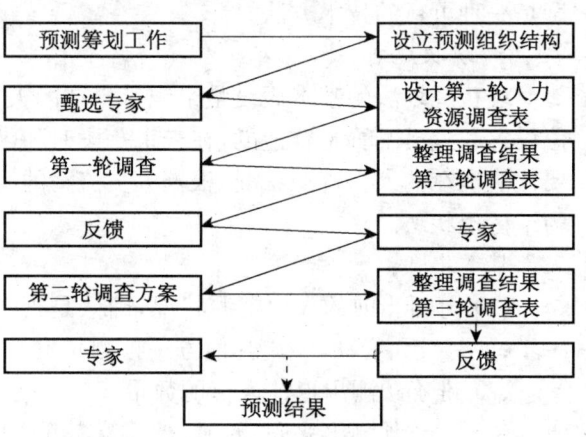

图 3-3　德尔菲法实施流程

(二) 定量预测

1. 趋势外推法

这是根据企业过去若干年人员数量和变化趋势来预测企业未来某一时期人力资源需求状况的方法。运用趋势外推法,最重要的是找出趋势线。找出趋势线的方法有多种,一般有绘图法、分段平均法、最小二乘法、指数平滑法等。

最简单、最直观的方法是绘图法。以人力资源需求量为纵轴,以时间为横轴,在坐标系中描出各年的历史数据。观察这些点是否有一定的发展规律,如果有,尝试在图上画出一条直线或曲线,使得大多数点尽可能地与这条线重合或接近。如果存在这样的线,则可以认为这条线就是趋势线。按这条线的发展趋势,延长趋势线。此后,在图上可以找到未来各年对应的人力资源需求。现以飞利浦一子公司人力资源需求预测为例,原始数据见表 3-3,趋势图见图 3-4。

表 3-3　　　　　　　　飞利浦一子公司年末在岗总人数

年份	1999 年	2000 年	2001 年	2002 年	2003 年
员工总数	4 098 人	4 104 人	3 674 人	2 553 人	2 276 人

注:所有数据已经过技术处理。

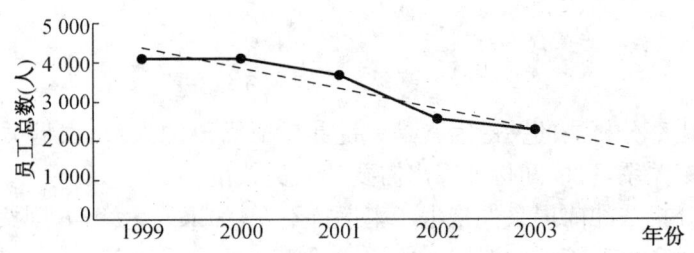

图 3-4　飞利浦一子公司人力资源需求趋势线

注：直线是实际人数连接线，虚线是趋势线。

从图 3-4 可见，飞利浦子公司的人力资源需求量是逐年下降的，所以它的趋势线是一条斜率为负的直线。事实上，公司的规模和业务量逐年上升，但由于管理水平和生产技术的提高，使得需求人员反而下降，这体现了现代化工厂的特点。可以找到 2004 年在趋势线上的对应点，从而确定公司 2004 年的人力资源需求。可从图 3-4 上看出，2004 年的需求大致为 1 650~1 800 人，此预测在 2004 年得到验证。

运用趋势外推法必须满足两个前提：一是企业要有历史数据（一般用过去五年的数据进行预测）；二是这些数据要有一定的发展趋势可循。很多企业都能满足以上两个条件，所以趋势外推法有广泛的运用空间。虽然这种方法很实用，但是过于简单，只能预测出大概走势，作为初步预测时很有价值。在运用趋势外推法时，隐含了一个假设，即未来仍按过去的规律发展。这种假设过于简单，现实中，由于很多因素在变化，很少有雇佣水平按照过去的趋势发展。特别当预测的时间变长时，大多数因素都会发生变化，导致预测结果不准，所以趋势外推法只能用于短期预测。如果人力资源需求在时间上显示出明显的均等趋势，并且市场环境稳定、企业发展平稳，此时用于短期预测会有较好的效果。

2．比率分析法

比率分析法是通过特殊的关键因素和所需人员数量之间的一个比率来确定未来人力资源需求的方法。该方法主要是根据过去的经验，将企业未来的业务活动水平转化为对人力资源的需要。

步骤：

（1）根据需要预测的人员类别选择关键因素。

（2）根据历史数据，计算出关键因素与所需人员数量之间的比率值。

（3）预测未来关键因素的可能数值。

（4）根据预测的关键因素数值和比率值，计算未来需要的人员数量。

选择关键因素非常重要，应该选择影响人员需求的主要因素，并且要容易测量、容易预测，同时，还应该与人员需求存在一个稳定的较精确的比率关系。由于选择的关键因素不同，可以将比率分析法再细分为两类，即生产率比率分析法和人员结构比率分析法。

生产率比率分析法的关键因素是企业的业务量，如销售额、产品数量等，根据业务量与所需人员的比率关系，可直接计算出需要的人员数量。假如要预测未来需要的销售人员数量、未来需要的生产工人数量、未来需要的企业总人数，可分别用下式计算：

销售收入 = 销售人员数量 × 人均销售额
产品数量 = 生产工人数量 × 人均生产产品数量
经营收益 = 人力资源数量 × 人均生产率

人员结构比率分析法的关键因素是关键岗位所需要的人数,根据关键岗位与其他岗位人数的比率关系,可以间接计算出需要的人员数量。

运用比率分析法的前提条件是生产率保持不变,如果发生变动,则按比率计算出来的预测人员数量会出现较大的偏差。例如,1个工人1个月生产800个零件,计划下月生产8 000个零件,如果生产率不变,则下个月需要10个工人;但如果下个月因为改进设备,每个工人的月产量提高为1 000个零件,那只需要8个人就够了。可见,如果生产率变动,则上述的方法将不再适用。为了扩大方法的适用范围,也为了更加符合现实情况,可以把生产率变化的影响考虑进公式,从而得到如下公式:

$$计划期末所需员工数量 = \frac{目前业务量 + 计划期业务增长量}{目前人均业务量 \times (1 + 生产增长率)}$$

由于比率分析法假设关键因素与需求人员间的比率保持不变,而这只能在较短的一段时间内实现,所以这种预测方法最适用于短期预测,勉强可运用于中期预测,但用于长期预测则会失效。

3. 计算机模拟预测法

随着预测技术的提高,人们希望考虑更多的因素、得出更精确的结果,所以人们开始求助于功能强大的计算机。计算机模拟预测法应运而生,考虑影响人力资源需求的种种因素,建立预测人力资源需求的模型,将这些影响因素在未来可能的数值输入计算机,最终得到相应的人力资源需求方案。

模型中应包括一些重要的数据,如生产单位产品需要的直接劳动工时、销售额等。如果包括的数据足够充分,除可预测出总人数外,还可预测出各个岗位需要的具体人数。

计算机模拟预测又被称为在"虚拟的世界"里进行实验,在这个实验中,最主要的一些影响因素可归入生产计划和销售计划。输入不同的生产计划和销售计划,可以得出不同的人力资源需求方案,这一过程就像一个实验过程。因此,运用这一系统,可以很快地将生产计划、销售计划转化为对人员的需求。

计算机模拟预测法是人力资源需求预测中最复杂最精确的一种方法,综合考虑了各种因素对人员需求的影响。在电脑模拟的虚拟环境中,分析企业未来可能遇到的外部环境和可能出现的内部状况,从而最终得到人力资源需求方案。

一些企业已经开始利用计算机来建立人员需求预测系统,即计算机化预测系统(computerized forecast)。虽然这种方法最精确、最科学,但是由于建立一个与现实接近的模拟环境很困难,并且要耗费大量的时间和金钱,因此也只有很少的一些企业在使用。

第三节　人力资源供给预测

人力资源供给预测是指对未来某一特定时期内能够提供给企业的人力资源的数

量、质量及结构进行估计。由于超出企业获取能力的供给对于企业来说是没有任何意义的,所以在预测供给时,必须对有效的人力资源供给进行预测。一般来说,人力资源供给包括内部供给和外部供给两个来源,内部供给是指从内部劳动力市场提供的人力资源,外部供给是指从外部劳动力市场提供的人力资源。

一、人力资源供给预测的程序

人力资源供给预测的具体程序如图 3-5 所示。

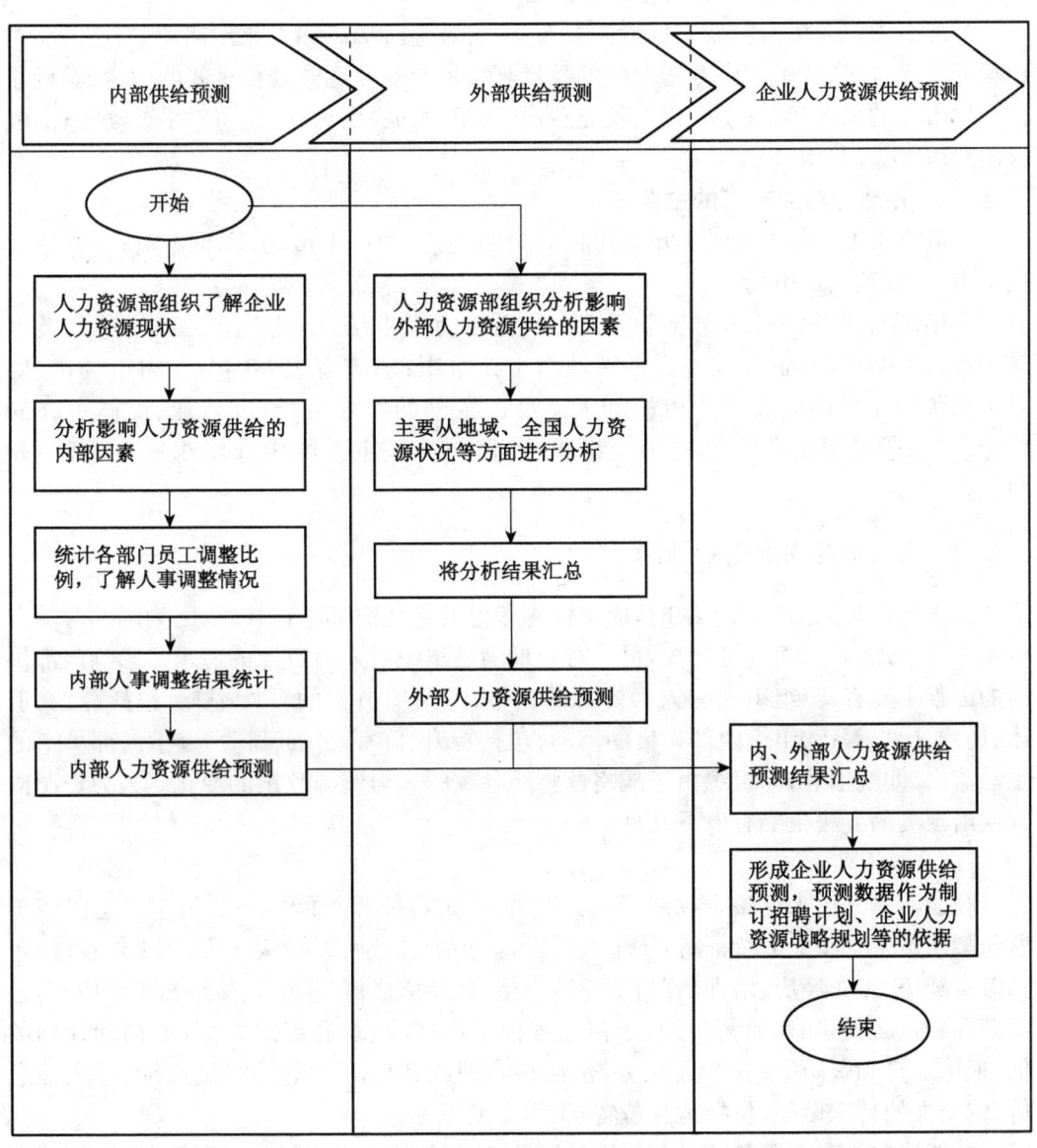

图 3-5 人力资源供给预测流程

二、人力资源外部供给预测

外部供给预测是指组织以外能够提供给组织所需要的人力资源的质和量的预测,主要的渠道是外部劳动力市场。外部供给是解决组织人员新陈代谢和改变人员结构的根本出路,是任何组织都必须面对和采用的人力资源补充渠道,因此,合理地对外部供给进行预测是保证组织正常发展、节省人力购置成本的重要手段。但是外部供给有一个特点,即不能为组织所掌控,而只能通过信息的收集分析加以利用。

(一)外部人力资源供给的影响因素

外部人力资源供给的影响因素主要有:①宏观经济形势和失业预期;②当地劳动力市场的供求状况,其中大中专毕业生的数量与质量及就业意向是很重要的因素;③行业劳动力市场的供求状况;④人们的就业意识;⑤组织的吸引力;⑥竞争对手的动态;⑦政府的政策、法规与压力。

(二)外部劳动力市场的主要分类

一般意义上的外部劳动力市场可以分为四类:蓝领员工市场;职员市场;专业技术人员市场;管理人员市场。

我国现阶段并没有建立起全国统一的劳动力大市场,因此劳动力市场的分类也较为混乱,主要是不同主体举办的劳动力中介组织:①政府主办的劳动力市场,主要是劳动部门主办的职业中介机构和人事部门主办的人才市场;②行业、团体主办的中介组织;③大型企业主办的中介组织;④街道社区主办的中介组织;⑤民营中介组织。

三、人力资源内部供给预测

当组织出现人力资源短缺时,应该优先考虑的是从内部进行补充,因为内部劳动力市场不但可以预测,而且可调控,可以有效地满足组织对人力资源的需求。影响内部供给的因素主要有:①组织现有人力资源的存量;②组织员工的自然损耗,包括辞退、退休、伤残、死亡等;③组织内部人员的流动,包括晋升、降职、平职调动等;④内部员工的主动流出,即跳槽等;⑤组织由于战略调整所导致的人力资源政策的变化。人力资源内部供给预测的方法主要有以下几种。

1. 技能清单法

技能清单是用来反映企业部门人员姓名、特定特征和技能的一张清单。这张清单所包括的员工工作能力特征有:①个人情况,如年龄、性别、婚姻状况等;②工作技能,包括教育经历、工作经历、培训情况;③特殊资格,如特殊成就;④个人薪酬和工作历史,包括现在和过去的薪酬、加薪日期、承担的各种工作;⑤组织和部门数据,如福利计划数据、退休信息和资历等;⑥个人能力,包括在心理或其他测试中的测试成绩、健康信息等;⑦个人的特殊偏爱,包括地理位置、工作类型等等。

技能清单是对企业各部门工作人员竞争力的清晰反映,可用来帮助人力资源规划人员确定现有人员调换工作岗位的可能性大小以及决定哪些人员可填补留下的人员空缺。表3-4为某企业员工技能清单例表。

表 3-4　　　　　　　　　　　　员工技能清单例表

姓名		任职岗位		所属部门	
出生年月		性别		最高学历	
合同到职日期		婚姻状况		职称	
教育背景	学历	毕业院校		主修专业	毕业日期
工作经历	起止日期	工作单位		所任职务	工作成果
培训经历	培训时间	培训主题		培训机构	所获证书
技能	技能种类			证书	
职业发展	是否愿意担任其他类型的工作			□是　□否	
	是否愿意调到其他部门工作			□是　□否	
	是否愿意接受工作调配以丰富工作经验			□是　□否	
	愿意承担哪种工作				
	愿意接受何种指派				
您认为自己需要接受何种训练	改善目前的技能和绩效				
	职位晋升所需要的经验和能力				

　　由于计算机的广泛利用，目前技能清单法在人力资源管理中正在得到越来越广泛的应用。它提供了一种迅速和准确地估计组织内可利用技能的工具。除了帮助作出晋升和调动决策外，这种信息对作其他决定通常也是必要的。

　　2. 管理人员接替法

　　这种方法是对现有管理人员的状况进行调查评价后，列出未来可能的管理者人选，又称为管理者继承计划。该方法被认为是把人力资源规划和企业战略结合起来的一种较有效的方法。管理人员接替法涉及的主要内容是对主要管理者的总的评价，包括：主要管理人员的现有绩效和潜力，发展计划；所有接替人员的现有绩效和潜力；其他关键职位上的现职人员的绩效、潜力及对其评定意见。图3-6为典型的管理人员接替图例。

图3-6中,括号内数字表示该管理者的年龄,竖线旁的字母和数字是对其绩效和晋升可能性的评估。A表示现在就可提拔,B表示还需要一定的开发,C表示现职位不很合适。对其绩效的评估在此分为4个等级:1表示绩效表现突出;2表示优秀;3表示一般;4表示较差。通过这样一张图(还可延续下去),使得组织既对其内部管理人员的情况非常明了,又体现出组织对管理人员职业生涯发展的关注。如果出现人员不能适应现职,或缺乏后备干部的情况,则组织就可尽早地做好充分的准备。所以,有些企业认为管理者接替法非常有用,甚至认为它是人力资源规划最重要的部分。

职位	总经理			
现任	刘(46岁) A/2			
接替人	王(40岁) B/2			
现职	生产经理			
职位	生产经理	财务经理	财务经理	销售经理
现任	王(40岁) B/2	高(48岁) B/3	姚(45岁) C/2	吴(35岁) C/1
接替人	张(41岁) A/2	徐(38岁) B/2	鲁(40岁) B/1	
现职	生产副经理	财务主管	人事主任	

图3-6 管理人员接替法

3. 马尔可夫矩阵

马尔可夫矩阵通常也被称为转换矩阵方法,其思路是找出过去人力资源供给变化的规律,根据得出的规律来预测人力资源变化趋势;通过不同工作岗位的变动情况来调查员工的发展模式,显示员工留任、升降职、进出比率的人数。马尔可夫矩阵的典型步骤是:

(1) 根据组织的历史资料,计算出每一类的每一名员工流向另一类或另一级别的平均概率。

(2) 根据每一类员工的每一级别流向其他类或级别的概率,建立一个人员变动矩阵表。

(3) 根据组织年底的种类人数和人员变动矩阵表预测第二年组织可供给的人数。

以某家具厂为例来具体说明。某家具厂截至2009年12月份共有360名员工,其中管理人员12名,销售人员60名,生产人员288名。近几年,该厂每年大约从外部获得员工35名,其中管理人员5名,销售人员10名,生产人员20名。根据该厂近几年的员工调查结果,员工变动情况如表3-5所示。

表3-5 某家具厂员工流动变化情况

岗位	管理人员	销售人员	生产人员	离职率
管理人员	0.75			0.25
销售人员	0.05	0.75	0.05	0.15
生产人员		0.042	0.9	0.058

从表3-5中可以看出,生产人员保留在原岗位的比率为90%,流向销售岗位的比

率为4.2%，流出企业的比率为5.8%。销售人员保留在原来岗位的比例为75%，流向管理岗位的比例为5%，流向生产岗位的比例为5%。管理人员留在原来岗位的比例为75%，这三类员工中离职率最高的是管理人员。

了解了组织的人员变动列表后，就可以根据企业起始时间的人力资源状况，预测未来的人力资源供给，如表3-6所示。

表3-6　　　　　　　预测2010年该厂的各类人员供给情况

岗位	2009年12月人数	2010年12月员工人数			
		管理人员	销售人员	生产人员	流出
管理人员	12	9			3
销售人员	60	3	45	3	9
生产人员	288		12	259	17

由表3-6可知，到2010年12月份，该厂内部人力资源供给情况是：管理人员12人，销售人员57人，生产人员262人。已知该厂每年从外部获得管理人员5名，销售人员10名，生产人员20名。据此，可以推算出该厂未来几年的人力资源供给情况，如表3-7所示。

表3-7　　　　　某家具厂未来几年各类人力资源供给预测结果

供给预测	管理人员	销售人员	生产人员	员工总人数
2010年	17	67	282	366
2011年	22	72	278	372
2012年	26	76	274	376

表3-7表明：该厂管理人员和销售人员供给数量呈现增加趋势，而生产人员供给数量呈现减少趋势，为保证家具厂的生产经营顺利进行，该厂可以再从外部招聘人员补充生产人员，保持人力资源供求平衡。

马尔可夫矩阵虽然在一些国际性的大公司中得到广泛应用，但其所估计的人员流动概率与预测期的实际情况可能有差距，因此使用这种方法得到的内部人力资源供给预测的结果也就可能会不精确，其最大的价值在于提供了一种内部人员流动的分析框架。

第四节　人力资源供求平衡

一般来说，在整个企业的发展过程中，企业的人力资源状况不可能始终自然地处于人力资源供求平衡状态。实际上，企业始终处于人力资源的供求失衡状态，如表3-8所示。

表 3-8　　　　　　　　企业发展过程中的人力资源供求状态

企业发展阶段	现象	人力资源状态
扩张阶段	企业人力资源需求旺盛,人力资源供给不足	供不应求
稳定阶段	企业人力资源在表面上可能或达到稳定,但企业局部仍然存在着退休、离职、晋升、降职、补充空缺、不胜任岗位、职务调整等	结构失衡
萧条阶段	人力资源需求不足,供给变化不大	供过于求

人力资源供求平衡就是企业通过增员、减员和人员结构调整等措施,使企业人力资源供求不相等达到供求基本平衡的状态。人力资源供求平衡是企业人力资源规划的目的,前面所讲的人力资源需求和供给预测都是围绕着人力资源供求平衡而展开的,通过人力资源的平衡过程,企业才能有效地提高人力资源利用率,降低企业人力资源成本,从而最终实现企业的发展目标。因此,对于人力资源规划的结果,需及时采取正确的措施和政策来进行调整,才能更好地发挥人力资源规划的作用,使企业的人力资源统一于企业的最终发展目标。一般来说,对于企业的人力资源供求不平衡的不同状态有不同的调整方法。

一、供不应求的调整

1. 外部招聘

外部招聘是最常用的人力资源供不应求的调整方法,当企业生产工人或技术人员供不应求时,从外部招聘可以比较快地得到熟练的员工,以及时满足企业生产的需要。当然,如果从外部招聘管理人员,由于管理人员熟悉企业内部情况需要一段时间,所以见效比较慢。一般来说,企业如果有内部调整、内部晋升等计划,则应该优先考虑这些计划,再考虑外部招聘。

2. 内部招聘

内部招聘是指企业出现职务空缺时,从企业内部调整员工到该职务,以弥补空缺的职位。内部招聘可以节约企业的招聘成本,丰富员工的工作,提高员工的工作兴趣,但对于比较复杂的工作,内部招聘的员工可能需要一段时间的培训。

3. 聘用临时工

聘用临时工是企业从外部招聘员工的一种特殊形式。聘用临时工可以减少企业的福利开支,而且临时工的用工形式比较灵活,企业在不需要员工的时候,可以随时与其解除劳动关系。企业产品季节性比较强时或企业临时进行专项调查时采取临时招聘的方式比较合适。

4. 延长工作时间

延长工作时间也称为加班制,在企业工作量临时增加时,可以考虑延长工人的工作时间。延长工作时间具备聘用临时工的优点,可节约福利开支,减少招聘成本,而且可以保证工作质量。但长期采用延长工作时间会降低员工的工作质量,而且工作时间也受到政府政策法规的限制。

5. 内部晋升

当较高层次的职位出现空缺时,这时有内部晋升和外部招聘两种手段,企业一般优先考虑提拔企业内部员工。在许多企业里,内部晋升是员工职业生涯规划的重要内容,对员工有较大的激励作用。而且,由于内部员工比较了解企业的情况,会比外部招聘人员更快地适应工作环境,这不仅提高了工作效率,还同时节省了外部招聘成本。但当企业缺乏生气或面临技术和市场的重大变化时,可以适当地考虑外部招聘。

6. 技能培训

对公司现有员工进行必要的技能培训,使之不仅能适应当前的工作,还能适应更高层次的工作。这样就为内部晋升政策的有效实施提供了保障。如果企业即将出现经营转型,企业应该及时向员工培训新的工作知识和工作技能,以保证企业在转型后,原有的员工能够符合职位任职资格的要求。这样做最大的好处是防止企业冗员现象的出现。

7. 调宽工作范围

当企业某类员工紧缺,在人才市场上又难以招聘到相应的员工时,可以通过修改职位说明书,扩大员工的工作范围或责任范围的方式,从而达到增加员工工作量的目的。需要注意的是,扩大工作范围必须与提高待遇相对应,不然会造成员工情绪的不满,影响企业的生产活动。扩大工作范围可以与企业提高技术成分配合使用。

二、供过于求的调整

1. 提前退休

企业可以适当地放宽退休的年龄和条件限制,促使更多的员工提前退休。如果将退休的条件修改到有足够吸引力,会有更多的员工愿意接受提前退休。提前退休使企业比较容易减少员工,但企业也会因此而背上比较重的包袱,而且退休受到政府政策法规的限制。

2. 减少人员补充

减少人员补充是人力资源供过于求最常用的方式,当企业出现员工退休、离职等情况时,对空闲的岗位不进行人员补充,这样做可以通过不紧张的气氛减少企业内部的人员供给,从而达到人力资源供求平衡。但采取减少人员补充的方式往往数量有限,而且企业难以得到所需要的员工。

3. 增加无薪假期

当企业出现短期人力资源过剩的情况时,采取增加无薪假期的方法比较合适,这样做可以使企业暂时减轻财政上的负担,而且可以避免企业需要员工时再从外部招聘。

4. 裁员

裁员是一种没有办法的办法,但这种方式相当有效。在进行裁员时,要制定优厚的裁员政策,比如为被裁减者发放优厚的失业金等,一般裁减那些主动希望离职和工作考评成绩低下的员工。裁员会降低员工对企业的信心,挫伤员工的积极性,而且被裁减的员工有时会做出诋毁企业形象的行为,所以在采取裁员之前企业一定要慎重考虑。

三、结构失衡的调整

人力资源结构失衡的调整方法通常是对上述两种调整方案的综合应用。实际上,在制定人力资源平衡措施的过程中，不可能是单一的供不应求或供过于求，企业人力资源往往出现结构失衡，可能使高层次人员供不应求，而低层次人员供过于求。企业要根据自身的具体情况，对供不应求的某类员工采用供不应求的调整方法，对供过于求的一类员工采取供过于求的调整方法，制订出相应的人力资源部门或业务规划，使各部门人力资源在数量和结构等方面达到协调平衡。

这里有一点需要注意的是，如果企业不是欠缺生气，则应以内部调整为主，把某类富余员工调整到需要人员的岗位上，需要培训的要制定培训计划。如果企业比较僵化，应招聘一些外部的员工，给企业带来一些新的生产技术以及一些新的管理措施等，这时应以外部调整为主。

思考与练习

一、基本概念
人力资源规划　德尔菲法　马尔可夫矩阵　技能清单法

二、单项选择题
1. 进行人力资源规划的6个步骤依次是(　　)。
   A. 收集信息—人力资源计划过程的反馈—人力资源需求预测—人力资源供给预测—所需要的项目的计划与实施
   B. 收集信息—人力资源需求预测—人力资源供给预测—所需要的项目的计划与实施—人力资源计划过程的反馈
   C. 人力资源需求预测—人力资源供给预测—收集信息—所需要的项目的计划与实施—人力资源计划过程的反馈
   D. 收集信息—人力资源需求预测—人力资源供给预测—人力资源计划过程的反馈—所需要的项目的计划与实施
2. 内部人力资源供给的影响因素主要有(　　)。
   A. 宏观经济形势和失业预期
   B. 人们的就业意识
   C. 组织由于战略调整所导致的人力资源政策的变化
   D. 当地劳动力市场的供求状况
3. 下列方法中，(　　)是人力资源需求预测的方法。
   A. 技能清单法　　　　　　　　　B. 管理人员接替法
   C. 比率分析法　　　　　　　　　D. 马尔可夫矩阵
4. 下列方法中，(　　)是人力资源供给预测的方法。
   A. 马尔可夫矩阵　　　　　　　　B. 趋势外推法
   C. 经验预测法　　　　　　　　　D. 比率分析法
5. 外部人力资源供给预测的影响因素主要有(　　)。
   A. 组织的吸引力　　　　　　　　B. 组织现有的人力资源存量
   C. 员工的自然损耗　　　　　　　D. 组织内部人员流动的强度

6. 下列不属于人力资源需求预测的影响因素的是(　　)。
   A. 组织的业务量或产量　　　　　　　　　B. 外部人力资源竞争状况
   C. 生产技术水平或管理方式的变化　　　　D. 组织的吸引力
7. 人力资源规划按范围划分可分为(　　)。
   A. 整体人力资源规划、部门人力资源规划、某项具体任务或工作的人力资源规划
   B. 人力资源战略发展规划、人力资源组织人事规划、人力资源开发规划
   C. 短期规划、中期规划、长期规划
   D. 人力资源总体规划、人力资源业务规划
8. 人力资源(　　)是人力资源战略与人力资源管理之间的纽带。
   A. 规划　　　　　B. 招聘　　　　　C. 薪酬　　　　　D. 绩效
9. 以下人力资源需求预测方法中，属于定量预测的方法是(　　)。
   A. 经验预测法　　　B. 德尔菲法　　　C. 比率分析法　　　D. 描述法
10. 通过特殊的关键因素和所需人员数量之间的一个比率来确定未来人力资源需求的方法是(　　)。
    A. 关键事件法　　　　　　　　　　　　B. 德尔菲法
    C. 比率分析法　　　　　　　　　　　　D. 趋势外推法
11. 一般意义上，外部劳动力市场可以分为(　　)四类。
    A. 蓝领员工市场；职员市场；专业技术人员市场；管理人员市场
    B. 应届毕业生市场；职员市场；专业技术人员市场；管理人员市场
    C. 蓝领员工市场；应届毕业生市场；专业技术人员市场；管理人员市场
    D. 蓝领员工市场；职员市场；专业技术人员市场；退休员工市场

三、判断题

1. 人力资源供给预测可以分为外部供给预测和内部供给预测。（　　）
2. 比率分析法可以用于人力资源需求的长期预测。（　　）
3. 人力资源结构平衡总量一定平衡。（　　）
4. 人力资源总量平衡结构必然平衡。（　　）
5. 运用德尔菲技术时专家应当面对面进行充分讨论。（　　）
6. 企业始终处于人力资源的供求失衡状态。（　　）
7. 马尔可夫矩阵是适用于人力资源外部供给预测的方法。（　　）

四、简答题

1. 阐述人力资源规划的作用。
2. 说明德尔菲法的操作要点及注意事项。
3. 详细阐述人力资源规划的操作步骤。
4. 阐述人力资源供求结构失衡的调整。

五、计算题

1. 设某商学院在2015年有学生1 500人，在2016年计划招生增加150人，目前平均每个教师承担15名学生的工作量，生产率保持不变，那么在2016年该商学院需要多少名教师？若工作效率提高20%，2016年需要多少教师？

2. 试用马尔可夫矩阵对某公司业务部人员明年供给情况进行预测，请在下表内根据各种人员现有人数和每年平均变动概率，计算和填写出各种人员的变动数，若需求保持不变，计算需补充的人数，若需求总量增加20%，各层级人员结构保持不变，计算需补充的人数。

职　务	现有人数	人员变动概率				
		高层领导	基层领导	高级会计师	会计员	离职
高层领导	40	0.80	—	—	—	0.20
基层领导	80	0.10	0.70	—	—	0.20
高级会计师	120	—	0.05	0.80	0.05	0.10
会计员	160	—	—	0.15	0.65	0.20
总人数	400					68
需补充人数	—					—

第四章 员工招聘

【知识目标】
- 理解员工招聘的含义、影响因素和程序
- 掌握员工招聘渠道的选择

【技能目标】
- 编制员工招聘计划书
- 设计招聘广告

引入案例

GE：六西格玛招聘

世界上最伟大的发明家之一——托马斯·爱迪生先生于1878年创立爱迪生电灯公司，这个公司后来成为世界上最伟大的公司之一。该公司在1892年与汤姆森·休斯顿电气公司合并，成立通用电气公司（General Electric Company），也就是今天大名鼎鼎的GE。

GE是一家多元化的科技、媒体和金融服务公司，产品和服务涉及飞机发动机、发电设备、水处理、安防技术、医疗成像、商务、消费者融资、媒体以及高新材料等多个领域。GE目前拥有30多万名员工，客户遍及全球100多个国家。早在1906年，GE已开始在中国开展贸易，1908年在沈阳建立第一家灯泡厂，1991年在北京成立第一家合资企业——GE航卫医疗系统有限公司。

道琼斯工业指数自1896年设立以来，GE是唯一至今仍在指数榜上的公司。世界著名财经日报英国《金融时报》连续数年将GE评为"世界上最受尊敬的公司"；世界著名财经杂志美国《财富》2006年7月公布的世界500强公司排行榜中，GE凭借1571.5亿美元的年营业收入位居第11名。

处于危机之中的摩托罗拉于1987年开创了六西格玛管理，实施3年后取得空前成功，产品不合格率急速下降，且此过程节约成本20亿美元之多。然而，真正把这一管理理念变成一种企业文化的是GE，也正是GE的成功实施让六西格玛风靡世界。

管理中的六西格玛：通过设计、监督每一道生产工序和业务流程，以最少的投入和损耗赢得最大的客户满意度，从而提高企业的利润，其目标是将一百万次机会中出现的错误或故障低于3.4个。

GE实施六西格玛经历了两个阶段：第一个阶段从1996年到2001年间，Jack Welch出任CEO，不惜血本开展六西格玛培训；第二个阶段从2001年开始，Jeff Immelt接任CEO后，因商业环境变化，绿带培训改为一周左右的面授＋网上自学＋网上考试，绿带和黑带的认证流程更加规范，六西格玛不再高高在上，而是GE普通培训中的一种。

实际操作，用六西格玛DMDV方式管理招聘工作。即：Define（定义），首先是发现存在的问题，知道问题出在哪，并有针对性地设立目标，确定由谁负责组建团队来实施这一项目；Measure（测量），衡量现在所做工作的具体情况，了解被招聘者希望招聘工作达到的标准，以及找到影响招聘效果的因素；Design（设计），设计出更优的招聘方案和程序，避免问题再次出现；Verify（检验），在工作中试运行招聘方案和程序，检验其是否可以有效地提高招聘效果。

（资料来源：http://www.glzy8.com）

讨论：

(1) GE的六西格玛方式管理招聘工作是否可取？

(2) 员工招聘对整个人力资源管理乃至企业管理活动有什么影响？

员工招聘是企业人力资源管理中一项十分重要的工作，与企业人力资源管理中的其他工作有着十分紧密的联系。实践证明，企业招聘不但要花费巨额成本，而且招聘水平的高低还会影响企业在应聘者和社会公众心目中的形象。所以，企业必须重视员工招聘的工作。

第一节 员工招聘概述

当企业人力资源绝对或相对不足时，企业有很多解决办法，如延长员工工作时间或增大工作负荷、增加临时性员工和返聘退休员工、通过人才租赁公司租借人员等，但这些方法都需要一定的时间，无法满足企业急迫的用人需要。目前解决企业人力资源不足问题的最快捷也最实用的方法仍然是招聘。

一、员工招聘的含义

招聘是随着雇佣关系的出现而在组织内出现的一种活动，在组织管理中属于出现比较早的活动之一。招聘的概念随着招聘活动的不断科学化和丰富化而得到不断充实和提炼。本书中，招聘是指企业在总体发展规划的指导下，制定相应的职位空缺计划，并决定如何寻找合适的人员来填补这些职位空缺的过程。它的实质是让潜在的合格人员对本企业的相关职位产生兴趣并来应聘这些职位。[①]

要准确理解招聘的含义，需要把握以下要点：

第一，开展招聘活动的目的是为了吸引人员到企业来应聘。而怎样从这些应聘者中挑选合适的人员并不属于招聘工作的内容，而是选拔录用要完成的任务。

第二，企业招聘活动吸引人员的数量要适当，并不是吸引的人越多越好，而是要控制在一个适当的范围内，这是对招聘工作数量方面的要求；招聘活动吸引的应当是企业需要的人员，即要把那些能够从事空缺职位的人员吸引过来，这是对招聘工作质量方面的要求。

二、员工招聘的意义

员工招聘的有效实施，不仅对企业人力资源管理本身，对整个企业也具有非常重要的意义，这主要表现在以下几个方面。

（一）员工招聘决定企业能否吸纳到合适的人才

如果我们将企业看成是一个输入输出系统的话，那么人才就是这个系统的转换器。没有了人才，企业就无法将原始的资源转换为有效的产品输出，因此，企业需要人力资源的输入。而招聘工作是人才输入的起点，没有对合适人才的吸引，企业就不可能实现对他们的接纳，所以说招聘工作的质量直接决定着人才的质量，从这个意义上讲，招聘工作对企业今后的成长和发展具有重要的意义。

---

① 董克用，叶向峰.人力资源管理概论[M].1版.北京：中国人民大学出版社，2003：177.

（二）员工招聘影响人员的流动

企业的人员流动是受到多种因素影响的，招聘活动就是其中一个很重要的因素。招聘过程中信息传递的真实与否会影响应聘者进入企业以后的流动，如果向外部传递的信息不真实，只展现企业好的一面，而隐瞒差的一面，员工进入企业后就会产生较大的失落感，这会降低他们的工作满意度，从而导致人员较高的流动率；相反，如果传递的信息比较真实客观，就会有助于降低人员的流动率。

（三）员工招聘影响人力资源管理的费用

员工招聘活动的成本构成了人力资源管理成本的重要内容。招聘成本主要包括广告的费用、宣传资料的费用、招聘人员的工资等，全部费用加起来一般是比较高的。因此，招聘的有效进行能够大大降低它的成本，从而降低人力资源管理的成本。

（四）员工招聘是企业进行对外宣传的有效途径

招聘，尤其是外部招聘，本身就是企业向外部宣传自身的一个过程。为了实现招聘的目的，企业向外部发布自己的基本情况、发展方向方针、企业文化以及产品特征等各项信息，这些有助于企业更好地展现自身的风貌，使社会更加了解企业，营造更好的外部环境，从而有利于企业的发展。研究表明，公司招聘活动的质量高低明显影响应聘者对企业的看法；招聘人员的素质和招聘工作的质量在一定程度上被视为公司管理水平和公司效率的标志。

三、影响招聘的因素

（一）影响招聘的内部因素

1. 企业的声望

企业是否在应聘者心中树立了良好的形象以及是否具有强大的号召力，将从精神方面影响着招聘活动。例如，一些世界知名的企业，以它们在公众中的声望，就能很容易吸引大批的应聘者。

2. 企业的发展阶段

一般来说，产品或服务范围的扩大需要增设新的岗位和更多的人员。所以，处于增长和发展阶段的企业比处在成熟或下降阶段的企业需要招聘更多的员工。除了改变招聘规模和重点以外，处于发展阶段还在迅速扩大的企业可能在招聘信息中强调雇员有发展和晋升的机会，而一个成熟的企业可能强调其工作岗位的安全性和所提供的高工资和福利。

3. 企业的招聘政策

企业的招聘政策影响招聘人员选择的招聘方法。例如，对于要求较高业务水平和技能的职位，企业可以利用不同的来源和招聘方法，这取决于企业高层管理者是喜欢从内部还是从外部招聘。目前，大多数企业倾向于从内部招聘上述人员，这种内部招聘政策可以向员工提供发展和晋升的机会，有利于调动员工现有的积极性，其缺点是可能将不具备资格的员工提拔到领导或重要岗位。

另外，企业内的用人是否合理，是否有良好的上下级关系，升迁路径的设置如何，进修机会等，对有相当文化层次的人员来说，在一定程度上比工资待遇更重要。

4. 福利待遇

企业内部的工资制度是员工劳动报酬是否公正的主要体现，企业的福利措施是企业是否关心员工的反映，它们将从物质方面影响招聘活动。

5. 招聘成本和招聘时间

由于招聘目标包括成本和效益两个方面，同时各种招聘方法奏效的时间也不一致，所以，成本和时间上的限制明显影响着招聘效果。招聘资金充足的企业在招聘方法上可以有更多的选择，它们可以花大量费用做广告，所选择的传播媒体可以是在全国范围内发行的报纸、杂志和电视等。此外，企业也可以去大学或其他地区招聘。

时间上的制约也影响着招聘方法的选择。如果某一企业正面临着扩大产品或服务所带来的突发性需求，那么它几乎没有时间去大学等单位招聘，因为学生毕业时间有一定的季节性，而且完成招聘需要较长的过程。

(二) 影响招聘的外部因素

1. 国家的政策、法规

国家的政策、法规从客观上界定了企业招聘对象选择和限制的条件。例如，西方国家中的人权法规定在招聘信息中不能有优先招聘哪类性别、种族、年龄、宗教信仰的人员表示，除非这些人员是因为工作岗位的真实需要。又如，在西方一些国家中，如果企业或其他组织在政府管辖的范围内招聘100个以上的雇员，那么，雇主的招聘计划和目标尤其要受到法律的约束。也就是说，雇主必须设计其招聘计划和方法以在特定的人口组内吸引有资格的应聘人，他们应包括妇女、本地人、外裔和残疾人等。

2. 劳动力市场

1) 劳动力市场的地理位置

劳动力市场状况对招聘具有重要影响，其中一个因素是劳动力市场的地理位置。根据某一特定类型的劳动力供给和需求，劳动力市场的地理区域可以是局部性的、区域性的、国家性的和国际性的。通常，那些不需要很高技能的人员可以在局部劳动力市场招聘。而区域性劳动力市场可以用来招聘那些具有更高技能的人员，如水污染处理专家和计算机程序员等。专业管理人员应在国家的劳动力市场上招聘，因为他们必须熟悉企业的环境和文化。对某类特殊人员如宇航员、物理学家和生物学家等，除了在国内招聘外，还可在国际市场上招聘。

某些西方国家是根据工人愿意工作的路程长短来确定局部劳动力市场的边界。例如，如果人们愿意到48公里(30英里)以外的地方工作，而48公里以外的地区就不属于这一局部市场。另外，在局部和区域市场与国家或国际市场招聘之间的差异在于后者要引起人员的迁移。因此，企业的地理位置往往是很多人考虑是否变更工作的重要因素。

2) 劳动力市场的供求关系

我们把供给小于需求的市场称为短缺市场，而把劳动力供给充足的市场称为过剩市场。一般来说，当失业率比较高时，在外部招聘人员比较容易。相反，某类人员的短缺可能引起其价格的上升并迫使企业扩大招聘范围，从而使招聘工作变得错综复杂。

总之,劳动力市场状况影响招聘计划、范围、来源、方法和所必需的费用。为了有效地工作,招聘人员必须密切关注劳动力市场条件的变化。

3. 行业的发展性

如果企业所属的行业具有巨大的发展潜力,就能吸引大量的人才涌入这个行业,从而使企业选择人才的余地较大。相反,当企业所属行业远景欠佳时,企业就难以有充裕的人才可供选择,如现在的纺织行业和煤炭行业。

四、员工招聘的程序

人力资源招聘的基本程序如图 4-1 所示:

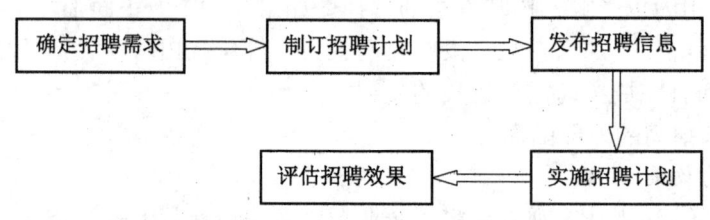

图 4-1 人力资源招聘的基本流程

1. 确定招聘需求

当组织要扩大规模时,当组织有员工离职而其内部人员又无法填补职位空缺时,当组织业务进行调整需要特定人才时,组织就需要有新员工的进入。但是,有时这种需求并不是十分明显。如果组织不能及早预见潜在的人员需求,就无法保证在其需要时提供足够数量的满足要求的人员。所以,在招聘活动开始之前,首先要确定招聘需求,即明确以下几个问题:

(1) 是否存在岗位空缺?

(2) 存在多少岗位空缺?

(3) 需要什么样的人员来填补岗位空缺?

这项工作是在人力资源规划中已经完成的。人力资源规划明确了组织有多少岗位空缺,需要多少人员来填充,所需人员应该具备的知识和技能。这些岗位空缺可能是由于组织结构调整或业务变更产生的新岗位,也可能是由于组织内部人员流动而产生的岗位空缺。当部门经理或一线经理发现某些岗位空缺需要通过招聘来补充,并填写了员工需求表时,这就意味着招聘工作的开始。

2. 制订招聘计划

在确定招聘需求以后,接下来就要制订招聘计划。计划是招聘的主要依据,制订招聘计划的目的在于使招聘更趋于合理化、科学化。由于招聘直接影响人力资源管理的其他步骤,一旦出现失误,以后的工作就难以开展,组织也将得不到优秀的人力资源,其生存和发展则会受到威胁。关于招聘计划的详细内容,将在第三节中展开。

3. 发布招聘信息

招聘信息发布的时间、方式、渠道和范围是根据招聘计划来确定的。由于需招聘的岗位、数量、任职要求不同,招募对象的来源与范围不同,以及新员工到位时间和招聘预算的限制,招聘信息发布时间、方式、渠道与范围也是不同的。

发布招聘信息应注意的问题:

(1)信息发布的范围。信息发布的范围是由招募对象的范围来决定的。发布信息的面越广,接收到该信息的人员就越多,应聘者也就越多,这样可能招聘到合适人选的概率就越大。

(2)信息发布的时间。在条件允许的情况下,招聘信息应尽早向人们发布,这样有利于缩短招聘进程,而且有利于使更多的人获取信息,使应聘人数增加。

(3)招聘对象的层次性。招聘对象均是处于社会的某个层次上的,要根据招聘岗位的要求与特点,向特定的人员发布招聘信息。

(4)招聘信息的真实性。在向外部发布招聘信息时,一定要客观真实。

(5)招聘的预算。一般而言,预算的多少受下列因素影响:招聘方法的选择;该项工作具备资格的申请人的可获得性;工作的类型和在组织中的地位;该项工作应付的报酬;人事与业务费用;一般管理费用;要考虑是否需要调动等。

4. 实施招聘计划

(1)组织内部人员的调整与适应。组织进行人员招聘工作时,内部调整应先于组织外部的招聘,尤其是对高级职位或重要职位的人员选聘工作更是应该如此。因为这样可以做到以下几点:一是发挥组织中现有人员的工作积极性;二是利用已有人事资料简化招聘程序,减少人力、财力等资源的浪费;三是加速上岗人员的适应;四是控制人力成本,减少培训期和培训费用。

(2)实施外部招聘计划。如果没有适宜的内部应聘者,或者内部人力不能满足招聘人数的要求,这时就需要从外部招聘。通过有效的招募方式吸引各方人才前来应聘,是人员招聘工作的关键环节之一。

5. 评估招聘效果

招聘的效果评估是指衡量一种招聘方法能否以最低的花费(时间花费和成本花费)吸引足够数量和具有所需知识、技能水平的申请人,对招聘效果的评估可以了解招聘方法的有效性。

第二节　员工招聘的渠道选择

当企业出现职位空缺而需要招聘员工时,既可以从企业内部挑选合适的员工来填补空缺,也可以从社会上招聘新员工。内部渠道和外部渠道作为企业人员招聘的两大来源,各有其利弊。

一、内部招聘

内部招聘是指通过企业内部去获取企业新需要的各种人才。特别是当一些非入门岗位出现岗位空缺时,组织通过内部招聘,可以使较低级别的员工得到提升,使同级别的员工实现岗位轮换,使组织内部的员工得到更多的职业发展机会。

(一)内部招聘的方法

1. 推荐法

它是由本企业员工根据企业需要推荐其熟悉的合适人员,供用人部门和人力资源部门进行选择和考核。由于推荐人对用人单位及被推荐者的情况都比较了解,使推荐者更容易获得企业与岗位的信息,便于其决策,也使企业更容易了解被推荐者,因而这种方法较为有效,成功的概率较大。在企业内部最常见的推荐法是主管推荐,其优点在于主管一般比较了解潜在候选人的能力,由主管提名的人选具有一定的可靠性。而且主管也会觉得他们具有全部的决定权,满意度比较高。它的缺点在于这种推荐会比较主观,容易受到个人因素的影响,主管们可能提拔的是自己的亲信而不是一个胜任的人选。有时候,主管们并不希望自己的得力下属被调到其他部门,这样会影响本部门的工作实力。

2. 布告法

布告法的目的在于让企业中的全体员工都了解到哪些职务空缺需要补充人员,使员工感觉到企业在招募人员这方面的透明度与公平性,并有利于提高员工士气。布告法是在确定了空缺岗位的性质、职责及其所要求的条件等情况后,将这些信息以布告的形式公布在企业中一切可利用的墙报、布告栏、内部报刊上,尽可能使全体员工都能获取信息,所有对此岗位感兴趣并具有此岗位任职能力的员工均可申请此岗位。在目前很多成熟的企业中,布告的形式由原来的海报形式改为在企业的内部网上发布,各种申请手续也在网上完成,从而使整个过程更加快捷、方便。一般来说,布告法经常用于非管理人员的招聘,且特别适合于普通职员的招聘。布告法的优点在于让企业内更多的人员了解此类信息,为企业员工职业生涯的发展提供更多的机会,可以使员工脱离原来不满意的工作环境,也促使主管们更加有效地管理员工,以防本部门员工的流失。这种方法的缺点在于花费的时间较长,可能导致岗位较长时期的空缺,影响企业的正常运营,而员工也可能由于盲目的变换工作而丧失原有的优势。

3. 档案法

人力资源部门都有员工档案,从中可以了解员工在教育、培训、经验、技能、绩效等方面的信息,帮助用人部门和人力资源部门寻找合适的人员补充岗位空缺。员工档案对员工晋升、培训、发展有着重要的作用,因此员工档案应力求准确、完备,对员工在岗位、技能、教育、绩效等方面信息的变化应作好及时记录,为人员选择与配备做好准备。值得注意的是,我们所说的"档案",应该是建立在新的人力资源管理思想指导下的人员信息系统,该档案应该对每一位员工的特长、工作方式、职业生涯规划有所记录,将过去重"死资料"的防范型档案转变为重"活材料"的开发型思路上来,为内部有效管理和用人做好准备。在现代档案管理基础上,利用这些信息帮助人力资源管理部门获得有关岗位应聘者的情况,发现那些具备了相应资格但由于种种原因没有申请的合格应聘者,通过企业内的人员信息查找,在企业与员工达成一致意见的前提下,选择合适的员工来担任空缺或新增的岗位。

(二)内部招聘的优点

1. 能激发员工的内在积极性

随着社会的进步和经济的发展,人们已逐步地把需求从对货币报酬的狂热转移到一些非货币报酬上来。在非货币报酬中,有工作本身的报酬(包括工作的挑战性、先进性、趣味性等)和工作环境的报酬(包括企业的知名度和社会美誉度、企业的发展前景、个人的发展空间、有能力而公平的领导、健康环保又舒适的工作环境、融洽的人际关系等),其中人们最关心的是"个人发展空间"和"工作的挑战性"。"内部获取"的方法本身就存在着极大的鼓舞员工内在积极性的功能。企业一旦启动内部招聘,员工就感受到企业真正提供了自己的发展空间,就存在着晋升的希望和推销自己、引起组织注意和信任的希望。

2. 员工能迅速地熟悉工作和进入工作

"上岗"和"入岗"始终是我们招聘工作中不可忽视的两个方面,既要保证有合适的人实实在在地"上岗",还要保证他能迅速地进入角色,即"入岗"。内部获取的人力资源由于熟悉企业,熟悉企业的工作环境和工作流程,熟悉企业的领导和同事,了解并认可企业的文化、核心价值观和其他的硬件环境。因此,他们能迅速地"上岗",又能迅速地"入岗",减少了由于陌生而必须缴纳的各种"学费",包括时间、进度和可能的失误。

3. 保持企业内部的稳定性

新员工和老员工、新员工和企业,碰撞最多的是企业文化和企业核心价值观,当然也有一些非主流方向的碰撞,无论是何种碰撞,其结果都有两个方面的作用,一是促进了企业思考和发展,二是扰乱了企业的日常秩序和日常运作,可能出现不稳定。而内部获取使企业在补充优质人力资源到重要岗位和合适岗位时,不会出现任何的不稳定因素,从而保持了企业内部的稳定性。

4. 尽量规避识人用人的失误

日本采用企业内部谨慎而缓慢的提升制度是有一定道理的,其主要作用是尽量多地规避用人失误的风险,尽量少地承受识人用人失误的代价。内部获取由于对员工有较长时间的了解,就可以有效地规避识人用人的失误。

5. 人员获取的费用最少

一次大规模的公开招聘,总要消耗企业相当多的时间和财力,其中包括招聘前的准备,招聘中的运作、评价、测试和背景资料的收集,招聘后人员到位的一系列安排。内部获取可以节省各个环节相当多的财力开支,将人员获取的费用降到最小值。

(三)内部招聘的缺点

1. 容易形成企业内部人员的板块结构

人员流动少以及内部晋升的途径和方法等原因均容易形成企业内部人员的帮派和板块结构,既可能有关系的重负:如同乡、同学、师兄弟,同班组等;也可能有利益群体的形成,当内部晋升渠道畅通时,非正式组织想推举自己小圈子的人员就成为一种必然。

2. 可能引发企业高层领导的不团结因素

用人的分歧历来是企业高层领导的各种可能分歧中最容易引起断裂的分歧,因为这涉及权力的分配,涉及个人核心班子的组成和个人的威信。因此,当用人出现分歧时,可能将企业高层领导原本存在的不团结因素引向高潮,而这种状况的产生是内部人员获取过程中最大的损伤。

3. 缺少思想碰撞的火花，影响企业的活力和竞争力

内部晋升，被晋升的人和企业群体原本是和谐的，观念、文化、价值观彼此认同。因此，那种"新官上任三把火"的状态不会存在，企业不会因为这种人事变更产生思想碰撞，也不会产生由于这种碰撞出现的不平衡而引发深层思考和继续碰撞，企业在这一过程中明显地缺少活力。

4. 当企业高速发展时，容易以次充优

不少企业为了规避识人与用人的失误，几乎所有的干部均由内部选拔，由于身边的人是总经理最了解和最胜任的人，所以每次内部晋升，总裁办或秘书群都是晋升的主要对象，以至于不少企业的员工说，总经理身边的人个个都"鸡犬升天"。当企业高速发展时，这种由内部晋升的方法不仅不能满足工作的需要，而且"以次充优"的现象将会十分普遍和严重，这就大幅度地降低了企业的竞争力和向上发展力。

5. 营私舞弊的现象难以避免

由于彼此的熟悉和了解，当一个崭新的机会来临时，不可避免地会出现"托人情、找关系"的现象，这种找关系的结果就会出现徇私情、走后门、官官相护或利益联盟，这就有可能败坏企业内部的和谐。

6. 会出现涟漪效应

内部的每一次提升，会出现一连串的提升和调动，这一种"牵一发而动全局"的涟漪效应会使企业领导不得不去接受本不应该移动的岗位和个人，从而给企业工作带来伤害。

7. 近亲繁殖使后续发展力度受到影响

师带徒的形式始终是企业"人才流"形成的主要形式，内部晋升容易出现近亲繁殖，犹如人类的发展一样，近亲繁殖容易产生痴呆儿和智力发育不够好的弱智儿。因此，智力的近亲繁殖、企业经营理念和方法的近亲繁殖都可能给企业后续发展带来不良的影响。

二、外部招聘

外部招聘是指从企业外部获取符合空缺职位工作要求的人员来弥补企业的人力资源短缺，或者为企业储备人才。当企业内部的人力资源不能满足企业发展需要时，企业应选择通过外部渠道进行招聘。

（一）外部招聘的方法

1. 校园招聘

一般而言，校园招聘的计划性比较强，招聘新人的数量、专业往往是结合企业的年度人力资源规划或者阶段性的人才发展战略要求而定。因此，进入校园招聘的通常是大中型企业，他们通常会在几个大类专业中挑选综合素质高的大学生。例如，零售行业快速扩张的国美和苏宁在前期实施的"千人工程"，主要集中招聘经济管理、市场营销类毕业生。校园招聘能够极大地提高公司在高校圈的知名度，为公司储备人才提供人才库，为建立良好的校企合作关系奠定基础，而且校园招聘的费用低廉，对知名企业而言有时甚至是免费入场。校园招聘虽然能够吸引众多的潜在人才，但是这类人员的职业化水平(态度、专业技能、行为习惯等)不高,流失率较高,需要企业投入较多的精力进行系统完整的培训。所以,这类潜在的人才进入企业后,通常首先要接受比较完整的培训,再被安排到生产经营的一线作为储备干部接受工作训练。通过这样一个过程,那些能够积极融入企业、满足要求的人才会脱颖而出。

2. 媒体广告招聘

当前,媒体广告主要有专业的人才招聘报纸,如《前程无忧》,各地主流媒体上的招聘专版或者副刊等。由于报纸仍然是普通大众,包括求职者了解信息的重要平台,所以这种形式的广告在当地的覆盖面比较广,目标受众接受的概率非常高,不仅可以提升企业在当地的知名度,而且可以有效地宣传公司的业务,有一举多得的功效。但是这种招聘渠道会吸引到很多不合格的应聘者,增加了人力资源部门筛选简历的工作量和难度,延长了招聘的周期,另外该渠道的费用比较高,特别是选择"抢眼"版位和版式费用会更高。通常,公司采用这种方式去招聘有实际工作经验的社会人员。

3. 网络招聘

这是在网络日益普及的趋势下产生的一种新的媒体招聘形式,招聘信息可以定时定向投放,发布后也可以管理,其费用相对比较低廉,理论上可以覆盖到全球。通过在知名的人才网上发布招聘的信息,如各地人才市场网站、公司的网站等,可以快捷、海量地接收到求职者的信息,而且各网站提供的格式简历和格式邮件可以降低简历筛选的难度,加快简历处理的速度。这种形式对于白领阶层尤其实用,基本上是"找工作,一键搞定"。但是,这种渠道不能控制应聘者的质量和数量。海量的信息,包括各种垃圾邮件、病毒邮件等会加大招聘工作的压力,在信息化不充分的地区效果差。这种形式可以在常年招聘较多的单位采用。另外,随着各大人才网站简历库的丰富完善,HR们可以利用网站提供的"网才"服务在简历库中搜寻我们要找的人。这种方式有些类似于猎头。

4. 现场招聘会

这是传统的人才招聘方式,费用适中。HR们不仅可以与求职者直接面对面交流(相当于初试),而且可以向求职者直观展示企业实力和风采。这种方式总体上效率比较高,可以快速淘汰不合格人员,控制应聘者的数量和质量。现场招聘通常会与媒体广告同步推出,并且有一定的时效性。其局限性在于由于展会主办方宣传推广力度的影响,使求职者的数量和质量难以有效保证。这种方式通常用于招聘一般型人才。

5. 猎头公司

猎头是一种由专业咨询公司利用其储备人才库、关系网络,在短期内快速、主动、定向寻找企业所需要人才的招聘方式。目前,因为猎头面向的对象主要是企业中高层管理人员和企业需要的特殊人才,其具体操作基本上是由企业高管直接负责,因此这种方式看起来比较神秘。正规的猎头公司收费比较高,通常为被猎成功人员年薪的20%~30%。

6. 圈子招聘

圈子招聘,是伴随网络普及、网络市场日益细分而产生的一种新型、非主流的招聘方式。企业通过行业、专业网站及特定人群(MBA、专业人士、校友、网络发烧友)组织的网站或在网络社区的论坛上发帖、开博客、微博或在QQ、MSN等即时通讯工具上发布招聘信息的方式吸引求职者应聘。

圈子招聘具有网络招聘方便、简捷、快速、覆盖面广的特点,企业可通过网络与对方及时、深入、甚至是视频的互动沟通。QQ、MSN上的联系人一般是同一个圈子的,而看博客、逛论坛的人也经常都是同行,不仅有从业经验,而且针对性强,命中率高。

圈子招聘主要是借助博客、网络论坛和即时聊天工具,一旦求职者不上网或不在线,就无法收到招聘信息。因此,采取圈子招聘的企业,主要是一些IT公司、外企、媒体等与网络联系比较密切的企业。

7. 招聘告示

这是招聘媒体形成以前被广泛采用的招聘方式,目前在中小企业、服务行业、劳动力招聘时采用的比较多。这种方式通常情况下招聘成本不高,招聘告示张贴于店面门口、店面周边或者人流量大的场所等。这种方式的特点是简单易行,满足了文化层次不高、经济条件不好的人员求职的需求。其缺点一是影响公司形象,二是有违"禁止胡乱张贴广告、告示"之大趋势。

除上述方式外,现实中还有广播招聘、电视招聘、借助某项活动推广物色人选等不同方式,如中央台举办的《绝对挑战》知名企业招聘栏目。

(二)外部招聘的优点

1. 带来新思想、新观念,补充新鲜血液,使企业充满活力

企业引进一个人,这个人必然会风风火火地进入企业,因为多数应聘者是想有所为、有大为,才会积极参与应聘的,他们必然给企业带来新的观念、新的信息、新的思想方法、新的文化和价值观,甚至新的人群和新的社会关系。这种引进,必然给企业带来思想碰撞,带来新的活力。

2. 加强战略性人力资源目标的实现

战略性人力资源目标是紧扣企业战略目标而设定的,具有战略性、前瞻性、科学性和系统性的特征,因此,选人的标准就必须符合战略性要求,高层次的人才、高新技术人才、管理人才、稀缺人才等,都要有计划、分阶段地引入,包括成本核算、岗位匹配、能力培养、职业规划等均须有计划,并在一个大系统中运行。

3. 可以规避涟漪效应产生的各种不良反应

当企业由于工作发展而需要增设一个领导岗位时,或者因为退休、离职、调动、流动、生病等各种原因产生人才需求时,内部晋升的涟漪效应,即"动一岗则动多岗,动一人则动多人"的现象使企业被迫接受许多不应接受的岗位和人员变动,外部招聘则完全规避了涟漪效应,按图索骥,无需变动其他岗位和人员。

4. 规避过度使用内部不成熟的人才

以次充优和过度使用内部人才是内部招聘的主要弊端,外部获取保护和完善了"能岗匹配"的原理,使内部人员能获得必要的培训和充足的成熟时间,规避了过度使用不成熟的人才。

5. 大大节省了部分培训费用

"按图索骥"使企业能获得高素质人才,他们符合企业所要求的学历和经历条件,这

样,企业节省了部分培训费用。外部招聘是"拿来主义",不仅节省了培训费用,而且节省了培训时间;它节省了学历教育所付的费用,更重要的是节省了为获取经验所交的"过失费用",这种社会学校和商业战场的"学费"常常较之学校学历教育所付的费用更加昂贵。

(三) 外部招聘的缺点

1. 招聘成本高

招聘高层人才,所需的人才少,招聘的覆盖区域却要宽得多,有时甚至覆盖全国或者一个大片区;招聘人才层次低,所需人才多,招聘的覆盖区域却可以相对小,有时甚至在一个县区或一个地区,但无论是招聘高层次人才,还是中、基层人才,均须付相当高的招聘费用,这包括招聘人员的费用、广告费、测试费、专家顾问费用等。

2. 可能会选错人才

虽然招聘的过程经过层层把关,又因为有专家顾问的参与,选才的准确度大大提高,但仍无法排除选错人的风险,因为任何事物均有其规律性,有些应聘者是应聘场上的"老运动员",具备应付临场考试的各种能力,却偏偏不具备实践工作中所要求的那些能力,这种人比例虽小,但也有可能会被某些企业所误用。这样,选错人的风险依然存在,不仅浪费了人力、物力、财力,而且影响了企业的正常运作,这些被耽误的时间可能会直接导致企业耽误了发展的良机。

3. 给现有员工以不安全感

每当企业由于某个原因出现人员需求时,企业内部的员工就会渴望获得它,如果每当这种机会出现时,企业就从外部招聘合适的人员来补充,这必然会使内部员工感觉得自己"永远飘泊在河流中",不能泊岸,也没机会泊岸,这种感觉会让员工逐步产生对现有职业的不安全感,员工的不安全感必然导致工作的热情低落,员工队伍的稳定性受到挑战。

4. 文化的融合需要时间

引入的人才会带来新观念、新思想、新信息,同时也会带来对现有企业文化的挑战和思考,文化和价值观的融合需要时间,彼此的认同和相互吸引是事业成功的基础,而融合的时间会部分地影响工作的进展。

5. 对工作的熟悉以及与周边工作关系的密切配合也需要时间

新引入人才的"上岗入位"是一件不容易立刻办到的事情,对本职工作的熟悉,对企业工作流程的熟悉,对与之配合的工作部门的熟悉,与领导、下属、平级同僚的工作配合均需假以时日,对企业外界相关工作部门的熟悉和建立良性关系,这些也同样需要时间,这种时间成本的投入也是必须考虑的不利因素。

三、内部招聘与外部招聘的比较分析

以上分析了内部招聘与外部招聘各自具备的优点和缺点,对于一个企业而言,把握员工招聘必须注意以下几个方面:

(1) 外部招聘是企业补充人员的主渠道。

(2) 高层管理人才应畅通外部招聘与内部招聘两个渠道。

（3）高新科技人才应主要考虑从外部招聘，应委托专门的猎头公司或从专门科研机构获取。

（4）中层管理人员可考虑以内部招聘为主，在企业高速发展时，应着眼于战略人力资源储备，此时应把内部招聘与外部招聘相结合。

（5）无论是内部招聘还是外部招聘，都应争取企业外部专家顾问的帮助。

（6）无论通过何种渠道进行招聘，均应注意公平、公开、公正，这既是企业文化的锤炼，也是企业形象的锻造，同时也是增强企业凝聚力、创造力的关键所在。

（7）员工招聘，既是人力资源管理部门的主要工作，同时也是企业领导的核心工作，企业领导必须亲自关心、关注和参与。

第三节　招聘计划的制订

招聘计划是根据组织人力资源规划，在进行工作分析的基础上，通过分析与预测组织内的岗位空缺及合格员工获得的可能性，制定关于实现员工补充的一系列工作安排。

一、招聘计划的内容

招聘计划一般包括以下内容：
（1）人员需求清单，包括招聘的职务名称、人数、任职资格要求等内容。
（2）招聘信息发布的时间和渠道。
（3）招聘小组人选，包括小组人员姓名、职务和各自的职责。
（4）应聘者的考核方案，包括考核的场所、大体时间、题目设计者姓名等。
（5）招聘的截止日期。
（6）新员工的上岗时间。
（7）招聘费用预算，包括资料费、广告费、人才交流会费用等。
（8）招聘工作时间表，尽可能详细，以便于他人配合。
（9）招聘广告样稿。

招聘计划由人力资源管理部门制订并进行复核，特别是要注意对人员的需求量、费用等项目进行严格复查，签署意见后交上级主管领导审批。

二、招聘计划的编写步骤

招聘计划的编写一般包括以下几个方面的步骤：
（1）获取人员需求信息。人员需求一般发生在以下几种情况：人力资源计划中明确规定的人员需求信息；企业在职人员离职产生的空缺；部门经理递交的招聘申请，并经相关领导批准。
（2）选择招聘信息的发布时间和发布渠道。
（3）初步确定招聘小组。

(4) 初步确定选择考核方案。
(5) 明确招聘预算。
(6) 编写招聘工作时间表。
(7) 草拟招聘广告样稿。

三、招聘计划范例

2013年公司招聘计划书

随着企业规模不断扩大，人才需求日益增加，本着发扬企业文化，提高企业员工素质的目的，以获取企业发展所需人才，为企业发展提供强大的人力支持为宗旨，结合公司2013年年度发展战略及相关计划安排，特制定公司2013年年度招聘计划。

(一) 2012年年度招聘情况回顾及总结

2012年是公司成立的第一年，面对严峻的人员招聘问题，企业领导层根据企业发展的实际需要，通过行业内员工借调的方式初步实现了对企业组织架构的建构，综合办工作人员则通过不同渠道（网络招聘、中介招聘、校园招聘、内部招聘等方式）为企业招聘人员，然而由于多方面原因（企业新建时期的人力成本限制、办公区域及员工住宿安置等后勤保障措施滞后、薪酬福利体系还未完善与落实、员工考核晋升体系欠缺等）导致员工招聘工作开展并不顺利。虽然基本上保障了企业当前的用工需求，但随着企业业务的不断壮大，一线生产工人（车床操作工、焊工、油漆工、电工、抛光工、普工等）、专业技术人员（设计与质检）、后勤管理人员（财务与办公）的缺口还很大，另外，出于企业发展需要，销售部的组建工作也迫在眉睫。

(二) 2013年年度岗位需求状况分析

按照公司2013年年度发展战略与生产计划，2013年的岗位需求涵盖各部门现有人员空缺、离职补缺、新部门人员配备、新上项目人员配备等方面，具体分析如下。

1. 招聘岗位

根据各部门人员缺口，结合员工流动因素考虑，经初步分析，2013年招聘岗位包括：

(1) 一线生产工人，包括：车床操作工、电焊工、电工、抛光工、普工等。
(2) 工程技术类人员，包括：机械设计师、质量检验师等。
(3) 销售类人员，包括：销售经理、普通业务员等。
(4) 后勤管理人员，包括：财务管理人员、办公室文员（行政文员、人事文员）、销售内勤等。
(5) 2013年计划招聘总人数：55人左右（含销售人员）。

2. 招聘原则

员工招聘严格按照公司既定的招聘流程，以面向社会公开招聘、择优录用为原则，从专业技能、专业知识、个人品德、身体素质等方面加以审核，以符合岗位要求为目的，为企业选聘充分的人力资源。

(三) 2013年年度招聘需求

根据公司2013年年度经营计划及战略发展目标，各部门须提报年度人员需求和计划,如表 4-1 和表 4-2 所示。

表 4-1　　　　　　　　　　2013 年年度招聘需求表　　　　　　　　　　单位:人

部门	定编人员	现有人员	余缺	预期人员的损失							本期净需求
				调职	升迁	辞职	退休	辞退	休假	其他	
总经理办公室	6	4	2								1
市场开发部	7	4	3								2
营销企划部	7	2	5								2
工程管理部	10	5	5								2
造价管理部	7	5	2					1			
计划财务部	8	6	2			1		1			2
合同审计部	4	2	2								
人力资源部	4	2	2						1		2
行政管理部	10	9	1			3			3		3
客户服务部	4	3	1			1					2
合　计	67	42	25			5		1	4		16

表 4-2　　　　　　　　　　2013 年年度招聘计划表

部门	现员数(人)	定编数(人)	计划需求人数(人)	招聘进度(月度/人)											
				1月	2月	3月	4月	5月	6月	7月	8月	9月	10月	11月	12月
总经办	4	6	1												
开发部	4	7	2												
营销部	2	7	2												
工程部	5	10	2												
财务部	6	8	2												
人事部	2	4	2												
行政部	9	10	3												
客服部	3	4	2												
合　计	本季度共需招聘 16 人,不含销售人员及储蓄干部。

(四)人员招聘政策

1. 选人原则

(1) 合适偏高。

(2) 培训和职责的压力可培养的大量人才。

(3) 目前公司迫切需要的人才。

2. 招聘方式

(1) 以网络招聘为主,兼顾报刊、猎头、内部推荐等。网络招聘主要以前程无忧人才网、智联招聘、58同城、赶集网、中华英才网、百姓网、快点8网、驻马店人才网、百才招聘、百伯网、手递手、腾讯微博、新浪微博、搜狐微博等(具体视情况另定)。

(2) 报刊主要以专业性媒体和有针对性媒体为主;猎头荐才与熟人荐才视具体需求和情况确定。

(3) 校园招聘:郑州大学、黄淮学院等。

(4) 现场招聘:郑州人才市场、驻马店人才市场。

(5) 定向招聘:武警总队、武警支队、猎头公司。

(6) 报纸、电视招聘:前程无忧报、智联招聘报、中华英才报、驻马店日报、驻马店晚报、驻马店市电视台。

(7) 其他方式(海报、传单):在公司附近主要小区、公寓发放传单,张贴海报。

(8) 补充招聘途径:社会上组织的一些免费招聘会、内部员工推荐、人才中介。

(五)招聘费用预算(如表4-3所示)

表4-3　　　　　　　　　　2013年年度招聘费用预算表

序号	渠道	分类明细	收费项目	费用(元)	合计(元)
1	网络招聘	前程无忧	职位数300个,简历下载600个	5 800元	5 800
2	现场招聘	驻马店市人才市场	展位费	800元/年	800
3	校园招聘	郑州大学	宣讲材料制作,人工费用	500元/场	1 000
		黄淮学院		200元/场	400
4	媒体招聘	电视	30个频道流动字幕	200元/天/30字	6 000
		报纸	前程无忧报	1 200元/年	1 200
			驻马店晚报	6 000元/半版	12 000
5	其他方式	传单	印刷费,人工费用	500元/年	500
		海报		1 000元/年	1 000
		猎头费用	收取职位年薪20%~30%	30 000元/次	30 000
7	不可预见费用			5 000元/年	5 000
合　计:					63 700

(六) 招聘团队成员名单(如表 4-4 所示)

表 4-4　　　　　　　　　2013 年年度招聘团队构成及分工

序号	组别	成员	工作内容及职责	备注
1	高端组	陈　亮	高端组组长,全面负责企业高管招聘工作	
		马金良	配合组长工作,负责高管人员面试、复试等工作	
		李学刚	完成从简历筛选、初试、复试安排等一系列工作	
		戴晓明	负责来公司面试人员的接待工作	
2	企业组	马金良	企业组组长,全面负责企业组招聘工作	
		李学刚	配合组长工作,负责组织完成人员面试	
		戴晓明	完成从简历筛选、初试、复试安排等一系列工作	

(七) 招聘的实施

1. 第一阶段

第一阶段从 2012 年 3 月中旬至 2012 年 4 月月初,招聘高峰阶段,以现场招聘会为主,高度重视网络招聘,具体方案如下:

(1) 积极参加现场招聘会,保持每周 1 场的现场招聘会参会。

(2) 积极参加各人才市场的专场和各相关学校的免费招聘会。

(3) 联系郑州及驻马店各大专业学校的老师负责推荐和信息告知。

(4) 发动公司内部员工转介绍。

(5) 坚持每天刷新网络招聘信息及简历筛选与联系,每周集中候选人进行集体面试。

此阶段完成年度招聘计划的 45%。

2. 第二阶段

第二阶段从 2012 年 4 月中旬至 2012 年 7 月,此阶段现场招聘会逐渐冷淡,新增应聘人员较少,同时各高校在陆续开学后将积极筹备校园招聘会,以保证学生就业,因此,这段时间以网络招聘和校园招聘为主,具体方案如下:

(1) 坚持每天刷新网络招聘信息及简历筛选与联系,确保人员面试质量。

(2) 积极参与省内部分院校的大型招聘会,组织校园招聘会或专场招聘会,每场招聘会将有现场公司介绍、现场初试、现场复试,建议能有 1~2 场为公司高层领导参加,现场复试确定录用结果。

(3) 联系前期面试人员进行招聘信息的转告及代介绍。

此阶段完成年度招聘计划的 25%。

3. 第三阶段

第三阶段从 2012 年 7 月月底至 2012 年 10 月月底,此阶段整体求职人员数量较少且分散,故此段时间,以网络招聘为主,减少或不参加收费型现场招聘会,具体方案如下:

(1) 坚持每天刷新网络招聘信息及简历筛选与联系。

(2) 每周坚持 2 次以上网络人才主动搜寻联系,补充少数岗位的空缺及离职补缺

(3) 组织部门架构的了解分析、在岗人员的了解分析。
(4) 对当年新入职人员的关注、沟通、培训、统计分析并同时准备申报下半年的校园招聘会。

此阶段完成年度招聘计划的 15%。

4. 第四阶段

第四阶段从 2012 年 11 月月初至 2012 年 12 月月底,此阶段各大高校都将陆续举办校园招聘会,此阶段主要以校园招聘会为主,主要招聘各部门的储备性人才,具体方案如下:

(1) 成立校园招聘小组,积极参加各校园的综合招聘会,对各类院校筹备公司专场招聘会。
(2) 网络招聘平台及论坛等信息的正常刷新关注。

此阶段完成年度招聘计划的 15%。

5. 第五阶段

第五阶段从 2012 年 12 月月底至 2013 年 1 月,此阶段整体招聘环境不理想,主要是联系招聘公司高层类人才,以年度人力资源规划、总结报告及统计分析为主要工作,非紧急新增岗位,不做重点招聘工作,具体方案如下:

(1) 公司年度招聘效果分析、公司人力资源分析、协助公司战略分析与讨论。
(2) 编制年度人力资源规划。
(3) 部门工作总结、讨论、分析,沟通确定新年个人工作计划及目标的制定。
(4) 建立、编制公司人才培养体系,制订人才成长计划。
(5) 建立并完善人力资源管理制度、流程及体系。

(八) 录用决策

企业根据面试的综合结果,将会在最后一轮面试结束当天或 3 天内告知应聘者结果,并告知录用者办理录用手续。

(九) 入职培训

入职培训包括以下几方面内容:

(1) 新人入职必须证件齐全有效。
(2) 新人入职当天,人力资源部应告知其基本日常管理规定。
(3) 办理好入职手续后,即安排相关培训行程(通常由部门培训),培训计划要求应由各部门提出并与人力资源部讨论确定。
(4) 转正时,人力资源部应严格按培训计划进行审核把关,对培训效果不理想或不能胜任者,可以沟通后延迟转正。

(十) 招聘效果统计分析

招聘效果统计分析包括以下几方面的内容:

(1) 人力资源部应及时更新员工花名册,每半年做一次全面的招聘效果统计分析。
(2) 根据效果分析的结果,调整改进工作。
(3) 定期对新入职不足 1 年的员工进行沟通了解,并采取相应的管理措施和方法。

(十一) 招聘原则及注意事项

招聘原则及注意事项包括以下几个方面的内容:

(1) 做到宁缺毋滥,认真筛选,部门负责人不允许以尝试的态度对待招聘工作。

(2) 对应聘者的心态要很好地把握,要求应聘者具备敬业精神和正确的金钱观。

(3) 招聘人员应从培养企业长期人才考虑(明确考虑异地工作),力求受聘人员的稳定性,同等条件下,可塑性强者优先。

(4) 要注重受聘者在职业方面的技能,不要被头脑中的职位要求所限制。

(5) 在面试前要做好充分的准备工作(有关面试问答、笔试等方面),并要求注意个人着装等整体形象。

(6) 接待前来应聘的人员须热情、礼貌、言行得体大方,严禁与应聘人员发生争执。

(7) 招聘过程中若有疑问,请向人力资源部经理咨询。

第四节 招聘广告的设计

一、招聘广告的设计要求

招聘广告我们每个人一定见过不少,但是招聘广告发出之后能否有合格的应聘者前来应聘是问题的关键。但有一点可以肯定,就是招聘广告的内容必须符合以下几个方面的具体要求。

(一) 客观准确

招聘信息是人才资源需求的客观反映,必须忠实地反映企业人力资源需求的基本情况、现状和发展趋势。不能作你无法遵守的承诺,对于晋升机会、挑战、责任等要诚实列出,给人以可信度,树立以诚待人的企业形象。那些言过其实,夸大其辞,别有用心的广告,一旦被人识破之后,广告企业便会声名狼藉,只会得到饮鸩止渴的恶果。

(二) 引人注意

设计招聘广告要能抓住读者的注意力,促使他们深入阅读。注意是增强广告效果的首要因素,注意是人的认识心理活动过程的一个特征,是人对认识事物的指向和集中。招聘广告的文字要简洁、易读,要避免花花绿绿,使人眼花缭乱。标题要反复推敲,而且要运用突出的字体,激发读者细读广告的兴趣,引动视线,深入理解广告内容。

(三) 条件清楚

招聘广告的信息具体化、鲜明化有助于增强应聘者的信心和决心。目前我国的招聘广告中很少直接提及工作报酬、福利等条件,而这些条件恰恰是招聘广告中的一个核心问题。许多人应聘对工资待遇都非常关注,而我们大多数的招聘广告却在这个问题上含糊其辞。其后果是:一方面,许多优秀人才不知道可能获得多少报酬而不愿意应聘;另一方面,许多应聘者一旦了解企业真实报酬后不愿意被录用,这同时浪费了企业和应聘者的时间、精力和金钱。

二、招聘广告的内容

招聘广告可以有各种风格的形式体裁,但是有些内容却是统一和不可缺少的。

(一) 关于组织情况的介绍

招聘广告中的组织情况介绍是让求职者了解组织的性质和所属行业、组织的主要产品、所在位置。限于篇幅,介绍要用最简洁的语言,不要让人误以为是组织在做宣传。如果能在招聘广告中使用组织的标识是最好不过的了,这样可以给看到广告的求职者留下深刻的印象。

(二) 关于职位情况的介绍

招聘广告中对职位的介绍通常包括职位名称、所属部门、主要工作职责、任职资格要求等。起草招聘广告时必须仔细研究工作说明书。但要注意的是,招聘广告中的职位情况介绍应该从求职者的角度出发来考虑,以求职者能够理解和感兴趣为主,切不可照搬工作说明书。

(三) 关于求职者要提供的材料

在招聘广告中应该明确求职者要准备哪些材料,如中英文简历、学历学位证书、技能资格证书、身份证等材料的复印件、个人照片、户籍信息等。

(四) 关于应聘的方式和联系方式

应聘方式大多采用将简历和求职材料通过信件、电子邮件、传真等方式发送到组织,因此需要提供组织的通信地址、传真号码或者电子邮件地址,如果人手紧张,可不必提供电话号码。另外,应该在招聘广告上注明招聘的截止日期。

三、招聘广告设计的注意事项

(一) 真实性不够

经常有内容不够真实的招聘广告出现在各种媒体上,其原因之一就是发布者希望能够吸引更多的求职者。编写招聘广告的第一原则是其发布者必须保证招聘广告内容的客观性、真实性,要对虚假内容承担法律责任,并且对招聘广告中所涉及的录用人员的劳动合同、薪酬、福利等内容届时兑现。

(二) 内容不完全合法

经常有内容不够合法的招聘广告出现在各种媒体上,其原因之一是组织的规章制度与国家的法律、法规和相关政策相冲突。如有的组织招收文职员工时要求只限男性,还有些组织要求求职者在报名时需要缴纳几百元的培训费、服装费等。这些做法显然不符合国家的法律、法规和相关政策以及公平的原则。所以,招聘广告中出现的所有内容都要符合国家的法律、法规和相关政策,不能以组织的规章制度代替国家的法律、法规和相关政策,如果组织的要求与国家的法律、法规和相关政策相冲突,那么该要求就必须删除。

(三) 不够简洁

招聘广告的语言要简洁明了,重点突出招聘岗位名称、任职资格等内容以及联系方式。对企业的介绍要概括,以免影响招聘广告的效果或因此而增加费用。

四、招聘广告案例分析

以网络招聘为例,以下为某房地产公司在招聘网站上发布的招聘广告(仅涉及对招聘职位的描述,未包括公司介绍):

招聘职位

设计经理

电子邮箱:freebluewater@sina.com

发布日期:2005-09-02	工作地点:北京市
招聘人数:1	学　历:本科
工作年限:五年以上	薪水范围:面议

职位描述:

工民建、建筑学等相关专业本科及以上学历,45岁以下,工程师及以上职称,五年以上房地产行业工作经验。

招聘职位

土建主管

电子邮箱:freebluewater@sina.com

发布日期:2005-09-02	工作地点:北京市
招聘人数:1	学　历:本科
工作年限:五年以上	薪水范围:面议

职位描述:

工民建、建筑学等相关专业本科及以上学历,40岁以下,工程师及以上职称,五年以上相关工作经验。

通过对潜在的求职人员进行调查,了解他们对这则招聘广告的感受。结果表明,不同背景的人群对它的反馈与感受各不相同。那么,哪类人会感兴趣且有投递简历的冲动?什么人会无动于衷?

工作经验丰富的人认为这样的描述过于简单,由于无法了解到这个职位的具体职责范围,因此难以判断该职位是否与自己的兴趣以及职业规划相吻合,基本不会感兴趣,除非公司在业界很知名;工作经验较少的人则认为,职位描述不重要,只要能进入公司,相信公司会给予适合的培训来适应岗位需要,重要的是任职资格是否够清晰,从而能够让应聘者判断是否有录取的可能。那么,企业到底需要前者还是后者?

招聘广告明确标注:需要45岁以下,五年以上相关工作经验者。通过调查,我们看到这部分人群对职位的选择是比较慎重的,一般不会随意投递简历,在应聘职位之前,他们非常关注职位的级别、职责内容、专业方向、公司前景、企业文化与知名度等环节。期望从招聘广告中看到比较匹配的信息,从而决定是否投递简历或与企业进行接触。反之,工作经验较少的人群,更多关注任职资格,但从这则招聘广告的任职资格中他们看不到自己的"希望",因此也没有太强烈的应聘冲动。界于两者之间的人群呢?这部分人群往往对管理规范的公司心存向往,所以招聘广告的专业性程度往往被视为企业整体管理规范水平的直接体现。但过于简单的职位描述非但没有及时传递给求职者以正面信息,增强对方的渴望与行动力,反而起到了一些反面的效果。

简而言之,这个案例体现出了许多公司在招聘广告设计中常犯的错误:职位发布的信息过于简单,没有职位描述,任职资格过于笼统化,不体现该职位的特色。总之,信息发布的方式与目标人群的接受方式不"匹配"。

由此可见,在对招聘广告进行内容设计时,企业一定要花些精力进行比较全面系统的工作分析、职位需求分析、目标人群的分析预测,争取达到招聘广告与目标人群的心理需求匹配的目的,这样才能吸引更多更合适的目标人群,并及时建立良好的企业第一印象,增强企业对人才的吸引力。

思考与练习

一、基本概念
员工招聘　招聘计划　内部招聘　外部招聘

二、单项选择题
1. 下列选项中,(　　)是内部招聘渠道的优点。
   A. 那些没有得到提拔的应征者会不满,因此需要做解释和鼓励的工作
   B. 当新主管从同级的员工中产生时,工作集体可能会不满,这使新主管不容易建立领导声望
   C. 很多公司的老板都要求经理人张贴工作告示,并面试所有的内部应征者,然而,经理人往往早有中意人选,这就使得面试浪费很多时间
   D. 上级对内部员工的能力比较了解,因此,提拔内部员工比较保险
2. 下列选项中,(　　)招聘渠道成本高。
   A. 职业介绍机构　　　　　　　　　　B. 招聘广告
   C. 员工推荐　　　　　　　　　　　　D. 猎头公司
3. 人力资源招聘的基本程序是(　　)。
   A. 确定招聘需求—制订招聘计划—发布招聘信息—实施招聘计划—评估招聘效果
   B. 确定招聘需求—制订招聘计划—实施招聘计划—发布招聘信息—评估招聘效果
   C. 确定招聘需求—发布招聘信息—制订招聘计划—实施招聘计划—评估招聘效果
   D. 制订招聘计划—确定招聘需求—发布招聘信息—实施招聘计划—评估招聘效果
4. 制订招聘计划的目的在于使招聘更趋于(　　)。
   A. 合理化、科学化　　　　　　　　　B. 规范化、效率化
   C. 简单化、科学化　　　　　　　　　D. 合理化、规范化

5. 发布招聘信息应注意的问题有：①信息发布的范围；②信息发布的时间；③招募对象的层次性；④招聘信息的真实性；⑤招聘的预算（　　）。
   A. ①②③④　　　　　　　　　　　B. ①②③④⑤
   C. ①②③⑤　　　　　　　　　　　D. ②③④⑤
6. 以下属于内部招聘的优点的是（　　）。
   A. 加强战略性人力资源目标的实现
   B. 可以规避涟漪效应产生的各种不良反应
   C. 大大节省了部分培训费用
   D. 尽量地规避了识人用人的失误
7. 招聘计划由（　　）制定并进行复核。
   A. 人力资源管理部门
   B. 上级领导
   C. 需要招聘员工的部门
   D. 需要招聘员工的部门和人力资源管理部门

三、判断题
1. 内部招聘是企业补充人员的主渠道。（　　）
2. 无论是内部招聘还是外部招聘，都应争取企业外部专家顾问的帮助。（　　）
3. 当组织出现岗位空缺时，组织一般优先考虑外部补充机制。（　　）
4. 当用人单位缺乏招聘经验时，最好采用广告招聘的方式。（　　）
5. 员工推荐的方式具有容易形成小利益团体、妨碍管理的缺点。（　　）

四、简答题
1. 简述员工招聘的意义。
2. 发布招聘信息时应当注意哪些问题？
3. 内部招聘渠道的优点和缺点。
4. 简述影响招聘的因素。

第五章 员工选拔与录用

【知识目标】
- 掌握员工选拔方法的选择
- 掌握员工录用的流程
- 理解员工招聘评估的意义及程序

【技能目标】
- 设计员工面试中的相关表格
- 利用员工招聘面试的相关理论组织模拟面试

隐藏在招聘启事中的玄机

某地有份报纸曾刊登出这样一份招聘启事。

鑫达高新技术有限公司招聘启事

本公司招聘市场部公关经理3名。

工作职责：

(1) 组织实施公司的公关活动。

(2) 建立并维护与新闻媒体的良好关系。

(3) 组织有利于公司品牌及产品形象的相关报道及传播。

(4) 对公关活动进行监控。

(5) 参与处理事件公关、危机公关等。

(6) 组织实施内部沟通等项目和其他相关工作。

应聘要求：

(1) 中文、广告或相关专业本科及以上学历。

(2) 3年以上公关公司或信息类公司从业经验。

(3) 有良好媒介关系者优先。

(4) 形象好，善沟通，文字表达能力强。

(5) 具有良好的媒体合作关系。

(6) 较强的客户沟通能力及亲和力。

(7) 各种新闻稿件的媒体发放及传播监控工作能力。

(8) 具有吃苦耐劳、认真细致、优秀的人际沟通能力。

一经录用，月薪4 000元以上，具体面议。

有意者请将简历于3月23日之前寄给本公司，公司将对应聘人员进行统一初试和复试。

  这则招聘启事登出后，立刻引起众多人员的关注。但是，他们最终发现，在这则启事中，尽管应聘条件、岗位职责、工资待遇等内容俱全，就是没有应聘的联系方式。多数人认为这是招聘单位疏忽或是报社排版错误，于是，便耐心等待报社刊登更正或补充说明。但有3位应聘者见招聘的岗位适合自己，便马上开始行动。小李通过互联网，找到公司详细信息，将简历发送过去；小强则通过114查询台，也很快取得了该公司的联系方式；小孙则通过在某商业区的广告牌，取得了该公司的地址和邮编。

  鑫达公司人事主管与他们三人相约面试后，当即决定办理录用手续。三人为此颇感蹊跷，招聘启事中不是说要进行考试吗？带着这一疑问，他们向老总请教。老总告诉他们：我们的试题其实就藏在招聘启事中，作为一个现代公关人员，思路开阔，不循规蹈矩是首先应具备的素质，你们三人机智灵活，短时间内迅速找到公司的联系方式，这就说明你们已经非常出色地完成了这份答卷。

(资料来源：http://www.glzy8.com)

讨论：
(1) 你是否赞同鑫达公司这种不走寻常路的筛选方法？为什么？
(2) 你还能列举哪些招聘筛选的方法？

第一节　简历的分析与筛选

简历分析与筛选是员工选拔的第一步，该项工作的好坏直接关系到招聘人员的质量。

一、简历项目分析

一般的简历内容主要分为两大部分：一类是客观内容，如学习经历、工作经历、专业知识、技术经验等；另一类是主观内容，如个人兴趣、爱好、性格等。对于这两部分内容要进行区别分析。

（一）客观内容

其主要包括个人信息、受教育程度、工作经历和个人成绩四个方面。

个人信息包括姓名、性别、年龄、学历、身高、户口地址等；受教育程度包括上学经历和培训经历；工作经历包括工作单位、起止时间、工作内容、参与项目名称等；个人成绩包括学校和工作单位各类奖励等。

1. 个人信息

在筛选对硬性指标（性别、年龄、工作经验、学历、身高、户口地址）要求严格的职位时，如其中一项不符合职位要求则快速筛选掉；在筛选对硬性指标要求不严格的职位时，结合招聘职位要求，也可以参照"人在不同的年龄阶段有着不同的特定需求"（25岁以前，寻求一份好工作；26～30岁，个人定位与发展；31～35岁，高收入工作；36～40岁，寻求独立发展的机会、创业；41岁以上，一份稳定的工作）进行筛选。

2. 受教育程度

在查看求职者上学经历时，要特别注意求职者是否用了一些含糊的字眼，比如有无注明大学教育的起止时间和类别等；在查看求职者培训经历时要重点关注专业培训、各种考证培训情况，主要查看专业（工作专业）与培训的内容是否对口。

3. 工作经历

求职者的工作经历是查看的重点，也是评价求职者基本能力的视点，应从以下几个方面的内容作出分析与筛选。

1) 工作时间

主要查看求职者总工作时间的长短、跳槽或转岗频率、每项工作的具体时间长短、工作时间衔接等。如在总的工作时间内求职者跳槽或转岗频繁，则其每项工作的时间就不太会长，这时应根据职位要求分析其任职的稳定性。如判定不适合职位要求的，直接筛选掉。如求职者在工作时间衔接上有较长空当时，应做好记录，并在安排面试时提醒面试考官多关注求职者空当时间的情况。

2）工作职位

不作为简历重点筛选参考依据,重中之重的是工作内容的情况。

3）工作内容

主要查看求职者所学专业与工作的对口程度,如专业不对口,则须查看其在职时间的长短。结合上述工作时间原则,查看求职者工作在专业上的深度和广度。如求职者短期内工作内容涉及较深,则要考虑简历虚假成分的存在。在安排面试时应提醒面试考官作为重点来考察,特别是对细节方面的了解。

结合以上内容,分析求职者所述工作经历是否属实、有无虚假信息,分析求职者年龄与工作经历的比例,如一个30多岁的求职者,曾做过律师、医生,现在是营销师,现来应聘销售代表卖电子元器件,可能吗?遇到这种情况要特别注意,若可断定不符合实际情况的,直接筛选掉。

4. 个人成绩

主要查看求职者所述个人成绩是否适度,是否与职位要求相符。

(二) 主观内容

其主要包括求职者对自己的评价性与描述性内容,如自我评价、个人描述等。这一部分主要查看求职者自我评价或描述是否适度、是否属实,并找出这些描述与工作经历描述中相矛盾或不符、不相称的地方。若可判定求职者所述主观内容不属实且有较多不符之处,这时可直接筛选掉。

二、简历的逻辑性审查

其主要是审查求职者工作经历和个人成绩,要特别注意描述是否条理、是否符合逻辑性、工作时间的连贯性、是否反映一个人的水平、是否有矛盾的地方,并找出相关问题。

(1) 例如,一份简历在描述自己的工作经历时,列举了一些著名的单位和一些高级职位,而他所应聘的却是一个普通职位,这就需引起注意,如能断定简历中的虚假成分则可以直接筛选掉。

(2) 如能判定求职者简历完全不符合逻辑性的,直接筛选掉。

(3) 简历的整体印象:主要查看求职者简历的书写格式是否规范、整洁、美观,有无错别字,以及通过阅读简历给自己留下的印象。

(4) 查看求职者薪资期望值。如有注明,需查看其与招聘职位薪资的大体匹配度。

(5) 结合以上内容最终判定简历是否符合职位要求。如根据以上方法不能判定是否符合职位要求时,可选用电话进行筛选;如能判定简历合格的可直接向用人部门推荐。

三、识别证书真伪的方法

(一) 观察法

通过肉眼观察,与真证书进行对比来识别。有的假证书制作比较粗劣,如纸质不够硬、学校公章模糊、没有水印、钢印不清楚等,都可以通过肉眼识别。

(二)提问法

对应聘者提一些有关专业、学校方面的问题,通过应聘者的现场反应来识别文凭的真伪。比如,可以提问"你比较喜欢哪位老师讲的课"等问题。

(三)核实法

当以上两种方法都无法确定文凭的真伪时,招聘方可以采用核实法,通过与文凭所在学校的学籍管理部门取得联系,请他们协助调查。通常来说,学校都会积极配合,这种方法虽然较为麻烦,但可以保证百分之百的准确率。

(四)上网查询法

根据证书的编号上网查询确认。另外,还要注意证件的发证机关,有些证件是国家承认的、有效的,而有些证件只是参加一些培训班考试合格而由培训机构颁发的,这些证件是不被国家承认的,也是无效的。

资料

知名企业简历筛选的要求

中国移动通信集团公司

人力资源部高级项目经理刘灵心先生

筛选标准:先看专业再挑学校背景

中国移动采取多种方式进行招聘,包括招聘会、报纸、杂志、猎头等,用得最多的是网络招聘。同时,还会针对招聘项目,进行校园招聘、社会招聘和内部竞聘。中国移动已经将很多工作外包给专业人才网站,因而在筛选简历、笔试和面试时都遵循着一个既定的程序和标准。一个优秀人才应聘中国移动,需要经过以下几个程序:软件系统筛选简历→人工筛选简历→第一轮面试→笔试→第二轮面试。

自动软件系统会通过考查五个方面来挑选简历,即学校及专业、学习成绩、班级排名、英语能力和项目经验。这些都是应聘中国移动的五大拦路虎。中国移动青睐那些来自重点院校、专业对口的大学生,而名校背景、突出的英语能力以及担任过班长、学生会干部、社团组织者的经历,都会成为应聘中国移动的加分亮点。

ABB(中国)有限责任公司

人力资源经理唐炜女士

筛选标准:言简意赅的简历最受欢迎

首先,ABB是根据每个职位的岗位描述和招聘需求来筛选简历的。之后,人力资源经理把选中的简历发到对应的业务部门进行第二轮筛选。在业务部门经理和人力资源经理沟通、协商之后,产生面试名单。

一份干净整洁、言简意赅的简历是最受ABB欢迎的,长度在2~3页纸比较合适。个人信息、工作经验的叙述越接近招聘职位的要求,越容易赢得入围机会,而那些特别精美或者花里胡哨的简历并不见得就受欢迎。简历的真实内容才是我们考核的重点。

对于应届毕业生的简历,ABB会比较注重对方的相关社会经历,比如参加过哪些社会活动、是否当过学生干部等。而招聘社会人员时,对方的工作经验是最受关注的。实际上,ABB集团的销售人员也需要严格的专业教育背景和行业工作经验。

北京松下电子有限公司
人事科长张裕才先生
筛选标准：从简历判断求职者的思维特点

对于市面上蜂拥而现的大贴艺术照和写真照的简历，北京松下电子有限公司并不赞成。企业用人是根据岗位需求和个人情况来选择的，简历再漂亮也起不到决定性的作用，尤其是应届毕业生更不该如此制作简历。

至于筛选简历的根据，我们针对不同岗位的需求，会有不同的考察重点。比如招聘技术型人才时，看应届毕业生的简历会比较注重其专业成绩，在校是否有过相关作品；如果招聘的是管理型人才，除了看所学专业和学习成绩外，还会注重他在校时担任的学生会工作、参加的社会活动等。看社会人员的简历时，除了硬件必须符合招聘岗位需求之外，主要看他的工作经历。

实际上，简历行文里透露出来的信息是很重要的。对方表述自己的语言、行文方式、简历撰写的层次性、逻辑性、流畅性、重点性，都能流露出作者的思维特征。

朗讯科技（中国）有限公司
人力资源部专员毋誉蓉小姐
筛选标准：申请职位不明的应聘者不是朗讯的首选

很多人发来的简历只表示希望来朗讯，却没有说明申请的职位。如果应聘者连简历都写不完整，我会觉得不是他的能力有问题就是他太过粗心，这都不是朗讯的首选人才。另外，有简历的性别栏中不写男女，而是用染色体XY来表示，这让人哭笑不得。简历版面干净、符合规范、清晰明了是最好的，我们通常不在意照片，但也不要太简单。

筛选标准：细节考查职业诚信

朗讯非常在意职业道德和职业诚信，通常会注意查看简历内容的完整性、真实性、应聘者工作的连续性和稳定性。朗讯并不在意应聘者有其他方面的工作经历、不够良好的教育背景和中断的工作时间，但隐瞒和欺骗则会使公司对你个人的诚信和职业道德有所怀疑。为此，我们会关注简历细节的描述是否冲突。朗讯会保存每份投来的简历，建立简历档案。有一次，我看到两份投递时间不同，但内容几乎完全相同的简历。但是，前一份简历中有做教师的工作经历，后一份简历却完全是做销售的经验。我猜他无非是想加强销售方面的经验和背景，增加职位竞争力。很多人为没有受到很好的大学教育而感到遗憾，所以会在简历中把教育背景模糊掉。其实，他不写反而令人猜想更多。此外，很多应聘者也知道企业非常关注职业的连续性，有些人可能有一段时间没有工作，但在简历中他会把时间归到某段工作中，这些都会在做背景调查时被查出来。

筛选标准：用数字体现个人业绩

介绍工作经历的时候，在某公司工作的时间，应该精确到月而不是年。要有公司的全称（也可对公司作简要介绍）、担任的职位名称及所在部门名称、主要工作职责、主要工作业绩等。也可以简要介绍上下级关系，比如直接上司的职位、所辖下属的人数等。我们更习惯于用数字说话，"非常出色""作出很大的贡献"这些用词都是不合适的。最好能够改成"我完成了多少销售业绩，联系了多少家公司"。如果数字过于敏感不适宜表达，可以用百分比，或者用企业的表彰来表达，还可以写上获得的证书。有些不像销售部门那么容易量化的部门，比如行政部门，可以从办公设备的维护和采购、降低成本、客户满意度、如何及时维修等方面作出说明；HR部门可以通过客户满意度、招聘周期、人岗的匹配、离职率等来体现。

第二节 选拔测试的方法——面试

面试是指在特定的时间和地点，由面试考官与应聘者按照预先设计好的程序进行面谈，相互观察、相互沟通的过程。通过面试，可以了解应聘者的经历、知识、技能和能力。它主要用于员工的终选阶段，也可用于员工的初选和中选阶段。

一、面试的特点

（一）以观察和谈话为主要工具

心理科学与人员测评科学认为，一个人的气质、性格、能力往往是通过一个人的外部行为特征表现出来。人的外部行为特征主要是一个人的语言行为和非语言行为。语言行为主要是指一个人的言词表达行为，它包括言词运用的逻辑结构与层次，言词表达的感染力和影响力，言词表达的清晰性、准确性和动作配合性等。而非语言行为是指一个人在表达意识、情感和交流思想时的表情及身体动作，它主要包括一个人的仪表、风度、手势、体态变化、眼神、面部表情等。面试过程中，主考官应有目的、有计划地直接观察应征者的语言行为和非语言行为，并将结果作系统地记录、研究和分析，进而分析其深层心理。在面试中，对应聘者的非语言行为的观察与分析，主要包括以下两个方面的内容。

1. 面部表情的观察

人的面部表情是最为丰富的，有关研究表明，从应征者面部表情中获得的信息量可达50％以上，主考官通过观察表情的变化来判断应征者的情绪、态度、自信心、性格等素质特征。比如，若应征者自信心不足，心情紧张，往往会脸孔涨得通红，鼻尖出汗，目光不敢与主考官对视。因此通过观察应征者的面部表情，可判断其心理特征。

2. 身体动作的观察

具有不同心理素质的人，其身体动作的表现形式是不同的，而身体姿势的改变也是身体词汇中最有用的一种形式，在面谈中可以通过观察应征者身体动作的改变得到从对方言语中得不到的东西。如面试时应征者开始可能以某种自然姿势坐在椅子上，但没有任何明显原因他就改变了姿势，或双手交叉在腋下，或跷起一条腿等，这些貌似无关的变动，有时可能反映了应征者内心的冲突和斗争，这时应征者嘴上说的和心里想的可能就不是一回事了。

为了在面谈过程中熟练地运用对应征者非语言行为的识别能力，主考官除了要通晓动作语言学的基本理论知识外，同时还要在面谈实践中不断积累识别经验，以便提高观察力和判断力。当然，在面谈过程中，主考官除了对应征者进行非语言行为的观察外，还应该认真倾听应征者的谈话，对他们的回答进行适度的反应和引导，同时思索分析应征者语言运用的准确性,语言表达的逻辑层次,是否回答了问题的关键,并根据应征者讲话的腔调、声音粗细程度及他们的遣词造句等来判断应征者的态度、性格等心理因素。例如,爱用流行、时髦词者多半虚荣心较强;声音粗犷、音量较大者一般外向等。

(二) 面试内容的随机性

1. 面谈内容因工作岗位不同而无法固定

不同的工作岗位,其工作性质、职责范围、任职资格条件等都有很大差异,因此在面谈时对考察内容及考察形式不能作统一规定,应各有侧重。

2. 面谈内容因应聘者经历、背景等情况的不同而不同

如两人同时报考文秘岗位,一个有多年文秘工作经验,一个则是刚刚从文秘专业毕业的学生,对前者主要询问他多年来的实践经验及有关工作情况,而对后者则主要了解他的学习情况及专业知识掌握程度。

3. 面谈内容因应聘者在面谈中回答的情况不同而不同

一般主考官要根据应聘者回答某一问题的情况来决定下一问题怎样问、问什么。

总之,面谈内容既要事先拟定,做到有的放矢,又要因人而异,灵活掌握。在面谈过程中,既要让应聘者充分表现自己的水平,又不能让他海阔天空,无限制地自由发挥,整个面谈过程应在半控制、半开放的状态下灵活掌握。

(三) 面谈的双向沟通性

在面谈中,应征者并不完全处于被试状态。主考人可通过观察和言词答问来评价应征者,而应征者也可通过主考官的行为来判断主考官的态度偏好、价值判断标准及对自己表现的满意度,从而调整自己的行为。

同时应征者还可以借此机会了解所要应聘岗位的情况,决定是否接受这一职务。鉴于面谈过程不仅是对应征者的考察,还是一种情感的交流,能力的较量。因此要求主考官不仅要有丰富的知识,同时还要掌握一定的面谈技巧,才能出色地完成任务。

二、面试的主要类型

(一) 按照面试的结构划分

按照面试的结构来划分,面试可以分为非结构化面试、结构化面试和半结构化面试。

1. 非结构化面试

非结构化面试即通常所说的随机面试,在随机面试中,面试考官可以完全任意地与申请人讨论各种话题。面试所问的问题没有一个事先安排的需要遵守的框架。因此面试可能根据不同的应聘者,问出完全不同的问题,面试的话题也会围绕不同方向展开。当然问题必须是与招聘和录用有关的。在非结构化面试中,主考官可以根据应聘者对上一个问题的具体回答来决定下一个问题问什么,而且可以根据应聘者的回答对某些问题进行追问,以了解更深入的信息。

非结构化面试的优点在于主考官和应聘者在谈话过程中都比较自然。由于问题不是事先设计好的,所以问起来不会显得前后没有联系和唐突。面试者可以由此全面了解应聘者的情况,应聘者也可以感觉更随便、自在,回答问题时也可能更容易敞开心扉。

非结构化面试的缺点在于:由于对不同的应聘者问不同的问题,可能会影响面试的信度和效度,而其中最大的问题在于,这种面试可能会把最关键的问题给漏掉了。

2. 结构化面试

即提前准备好问题和各种可能的答案,要求应聘者在问卷上选择答案。结构化程度最高的面试方法是设计一个计算机化程序来提问,并记录应聘者的回答,然后进行数量分析,给出录用决策的程序化结果。

结构化面试在工作分析的基础上提出与工作有关的问题,设计出应聘者可能给出的各种答案。因此,面试人员可根据应聘者的回答迅速对应聘者作出不理想、一般、良好或优异等各种简洁的结论,所以说结构化面试是一种比较规范的面试形式。

结构化面试的优点在于主考官可以根据应聘者回答的情况对其进行评分,并可以对不同应聘者的回答进行比较。在结构化面试中,每一个应聘者都被问了所有相同的问题,一般不会发生漏掉重要问题的情况,面试的有效性和可靠性更高。结构化面试的缺点在于它不可能进行话题外的提问,从而局限了谈话的深入性。而且由于每个问题都是事先安排好的,面试进行起来可能显得不自然,问题可能显得唐突。

3. 半结构化面试

顾名思义,半结构化面试是介于非结构化面试和结构化面试之间的一种面试方式。它包括两种含义:一种是主考官提前准备重要的问题,但是不要求按照固定的次序提问,且可以讨论那些似乎需要进一步调查的题目;另一种是指面试人员依据事先规划出来的一系列问题来对应征者进行提问,一般是根据管理人员、业务人员和技术人员等不同的工作类型设计不同的问题表格。在表格上要留出空白以记录应聘者的反应以及面试人员的主要问题。这种半结构化面试可以帮助企业了解应聘者的技术能力、人格类型和对激励的态度等。最后,面试人员要在表格上作出评估和建议。

(二)按照面试的目的划分

按照面试的目的划分,面试可以分为压力面试、非压力面试。

1. 压力面试

压力面试是指用穷追不舍的方法对某一主题进行提问,问题逐步深入,详细彻底,直至应聘者无法回答。

在这种面试中,应聘者被一系列的鲁莽问题弄得很不舒服。其目的在于测试应聘者如何应付工作中的压力,了解应聘者的机智和应变能力,控测应聘者在适度的批评下是否会恼怒和意气用事。如果应聘者对面试的提问表现出愤怒或怀疑,则说明他容忍工作压力的能力有限。

在压力面试中,主考官可以一开始就从应聘者的背景中寻找弱点,如询问他或者她离开原来的工作的原因是不是由于自身出现问题,如工作不积极、经常缺勤等等。主考官希望通过这样的问题使应聘者失去平静。

又如,主考官如果发现一个从事顾客关系管理工作的人在过去 2 年内变动了 4 次工作,就可以问应聘者是不是不负责任或者行为不成熟或者经常与顾客发生矛盾等等,如果应聘者很平静地、有理有据地解释他多次变换工作的原因,就说明应聘者有较强的应付压力的能力。如果应聘者刚刚还十分平静,听完这些问题后马上反映出愤怒或者不信任的神色,就说明应聘者对压力的忍耐力比较低。

在面试中使用施加压力的方法有助于识别那些过于敏感的应聘者,这些应聘者对于即使很温和的批评也会作出过激反应。而对于那些需要面对顾客的职业,这样个性的人是不合适的。

需要指出的是,由于压力面试的特殊性,主持面试的主考官必须具有运用这一方法的经验及一定的技巧和控制力。对应聘者施加的压力不应过大,而是实际工作中真正存在的。

2. 非压力面试

与压力面试相反,非压力面试中,招聘者力图创造一种宽松亲切的氛围,使应聘者能够在最小压力的情况下回答问题,以获取录用所需要的信息。

事实上,除了那些需要真正在压力下工作的雇员外,非压力面试适用于绝大多数的情况。目前,有些人力资源专业人士认为,压力面试不仅不替别人着想且作用不大,他们认为压力环境下所获得的信息经常被扭曲、被误解,这种面试所获得的资料不应作为录用决策的依据。

三、面试试题的设计

面试试题的设计对面试操作有着极大的影响,可以说面试试题设计的成功与否直接决定了录取人员的素质与能力的高低,而又间接地影响了企业发展的成败。所以,面试试题的设计是人力资源管理工作中非常重要的一个环节。

(一) 面试试题设计的基本要求

1. 面试内容要以招聘目标和计划为依据

工作岗位的不同,岗位需求和需要也就不同,因此所要录用的人员的要求也就不同,相应的面试目标和内容也就有所不同了。所以,面试试题要围绕招聘目标和录用计划进行设计。

2. 面试内容要求能直接体现面试的目的和目标

笔试作为招聘的一个环节,只局限于考查应聘者的知识水平是否能满足岗位的最低知识要求,而面试则是要进一步考查应聘者的能力水平、工作经验、生活背景以及发展潜力等方面的情况,对应聘者进行多方面的了解,以弥补笔试的不足,为选择合适的人才提供充分的依据。面试内容如果不明确、不具体,面试目标就难以达到。因此,必须依据面试目标来设计面试试题,使面试内容能直接体现出面试的目的和目标。

3. 面试试题必须围绕面试重点内容来设计,要体现出考查的共性和个性

设计面试试题是为了完成对重点内容的考查,进而实现面试的目的。因此,试题必须涉及的是面试所要考查的重点,而从考查的内容上看,设计的试题必须是能使面试具有针对性的提问和考查。由于应聘者的经历不同,也就使得设计的试题必须具有个性,以便能更好地了解应聘者。而涉及知识结构、分析习惯、思维方式等方面的内容的考查时,可以设计成相同的问题,便于对应聘者之间进行比较,也便于对应聘者的能力与岗位要求进行匹配,也就说面试试题也必须具有共性。

4. 面试试题必须具有可评价性和透视性

面试试题要具有评价性和透视性是为了能从面试提问中拓展出应聘者的素质,了

解应聘者观察能力、分析能力、思维能力以及语言表达的逻辑性、严肃性、流畅性。切不可设计成"直来直往"的试题，因为这样的试题往往是正面提问、正面回答、正面评价，对招聘面试没有什么作用。因此好的试题要具有可评价性和透视性。这类具有可评价性和透视性的试题要能在实际操作中用来考查观察、思考的深度和广度、计划组织、人际关系的合作意识和技巧、组织协调和处理问题等方面的能力。

（二）面试试题设计实例

1. 定型问题

制作技巧：

（1）必须有一定的情景或背景资料。

（2）没有统一答案，给每一个面试者留有充分的回答问题的空间。

（3）每一种答案都能表达考生某一方面的能力或特征。

（4）考生没有经事先准备，均可从过去的知识和经验中去获得自己的答案。

（5）应能留给主考官继续提问的线索。

案例1：

有这样一则故事：在一个风雨交加的黑夜里，一位汽车司机因自己所驾驶的汽车的一个轮胎爆裂而不得不用备用轮胎进行更换，此时，因风大雨大，司机不小心把固定轮胎的螺帽滚落到下水道里，顿时这位司机就束手无策了。正当司机一筹莫展之时，有一位智者走过来，在没有求助任何机构的情况下，他告诉了司机一个方法：把其他三个轮胎各卸下一个螺帽来固定备用轮胎。司机因此能够把汽车安全开到目的地。

问题：

（1）如果您是某公司的领导，从这个故事中获得了何种有益的启示？

（2）如果您是某公司的领导，从这个故事中获得了何种重要的教训？

（3）请谈一些人力资源管理方面的心得。

分析：

（1）本面试题的背景是风雨交加的夜晚，司机遇到了困难。

（2）本面试考官无须让考生回答如何处理这个困难，因为面试题本身告诉你处理困难的方法。

（3）考生可以获得的启示是多方面的，有人力资源管理方面的启示，如A、B角，轮岗问题等；有管理方面的启示，如工作之前的准备、检查必须的资料、材料和零件等。

（4）考官可根据考生的回答，与考生随机地展开讨论。

（5）考官可从考生的回答中了解考生的工作经验和临场应变能力等。

案例2：

某公司领导出国考察出了车祸，必须较长期住在国外治疗，在总经理出国期间负责行使总经理职权的周某，恰在此时向领导递交了辞呈，决定辞去副总经理的职务，离开公司另谋他就。

问题：

（1）请你分析一下主持公司工作的副总经理辞职的原因。

（2）如果你是这个公司的第三把手，你会采取什么态度。

(3) 如果你是该公司的董事长,面对这种情况你会采用何种决策?请把你的工作思路和工作流程表达出来。

分析:
(1) 副总经理辞职的原因可能有很多种,任何一种的回答都被认为是有根据的。
(2) 本面试题能相当好地考察应聘者的工作经验和人际关系的经验。
(3) 应聘者在该面试题中必须面临三个角色的扮演。

2. 随机型问题

随机型问题适合的面试类型:
(1) 适合高层管理者的面试。
(2) 适合对应聘者基本情况较为了解情况下的面试。
(3) 适合诊断性面试后对2~3个考生难以决断的面试。
(4) 适合民营企业老板本人要求参与面试的情况。

制作技巧:
(1) 随机问题虽然是随机产生的,但有经验的考官一定要根据考生的学历、专业、原来的职位和岗位、性格特征等制作有针对性的考题。
(2) 随机问题可以用连环式,即一题紧扣一题。
(3) 随机问题的第一个问题可以从最平常的生活问题入手,然后根据其回答引出"问题串"来。
(4) 随机问题不能涉及他人的隐私。

案例1:对IT界的一个竞聘者提问
(1) IT界是最不稳定的群体,人员经常流动、躁动不安,你觉得为什么会这样?你是否会加入这种流动的队伍?
(2) 你认为你目前不够受重用,你能否谈谈你认为受重用的表现是高官、高薪?还是发展空间?
(3) 你的长处是IT知识,打市场的能力较弱,可你这次竞聘的岗位是市场部经理,你用自己的短处去比别人的长处,是否会事倍功半?
(4) 如果搞技术的报酬高,有特别贡献的技术人才的报酬甚至可以高于总经理,报酬机制很好,你还会再来竞聘市场部经理吗?
(5) 你有很好的学习背景,工作也受到肯定,如果这次竞聘不成功,你接下去会有其他的行动吗?例如跳槽?自己创业?

案例2:对一个竞聘某公司行政部副经理的提问
(1) 你是否因心情不好就去旅行?
(2) 请问你的管理理念是否可以概括出几条告诉大家?
(3) 当你十分希望达到某个目标,但经过你努力之后,仍然未能达到此目标,此时你通常会如何做,做什么?
(4) 请谈谈行政部的工作内容有哪些?
(5) 结合自己的能力,谈谈自己竞聘该岗位(行政部副经理)的优势与劣势。
(6) "是金子都会闪光"是您在竞聘报告提出的,请问你对"是金子都会闪光"和"闪光的不一定是金子"这两句话怎么理解？有没有不会闪光的金子,为什么？

（7）你的职业目标是什么？你的职业规划又如何进行？

（8）请对自己的心理健康进行评分,谈谈自己心理健康水平在同辈中处于哪个层次？（高、中、低）

（9）"服从""支持""理解"三个词来表示你和领导的关系,你将选用何词？

四、面试考官的选择

它是面试成败的关键,因为考官的各方面素质、性格特征、工作能力直接影响面试的质量。

（一）考官必备的条件

第一,必须具备良好的个人品格和修养,为人正直、公正。因为在面试过程中,主考官代表着公司,是公司文化的象征,他应使每位应聘者在与他们的接触中感受到彼此的价值。

第二,应具备相关的专业知识,起码在面试小组中,考官的知识组合不应有缺口。同时,由于在面试评价过程中,定性评价往往多于定量评价,这要求考官们具有丰富的社会工作经验,能借助工作经验的直觉判断来正确把握应征者的特征。

第三,了解组织状况及职位要求,这样才能帮助公司选出真正需要的人才。

第四,面对各类应聘者,能熟练运用各种面试技巧,控制面试的进程。在面试过程中,主考官应能了解和感受应聘者心理上的恐惧和焦虑,妥善舒解应聘者的紧张,营造轻松的气氛,同时应具备某种驾驭人的能力,使面试过程和目的免受破坏。

第五,能公正、客观地评价应征者,不受应聘者的外表、性格或背景等各项主观感受的影响,因此要求主考官有良好的自我认识能力。心理学研究表明,人们总是习惯以自我为标准去评价他人。作为面试主考官,如果不能对自我有一个健全、正确的认识,就无法正确地去评价他人。

第六,要求考官掌握相关的人员测评技术,应能对岗位与能力的匹配度作判断与估计,对考生的能力、素质、潜能、经验及各种能力作出较为正确的判断。

（二）面试主考官的选择

面试主考官是面试成败的关键。由于面试时间的限制,面试通常由主考官与应聘者的双向语言交流和智慧交锋来完成,其余的面试考官通常在这样的"战场"上作倾听、分析、观察、判断,从而获得自己的结论。面试主考官则必须集中更大的注意力,全力以赴地与应聘者直面交流,这种交流的结果,不仅应该使主考官本人获取应聘者的知识、能力、经验、风度、气质、成长背景、心理特征、应聘动机、未来发展前景、优点和缺点等各方面的信息,而且要让其他考官也能从你的问题和对方的答案中获取他个人的角度所需要的信息。因此,面试主考官的选择至关重要。

（1）面试主考官应由资深的人力资源专家担任,他必须同时具备理论和实践两方面的知识,有相当深厚的理论和实践积累。

（2）面试主考官个人应有较深的人生阅历,应在人生的旅程中经过摔打,经历过失败与成功、挫折与顺利、荣辱甘苦、委屈贫穷等人生多种体验,了解人性的优点和弱点,体味人生的酸甜苦辣，从而具有一颗仁爱之心。

（3）面试主考官应该有相当广博的知识修养和文化底蕴，对古今中外的重要典故和人文知识应相当了解，从而能对考生的知识深度和广度作出较准确的判断。

（4）面试主考官应具有洞察力。主考官应具有去伪存真，去虚存实，洞悉不同人物在这一环境中的心理特征，从而能独具慧眼，以识别真假人才。

（5）面试主考官应有爱才惜才之心，具备宽广的胸怀和健康的心理素质。面对不同的考生，均应予以爱护：选拔优秀的真正成熟的人才，对不够成熟的人才予以鼓励，对一些不够要求的考生也应给予继续努力的希望。博大的爱心是主考官必备的重要条件。

（6）面试主考官应有宏观驾驭的能力，善于把握其他考官和考生的情绪，善于控制考场的环境，面对任何可能突发的场景均能从容对付。

（7）面试主考官应该公正正直、品德高尚，"老吾老以及人之老，幼吾幼以及人之幼"。绝不徇私情而丧失原则，一般不接受考生面试前的个别访问和个别辅导要求，也不因某些个人私利而放弃公正性。

（三）考官小组的组成

面试考官小组由5~7人组成为宜，通常由人力资源专家、董事会代表、公司分管领导、部门主管、工会代表等组成。

（四）面试考官的培训

面试考官有些已有一定经验，有些可能是初次上阵。在面试进行前，应由面试主考官对考官进行培训。培训包括的内容应有考评指标设定的原因、评分的标准和评分的方法、如何观察和评价不同考生的表现、如何规避可能发生的错误等。

（五）面试考官必须规避的错误

1. "眼缘"产生的错误判断

考生一进入考场，考官的第一印象是从"眼缘"开始的，有的考官第一眼看顺眼了，甚至感到可爱、喜欢，那么下面的判断就可能出现偏差，因此必须规避由"眼缘"产生的连锁反应。

2. "心缘"产生的错误判断

考生一开始谈话，考官可能在兴趣、爱好、价值观等与考生"心有灵犀一点通"，这种"心缘"会导致考官与考生的"息息相通"，甚至有"知己"的感觉，这种感觉一旦产生，就可能使考官的判断失之公正。

3. 判分时"前紧后松"或"前松后紧"

给考生打分，前后尺度不一致，由于经验和对"申请池"的整体素质认识不清，经常出现"前紧后松"或"前松后紧"的现象，因此，考官必须认真作记录，必须用同一尺度去衡量各位考生，力求公平。

4. "近期效应"或"重要事件效应"产生判断偏差

因为竞聘上岗是内部获取人力资源，大部分考官均与考生认识，因此，考生的近期表现可能会对考官产生重大的影响，使考官以偏概全。有时一些重要事件也会产生效应，影响了考官的判断，如某一次企业歌咏比赛，某考生得了第一名；某一次重要球赛，某考生表现得特别优秀等。面试考官必须规避的错误还有其他方面，如亲戚、朋友、老同学，以及涟漪效应等。

以上四点应规避的错误，考官培训时必须予以指出。

五、面试评价量表的设计

面试评价量表由若干评价要素构成，它是面试过程中考官现场评价和记录应聘者各项要素优劣程度的工具，它应能反映出工作岗位对人员素质的要求。在设计此表时，要注意这些评价要素必须是可以通过面试技巧进行评价的。由于面试没有标准答案，评分往往带有一定的主观性，为了使面试评分尽量具有客观性，在设计评价量表时，应使评分具有一个确定的计分幅度及评价标准。面试评价表的设计样式如表5-1所示。

表5-1　　　　　　　　　　　　面试评价表

姓名		应聘部门		应聘岗位		填表日期	
评定项目	评价标准					人力资源部评定	
仪表、仪态	衣着打扮是否得体，言行举止是否得体					□很好　□较好　□一般　□差	
理解和表达能力	能否理解他人的意思，表达是否流畅，内容是否有条理、富逻辑性，用词是否准确、恰当、有分寸					□很好　□较好　□一般　□差	
责任心与敬业	对待工作是否能够细致、认真，职业素养程度					□很好　□较好　□一般　□差	
主动性	是否具有进取心，能否以积极的心态、主动地推进工作					□很好　□较好　□一般　□差	
适应能力	能否快速地融入企业工作氛围中去					□很好　□较好　□一般　□差	
人际协调能力	是否具有合作意识，是否能接受不同的意见，能否进行有效沟通					□很好　□较好　□一般　□差	
承压能力	在压力状况下，思维反应是否敏捷，情绪是否稳定，考虑问题是否周到					□很好　□较好　□一般　□差	
学习能力	是否具备对工作及与工作相关的自学能力					□很好　□较好　□一般　□差	
团队协作能力	管理团队的成员数量；团队成员工作分工情况考察；对分、子公司下属团队的控制力度及出现问题的解决措施					□很好　□较好　□一般　□差	
专业技能	是否具备应聘部门、岗位所需的专业技能					□很好　□较好　□一般　□差	
执行力	是否具备迅速、有效地完成工作任务及解决突发事件的能力					□很好　□较好　□一般　□差	
求职动机	动机是否合理、明确，是否有集体荣誉感，是否诚实有责任感					□很好　□较好　□一般　□差	

(续表)

姓名		应聘部门		应聘岗位		填表日期	
评定项目		评价标准				人力资源部评定	
降本增效能力		是否可以为企业创造价值,控制成本				□很好 □较好 □一般 □差	
发展的潜力		是否具备在公司未来工作发展的潜力				□很好 □较好 □一般 □差	
第一部分:人力资源部门评定			第二部分:部门综合评定			第三部分:总部面试意见	
初试意见:			部门意见:			面试意见:	
仪容仪表 较好 较差			仪容仪表 较好 较差			仪容仪表 较好 较差	仪容仪表 较好 较差
表达能力 较好 较差			表达能力 较好 较差			表达能力 较好 较差	表达能力 较好 较差
应变能力 较好 较差			应变能力 较好 较差			应变能力 较好 较差	应变能力 较好 较差
综合能力 较好 较差			综合能力 较好 较差			综合能力 较好 较差	综合能力 较好 较差
业务知识 较好 较差			业务知识 较好 较差			业务知识 较好 较差	业务知识 较好 较差
建议 录取 不录取			建议 录取 不录取			建议 录取 不录取	建议 录取 不录取
面试人:			面试人:			面试人:	面试人:
日期:			日期:			日期:	日期:
综合评价意见:	□建议录用			□建议不录用		□储备	

六、面试场所的选取

(一)面试场所选取的原则

(1)根据招聘职位的高低选择场所的大小。通常来说,职位较高的招聘选择小一点的场所,便于交谈的时间长一些和交流的内容深入一些;同时,应聘高职位的人原先的工作环境较好,所以招聘环境宜静雅。

(2)根据招聘岗位面试的人数选择场所的大小。通常面试人数多的应该选择较大的面试场所。

(3)根据招聘岗位的不同选择场所的大小。不同的工作岗位对场所大小要求也有不同,如需要展示表达能力的,场所要大一些。

(4)根据是否需要听众和听众多少来选择场所的大小。听众多的场所要大。

(5)面试考场必须安静,与其他公共场所隔开。

(二)面试场所的布置

考场的布置应注意以下几点:

(1)考生席与考官席的距离不宜太远,便于考官观察考生的面部表情和身体语言。

(2)考生席与考官席的桌面布置应基本相同,如有相同颜色的台布,饮料和茶杯、纸、笔等。

(3) 考生席的周边或桌上最好有鲜花布置。
(4) 场记应安排在考官席的右边或左边。
(5) 如有听众席,听众席应离开考官席一段距离,坐在考官席的后面,不要摆在考官席左右两侧,以造成"U"字形包围了考生席,使考生感到太大压力。
(6) 应有共同的计时钟。
(7) 要有明确标志的主考席、考生席和场记席。
(8) 面试考场的不远处应有考生的休息、预备等候场所。

第三节　选拔测试的其他方法

应聘人员的选拔是招聘过程中最关键的一步,也是技术性最强的一步。它要求综合利用心理学、管理学等学科的理论、方法和技术,对候选人的任职资格和对工作的胜任程度,即与职务的匹配程度进行系统、客观的测量和评价,从而作出是否录用的决定。在实际应用中,除了面试之外,还有许多选拔测试的方法。

一、心理测验法

心理测验是指在控制的情景下,对应聘者的智力、潜能、气质、性格、态度、兴趣等心理特征进行考察的一种测验方法。心理测验是了解被测验者潜在的能力及其心理活动规律的一种方法,其目的是判断应聘者的心理素质和能力,从而考察应聘者与招聘职位的匹配程度。心理测验法一般包括以下几种:

1. 智力测验

智力测验是对人的一般认知功能的测量,测验结果常用一个商数即 IQ 来表示。智力测验一般包括知觉、空间意识、语言能力、数字能力和记忆力方面的内容,它要求受测者运用比较、排列、分类、运算、理解、联想、归纳、推理、判断、评价等技能来解答测试题。

2. 个性测验

个性测验亦称"人格测验",是用以了解被测试者的情绪、性格、态度、工作动机、品德、价值观等方面的测验方法。

通过个性测试可以寻求应试者的性格特征和工作要求的匹配。随着现代社会人性价值日益受到重视和尊重,各种测量手段也层出不穷。其中,影响较大、使用较广泛的主要有:国外的卡特尔"16 种个性因素问卷(16PF)"、DISC 个性测试、爱德华"个人倾向量表"(EPQ)等;国内的苏永华"HR 个性测验"、人事部人事与人才科学研究所"现代管理者心理测试"等。

3. 心理健康测验

在竞争日益激烈的今天,紧张的工作生活节奏和强大的心理压力恶化着人们的心理健康,因此心理保健和心理治疗的重要性日益凸显。能有效用于心理健康诊断的心理测验主要有:"明尼苏达多向个性问卷(MMPI)"、"罗夏墨迹测验"、默里"主题觉测验"(TAT)、埃森克"情绪稳定性测验"、马斯洛"安全感不安全感问卷"。

4. 职业能力测验

职业能力是一种潜在的与特殊的能力,是一种对于职业成功在不同程度上有所贡献的心理因素。从内容上看,与职业活动效率有关的能力包括语言理解和运用、数理能力、逻辑推理、空间关系、知觉速度、手指关节灵巧度、人际协调、影响力、判断力、决策力等。职业能力测验可以分为两类:一类是一般职业能力测验,例如,美国劳工就业保险局编制的《一般能力倾向成套测验(GATB)》、北京人才评价与考试中心(简称 BEC)开发的《BEC 职业能力测验Ⅰ、Ⅱ型》;另一类是专门职业能力测验,主要用于职业人员的选拔和录用,例如,奥蒂斯的独立管理能力测验、我国公务员录用考试使用的"行政职业能力测试"(AAT)、针对企业管理工作需要开发的"企业管理能力测试"(MAT)。

5. 职业兴趣测验

一个人职业上的成功,不仅受到能力的制约,而且与其兴趣和爱好有密切关系。职业兴趣作为职业素质的一个方面,往往是一个人职业成功的重要条件。了解职业兴趣的主要途径就是采用职业兴趣测验量表或问卷来进行。西方在第一次世界大战期间进行了最早的尝试,而我国职业兴趣研究起步较晚,主要以引进和修订西方量表为主。现在较常用的测验有坎贝尔编制的"Strong Campbell Interest Inventory"(SCII)、库德"库德职业兴趣量表"(KOIS)、霍兰德"职业偏好量表"(VPI)和"自我职业选择量表"(SDS)、我国 BEC 编制的"BEC 职业兴趣测验"。

6. 创造力测验

一般而言,分散性思维是创造力的基本操作模式。创造力包括的基本能力主要是流畅力、变通力、精致力、敏觉力和独创力。创造力的测验并不玄妙,有些简单的方法就可施测,如单字联想测验、物件用途测验、寓言测验、模型含义、远隔联想等。现在运用较多的创造力测验量表有吉尔福特《分散性思维测验》、托兰斯《创造性思维测验》、盖泽尔斯《创造力测验》等。

二、评价中心测试

评价中心测试,是创设一个模拟的管理系统或工作场景,将被测试者纳入该系统中,采用多种评价技术和手段,观察和分析被测试者在模拟的工作情境压力下的心理和行为,以测量其管理能力和潜能的测评方法。

由于评价中心法不是对被测试者的素质进行抽象的分析,而是将其置于一系列的活动、安排、环境布置、压力刺激的动态情境中来测试,故其具有预测的可信度和效度高、信息量大、针对性强、客观公正等特点,是一种很有价值和发展前途的测评技术,因而它被广泛地应用到企业高层管理人员的测评中。评价中心测试常包含以下几种方法。

1. 公文筐处理

它是一种具有较高信度和效度的测评手段,可以为企业高级管理人才的选拔、聘用、考核提供科学可靠的信息。在这项测试中,考官设计出一系列管理者所处真实环境中需要处理的各类公文,这些公文可以涉及财务、人事备忘录、市场信息、政府法令、客户关系等。由于这些公文通常是放在公文筐中,公文筐测验因此而得名。测验要求被测试者以管理者的身份,模拟一个公司所发生的实际业务、管理环境,在规定的条件下(通常是较紧迫困难的条件,如时间与信息有限、独立无援、初履新任等),对各类公文材料进行处理,形成公文处理报告,从而对被测试者的计划、组织、分析、判断、决策、文字等能力进行评价。

资料

公文筐测验题目

指导语:

您好,欢迎您参加本次公文筐测验。公文筐测验是工作情景模拟活动的方式之一,它通过向您介绍一种模拟的工作情景,让您扮演一个给定的角色,在规定时间内处理一批文件,从而测试您在模拟情景下的工作能力,根据您的表现再推断您在真实的工作情境下的潜力和胜任力。我们将就几个与管理能力有重要关联的方面给您评分并作出总的评价,找出您的优点和不足。所以,请您在测试中态度要严肃认真,尽量进入角色,设身处地地对文件作出适当处理,尽量显出您的才能和优势。

情景

新型公司是一家大型民营上市公司,业务涉及水利工程、环保科技等多个领域,其人力资源部下设五个主管岗位,分别是招聘主管、薪酬主管、绩效主管、培训主管和劳动关系与安全主管,每个岗位有2~4个下属。今天是2011年12月6日,你(赵宏斌)有机会在以后的2个小时里担任公司人力资源部总监的职务,全面主持公司人力资源管理工作。

现在是上午8点,你来到办公室,秘书已经把你需要处理的邮件和电话录音整理完毕,放在文件夹内。文件的顺序是随机排列的,你必须在2个小时内处理好这些文件,并作出批示。在这1个小时内,你的秘书会为你推掉所有的杂事,没有任何人来打扰你。

任务

在接下来的2个小时里,请你查阅文件筐中的各种信函、电话录音以及E-mail等,并选择回复方式,给出你对每个材料的处理意见。具体答题要求如下:

(1)文件的顺序是随机排列的,需要您自己排序处理。

(2)确定您所选择的回复方式,并在相应的选项的"□"里划"√"。

(3)您必须对所有的文件给出自己的处理意见,同时还得写明处理的依据或理由。

文件一

类别:电话录音

来件人:王鑫 劳动关系与安全主管

收件人:赵宏斌 人力资源部总监

日期:12月6日

赵总:您好!

我是王鑫,有件事情非常紧急,今早7点,我接到阜新交通管理局的电话,6点在阜新101国道上发生重大交通事故,我公司销售部的王东驾车与一辆大货车相撞,王东当场死亡,对方司机重伤,目前正在医院抢救,与王东同车的还有赵东明、李鑫,2人都不同程度受伤,但无生命危险,目前事故责任还不确定,我准备立即前往阜新处理相关事务,希望您能尽快和我联系,商量应对措施。

回复方式:
□ 信件/便函
□ E-mail
□ 电话
□ 面谈
□ 不予处理
□ 其他处理方式,请注明:_____
回复内容:

文件二

类别:电子邮件
来件人:张爱玲 绩效主管
收件人:赵宏斌 人力资源部总监
日期:12月4日

赵总:您好!
  公司今年结束年终绩效考核后,准备实施基于目标考核的新的绩效考核系统,并从上周起要求各部门经理和工作人员一起制定员工明年的工作目标,按原定计划,该项工作应该在下周四前完成,绩效监督小组对工作进程进行了检查,发现全公司30个部门经理仅有4个完成了工作,大部分经理尚未开始进行目标设定,当我们希望他们加快进度时,很多部门经理抱怨没有时间,觉得这是表面文章,还有部分部门经理认为这是部门内部的事,监督小组是在干涉他们的工作。这项工作目前进展很不顺利,请您能给我们一些支持。

张爱玲

回复方式:
□ 信件/便函
□ E-mail
□ 电话
□ 面谈
□ 不予处理
□ 其他处理方式,请注明:_____
回复内容:

文件三

类别:书面请示

来件人:徐杰 招聘主管

收件人:赵宏斌 人力资源部总监

日期:12月4日

赵总:您好!

由于公司业务调整,今年6月,公司决定将化工研发小组并入研究方向相似的环保研发小组,并由原环保研发小组的项目主管全权负责。最近几个月,原化工小组的成员流失严重,我们高薪聘用的几位博士也提出了离职申请,通过与他们的沟通,原化工小组成员普遍反映无法与原环保小组的成员进行合作,在工作中受到忽视,重要的研讨会议也从来不通知他们。在今年的绩效考核中,很多原化工小组的成员觉得受到了排挤,考核结果都不理想。针对此事,希望您能给予指示。

回复方式:

☐ 信件/便函

☐ E-mail

☐ 电话

☐ 面谈

☐ 不予处理

☐ 其他处理方式,请注明:_____

回复内容:

文件四

类别:便函

来件人:王杰 总裁

收件人:赵宏斌 人力资源部总监

日期:12月6日

小赵:

7号下午你是否有空?我刚刚看过今年绩效考评结果,综合过去2年的情况来看,我觉得有必要对公司的中层管理人员进行调整。请准备好相关材料,并与我联系。

王杰

回复方式:

☐ 信件/便函

☐ E-mail
☐ 电话
☐ 面谈
☐ 不予处理
☐ 其他处理方式,请注明:_____
回复内容:

文件五
类别:书面报告
来件人:张月 华北分公司总经理
收件人:赵宏斌 人力资源部总监
日期:12月6日

赵总:您好!
  有一个重要的情况向您反映。前两天我们在调查中发现,总公司派驻华北分公司销售部负责人吴蓓蓓,在销售的过程中,与顾客暗中协商,泄露公司机密,赚取好处费,这既给公司造成不必要的经济损失,影响了工作,也损害了公司的形象,败坏了公司的风气,按照公司规定,由总公司派往分公司的职员如果出现问题,需要上报总公司人力资源部统一处理。因此,特向您汇报此事,如何处理请您尽快指示。
华北分公司总经理 张月

回复方式:
☐ 信件/便函
☐ E-mail
☐ 电话
☐ 面谈
☐ 不予处理
☐ 其他处理方式,请注明:_____
回复内容:

文件六
类别:电话录音
来件人:马飞 副总裁(分管生产与物流)
收件人:赵宏斌 人力资源部总监
日期:12月6日

宏斌:你好!
  明年年初,公司投资2 000万元建设的先进污水处理系统即将在大连分厂安装并试运行,提供设备的美国公司会安排2名技术人员参与设备的安装与运行的监控,我想通过人力资源部安排一次污水处理系统的岗位设置与人员安排的专题讨论会,请你先提出一个大致想法,并在这几天与我沟通一下这个问题。

回复方式:
☐ 信件/便函
☐ E-mail
☐ 电话
☐ 面谈
☐ 不予处理
☐ 其他处理方式,请注明:_____

回复内容:

2. 无领导小组讨论

在此测试中,被测试者组成一个临时工作小组,让他们讨论一些精心设计的在管理活动中比较复杂棘手的问题。由于这个小组是临时拼凑的,并不指定谁是负责人。在这种情况下,通过对被测试者在讨论中所显露的语言表达能力、独立分析问题的能力、概括能力、应变能力、团队合作能力、感染力、建议的价值性、措施的可行性、方案的创意性等划分等级,进行评价。其目的就在于考察被测试者的表现,尤其是看谁会从中脱颖而出,成为自发的领导者。

资料

无领导小组讨论案例

现在发生海难,一游艇上有8名游客等待救援,但是现在直升飞机每次只能够救1个人。游艇已坏,不停漏水。寒冷的冬天,刺骨的海水。游客情况如下:

(1) 将军,男,69岁,身经百战。
(2) 外科医生,女,41岁,医术高明,医德高尚。
(3) 大学生,男,19岁,家境贫寒,参加国际奥数获奖。
(4) 大学教授,50岁,正主持一个科学领域的项目研究。
(5) 运动员,女,23岁,奥运金牌获得者。
(6) 经理人,35岁,擅长管理,曾将一大型企业扭亏为盈。
(7) 小学校长,53岁,男,劳动模范,五一奖章获得者。
(8) 中学教师,女,47岁,桃李满天下,教学经验丰富。

请将这8名游客按照营救的先后顺序排序。

(资料来源:http://bbs.yingjiesheng.com/)

3. 角色扮演法

该方法是在一个模拟的人际关系情境中,设计出一系列尖锐的人际矛盾和人际冲突,要求被测试者扮演其中某一角色并进入情境,去处理这些矛盾和问题。通过对被测试者在不同的角色情境中表现出来的行为进行观察和记录,评价被测试者是否具备符合其身份的素质特征及个人在模拟情境中的行为表现与组织预期的行为模式,将担任职务的角色规范之间的吻合程度,即代表了个人的个性特性与工作情境间的和谐统一程度。这种方法主要用于评价角色扮演者协调人际关系的技巧、情绪的稳定性和情绪的控制能力、随机应变能力、处各种问题的方法和技巧。

4. 管理游戏

它是一种以完成某项"实际工作任务"为基础的标准化模拟活动。在这种活动中,小组成员各被分配一定的任务,必须合作才能较好地解决它。有些管理游戏中包括劳动力组织和动态环境相互作用及更为复杂的决策过程。通过被测试者在完成任务的过程中所表现的行为来测评被测试者的实际管理能力。

三、纸笔测评法

纸笔测评法是测试应聘者学识水平的重要工具。这种方法可以有效地测量被测试者的基本知识、专业知识、管理知识、综合分析能力、逻辑推理能力和文字表达能力等素质差异。纸笔测评法的优点是一次能够出十几道乃至上百道试题,考试的取样较多,对知识、技能考核的信度和效度都较高,可以大规模地进行分析,因此花时间少,效率高,被测试者的心理压力较小,较易发挥水平,成绩评定比较客观。

纸笔测评法的不足主要表现在不能全面地考察被测试者的工作态度、品德修养、组织管理能力以及口头表达能力等。因此纸笔测评法虽然有效,但还必须采用其他的测评方法以取长补短。

其实,在招聘选拔的过程中,还会采用到其他不同形式的方法,上述只是对常用的几种方法稍作介绍和分析。人才选拔和任用是一个复杂而长期的过程,几乎所有的人才测评方法都需要在事前进行工作分析,明确职位所需的素质要求,建立其胜任特征模型。然后根据其胜任特征的不同来确定在招聘时不同的人才选拔测评形式和人才测评方法。只有选择科学的人才测评方法,对人才进行科学地测评,才能够尽可能地为企业选拔更合适的人才。

第四节 人 员 录 用

一、录用决策者

在许多企业中,录用一般由人力资源管理部门具体负责决定。他们常常为部门经理提供经过筛选的候选人名单,由用人部门主管最终作出决策。但是,一些小型企业,由于没有成立独立的人力资源管理部门,往往会把录用决策直接交给用人部门主管,由他们自己独立决定是否录用。

这里有个争议:在企业中,究竟谁对录用负最终责任?随着企业中的职位越来越复杂和企业规模的不断扩大,在主管人员受到充分训练的情况下,他们承担的责任越来越大。但是,企业的录用工作是由人力资源管理部门从头到尾具体进行的,人力资源管理部门在整个过程扮演着不可替代的参谋和信息收集者的角色。如何充分发挥人力资源管理部门和用人单位在录用决策中的作用,已经成为许多企业关心的问题。

在工作团队越来越普及的今天,有的企业已经在尝试由工作团队来共同筛选并作出录用决策。为了工作的协调,有的雇主在录用决策中也让员工有一定的发言权。例如,在公开竞聘中,民主评议在总体评价中占有重要的决定权。让员工与求职者进行面谈,员工可以表达他们愿意选择谁的意愿。这些尝试无疑会给招聘工作带来新的挑战。

二、录用决策的程序

人员录用是人员招聘的重要环节之一,它主要涉及在对应聘人员进行挑选之后,对候选人进行的录取、任用等一系列具体事宜。

(一) 通知应聘者

1. 录用通知

为了不失去合格的录用者,录用通知要及时送出。在录用通知书中,应该说清楚报到的起止时间、报到的地点、报到的程序等内容,在附录中还应详细讲述如何抵达报到的地点和其他应该说明的信息,当然还不要忘记欢迎新员工加入企业。

在录用通知书中,要让被录用的人员了解他们的到来对于企业发展的重要意义。应该说这是企业吸引人员的一种手段,表明企业对人才的尊重。另外,还要注意,对被录用的人员要一视同仁,应以相同的方式通知被录用者。一般以信函的方式为佳(图5-1为录用通知书的范例)。

录用员工报到通知书

×××先生(小姐):

　　您应聘本公司　　职,经复审,决定录用,请于　年　月　日(星期　)上午　时,携带下列物品文件及详填函附之表格,向本公司人事部报到。

　　居民身份证;

　　个人资料卡;

　　体检表;

　　保证书;

　　二寸半身照片　张

　　注意事项:

　　1. 按本公司之规定新进员工必须先行试用　个月,试用期间暂支月薪　　　;

　　2. 报到后,本公司将在很愉快的气氛中,为您作职前介绍,包括让您知道本公司人事制度、福利、服务守则及其他注意事项,使您在本公司工作期间满足、愉快,如果您有疑虑或困难,请与本部联系。

此致

　　　　　　　　　　　　　　　　　　　　　　　　　人力资源部 启
　　　　　　　　　　　　　　　　　　　　　　　　　　年　月　日

图5-1　录用员工报到通知书

2. 辞谢通知

许多企业都忽视了辞谢的程序。周到的辞谢方式除了能够树立良好的企业形象外,还可能对今后的招聘产生有利的影响。因此,应该用同样礼貌的方式通知未被录用的人员。一种方法,可以通过电话用委婉的语言通知对方;另一种方法,可以用信函的方法告知对方,但切忌用明信片的形式,其令人尴尬程度可想而知了(图 5-2 为辞谢通知书的范例)。

辞谢通知书

尊敬的　　先生/女士:

　　十分感谢您对我们企业的　　职位的兴趣。您对我们企业的支持,我们不胜感激。您在应聘该岗位时的良好表现,给我们留下深刻的印象。但是由于我们名额有限,这次只能割爱。我们已经将您的有关资料备案,并会保留半年,如果有了新的空缺,我们会优先考虑您。

　　感谢您能够理解我们的决定。祝您早日找到理想的职业。

　　对您热诚应聘我们的企业,再次表示感谢!

此致

人力资源经理:
年　月　日

图 5-2　辞谢通知书

(二) 签订合同

1. 员工安排与试用

与员工签订相应的试用合同,员工试用合同是对员工与单位双方的约束与保障。试用合同包括:试用岗位、试用期限、员工在试用期的薪酬、员工在试用期的工作绩效目标与承担的义务和责任、员工在试用期应享受的权利、员工转正的条件、试用期单位解聘员工的条件与承担的义务和责任、员工辞职的条件和义务、员工试用期被延长的条件等。

2. 正式录用

根据考核情况进行正式录用,与员工签订正式的劳动合同,给员工提供相应的待遇,制定员工发展计划,为员工提供必要的帮助与咨询服务。

(三) 岗前培训

员工进入企业后,企业要对其进行岗前培训,目的在于向新员工介绍其工作性质、环境、同事等,使其能迅速熟悉工作,消除对新工作、新环境、新同事的陌生感,了解企业文化、政策和规章制度等。培训合格后方可上岗,培训不合格者给予机会再进行培训,如仍不合格,应予以辞退。

三、拒聘的处理

尽管经过努力,企业也经常遇到接到录用通知的人员不来就职的情况。如果拒聘的人员正是企业所需要的优秀人员，则企业的人力资源管理部门甚至最高层主管应该主动与之取得联系，采取积极的争取态度。

如果在招聘活动中，企业被许多应聘者拒聘，就应该反思招聘过程可能存在的问题和障碍。因此，企业从拒聘的调查中，也可以获得一些对今后招聘有用的信息。

第五节　招聘工作评估

招聘过程结束以后，应该对招聘活动进行评估和审核，这是被许多组织忽视的一个环节。

评价招聘工作的成绩可以用多种方法来检验，但是归根结底，所有的评价方法都要落实到在花费的资源既定的条件下，为工作岗位招到的申请人的适用性上来。这种适用性可以用全部申请中合格申请人的数量所占的比重、合格申请人的数量与工作空缺的比率、实际录用的数量与计划招聘数量的比率、录用后新员工的绩效水平、新员工总体的辞职率以及各种招聘来源得到的新员工的辞职率等指标来衡量。当然，不管使用什么方法，都需要考虑招聘的成本，其中包括整个招聘工作的成本和所使用的各种招聘方式的成本；不仅要计算各种招聘方式的总成本，也要计算各种招聘方式招聘到的每位新员工的平均成本。

在评价过程结束以后，还应撰写招聘小结作为重要的资料存档。

通过这样一个评估与审核的过程，组织可以发现招聘工作中的不足以及适用的招聘手段，从而提高以后招聘工作的效率。

一、成本评估

招聘成本评估是指对招聘中的费用进行调查、核实，并对照预算进行评价的过程。招聘成本是鉴定招聘效率的一个重要指标，如果成本低，录用人员质量高，就意味着招聘效率高；反之，则意味着招聘效率低。

招聘工作进行之前，组织每年在进行全年人力资源开发与管理的总预算时，必须要认真考虑招聘工作的预算。

招聘预算主要包括：招聘广告预算、招聘测试预算、体格检查预算、其他预算等，其中，招聘广告预算占据了相当大的比例，每个组织可以根据自己的实际情况来决定招聘预算。

招聘工作结束之后，组织要对招聘工作进行核算。招聘核算是对招聘的经费使用情况进行度量、审计、计算、记录等的总称。通过核算，可以了解招聘中经费的详细使用情况，如是否符合预算以及主要差异出现在哪个环节上。在招聘过程中发生的各种费用，可以称之为招聘成本。对招聘的核算过程，实际上也就是对招聘成本的核算过程。

1. 招募成本

招募成本是为了吸引和确定组织所需内外人力资源而发生的费用，主要包括招募人员的直接劳务费用（如会议费、差旅费、代理费、广告费、宣传材料费、办公费、水电费等)、间接费用(如行政管理费、临时场地费及设备使用费)等。招募成本既包括在组织内部或外部招募人员的费用,又包括吸引可能成为组织成员的人选的费用,如为吸引高校研究生所预先支付的委托代培费。其计算公式如下:

$$招募成本 = 直接劳务费 + 直接业务费 + 间接管理费 + 预付费用$$

2. 选拔成本

选拔成本由对应聘人员进行鉴别选择,以作出决定录用或不录用这些人员时所支付的费用构成。一般情况下,其主要包括以下几个方面工作的费用:①初步口头面谈,进行人员初选;②填写申请表,并汇总候选人资料;③进行各种书面或口语测试,评定成绩;④进行各种调查和比较分析,提出评论意见;⑤根据候选人员资料、考核成绩、调查分析评论意见,召开负责人会议讨论决策录用方案;⑥最后的口头面谈,与候选人讨论录用后职位、待遇等条件;⑦获取有关证明材料,通知候选人体检;⑧体检,在体检后通知候选人录取与否。

以上进行每一步骤所发生的选拔费用不同,其成本的计算方法也不同,如:

$$\begin{pmatrix} 选拔面谈的 \\ 时间费用 \end{pmatrix} = \begin{pmatrix} 每人面谈前的 \\ 准备时间 \end{pmatrix} + \begin{pmatrix} 每人面谈时的 \\ 需要时间 \end{pmatrix} \times \begin{pmatrix} 选拔者 \\ 工资率 \end{pmatrix} \times \begin{pmatrix} 候选 \\ 人数 \end{pmatrix}$$

$$汇总申请资料费用 = (印发每份申请表资料费 + 每人资料汇总费) \times 候选人数$$

$$考试费用 = (平均每人的材料费 + 平均每人的评分成本) \times 参加考试人数 \times 考试次数测试$$

$$评审费用 = 测试所需时间 \times (人事部门人员的共资率 + 各部门代表的工资率) \times 次数$$

选拔成本随着应聘人员所需从事工作的不同而不同。一般来说,选拔外部人员比选拔内部人员的成本要高,选拔技术人员比选拔操作人员的成本要高,选拔管理人员比选拔一般人员的成本要高。总之,选拔成本随着被选拔人员的职位增高以及对组织影响的加大而增加。

3. 录用成本

录用成本是指经过招募选择后,把合适的人员录用到某一企事业单位中所发生的费用。录用成本包括录取手续费、调动补偿费、搬迁费和旅途补助费等由录用引起的有关费用。录用成本的计算公式如下:

$$录用成本 = 录取手续费 + 调动补偿费 + 搬迁费 + 旅途补助费等$$

4. 安置成本

安置成本是为安置已录用职工到具体的工作岗位上时所发生的费用。安置成本由为安排新职工的工作所必须发生的各种行政管理费用、为新职工提供工作所需要的装备条件以及录用部门因安置人员所损失的时间成本而发生的费用构成。被录用者职务的高低对安置成本的高低有一定的影响。安置成本的计算公式如下:

$$安置成本 = 各种安置行政管理费用 + 必要装备费 + 安置人员时间损失成本$$

(二) 重置成本与离职成本

以上讨论的招聘成本是招聘过程中实际发生的各种费用。但招聘工作只是整个人力资源管理工作的起点,招聘工作效率的高低直接影响员工的质量。

因此,对招聘工作的效率进行评价不能仅限于招聘这一独立的阶段。招聘的成本也应包括因招聘不慎使员工离职而给组织带来的损失,即离职成本;重新再招聘时所花费的费用,即重置成本。

员工离职成本可以分为直接成本和间接成本两个部分,直接成本是那些可以被量化的成本。这些成本有时很难准确衡量,但确实存在,主要包括以下内容:①由于处理离职带来的管理时间的额外支出;②解聘费(公证、法律手续);③离职面谈的成本支出;④临时性的加班补位;⑤策略性外包成本;⑥应付的工资和福利。

员工离职的间接成本要比直接成本高得多。研究表明,80%的员工离职成本都是间接的。间接成本主要包括以下内容:①员工离职后保留下来的员工生产力降低;②替补人员学习过程中的低效成本;③现金或资产的潜在损失;④顾客或公司交易的损失;⑤留下来的员工士气降低;⑥销售战斗力下降。

重置成本除了招聘过程的成本和离职成本外,还包括人力资源开发的成本以及医疗保健费用。人力资源开发成本包括在职培训成本、特殊培训成本、培训者时间损失和劳动生产率损失等。医疗保健费用包括医疗保险与卫生保健费用、养老保险和改善环境与生产质量的费用。当组织发生员工流失时,所产生的离职成本和重置成本往往出人意料地高,所以对这两项成本的考核,也是衡量招聘工作效率不可缺少的部分。

当然,导致员工离职的因素非常复杂,招聘工作的低效率可能只是其中的因素之一。因此,在离职面谈时,应该弄清楚员工离职的真正原因。

二、录用人员评估

录用人员评估是指根据招聘计划对录用人员的质量和数量进行评价的过程。在大型招聘活动中,录用人员评估显得十分重要。如果录用人员不合格,那么招聘过程中所花的时间、精力和金钱都浪费了,只有全部招聘到合格的人员才能说全面地完成了招聘任务。

判断招聘数量的一个简明的方法就是看职位空缺是否得到了满足,雇用率是否真正符合招聘计划的设计。衡量招聘质量是按照组织的长、短期经营指标来分别确定的。在短期计划中,组织可根据求职人员的数量和实际雇用人数的比例来认定招聘质量。在长期计划中,组织可根据接受雇用的求职者的转换率来判断招聘的质量。由于存在很多影响转换率和工作绩效的因素,所以,对招聘工作质量的评估十分不易。录用人员的数量可用以下几个数据来表示:

$$录用比 = 录用人数 \div 应聘人数 \times 100\%$$
$$招聘完成比 = 录用人数 \div 计划招聘人数 \times 100\%$$
$$应聘比 = 应聘人数 \div 计划招聘人数 \times 100\%$$

如果录用比例小,相对来说,录用者的素质较高;反之则录用者可能素质较低。如果招聘完成比等于或大于100%,则说明在数量上全面或超额完成了招聘计划。如果应聘比例大,说明发布招聘信息效果好,同时说明录用人员可能素质较高。除了运用录用比和应聘比这两个数据信息外,也可以根据招聘的要求或工作分析中的要求对录用人员进行等级排列来确定其质量。

三、招聘小结

评估工作完成之后,最后一项工作就是对招聘工作进行小结。具体来说就是对招聘工作中的优缺点等进行仔细回顾分析,撰写招聘小结,并把招聘小结作为一项重要的资料存档,为以后的招聘工作提供信息。

(一) 撰写招聘小结的原则

(1) 真实地反映招聘的全过程。
(2) 由招聘的主要负责人撰写。
(3) 明确指出成功之处和失败之处。

(二) 招聘小结的主要内容

(1) 招聘计划。
(2) 招聘进程。
(3) 招聘结果。
(4) 招聘经费。
(5) 招聘评定。

思考与练习

一、基本概念

面试　结构化面试　压力面试　心理测验　评价中心测试

二、单项选择题

1. 下列哪个招聘环节所面对的人数多(　　)。
   A. 录用　　　　　　　　　　　　B. 试用
   C. 招聘测试　　　　　　　　　　D. 求职申请

2. 公务员考试中行政职业能力测验属于(　　)。
   A. 创造力测验　　　　　　　　　B. 智力测验
   C. 职业兴趣测验　　　　　　　　D. 职业能力测验

3. 公文筐测验属于(　　)测评技术。
   A. 能力测验　　B. 人格测验　　C. 评价中心技术　　D. 面试

4. 无领导小组讨论属于(　　)。
   A. 能力测验　　　　　　　　　　B. 人格测验
   C. 评价中心技术　　　　　　　　D. 面试

5. 下列岗位类型中,招聘周期长的是(　　)。
   A. 销售人员　　　　　　　　　　B. 经理和主管人员
   C. 办公室文秘人员　　　　　　　D. 操作员工

6. 员工选拔的第一步是(　　)。

  A. 简历的分析与筛选   B. 招聘计划的制定与实施
  C. 招聘需求调查   D. 人力资源规划的制定

7. 面试的主要工具是(　　)。
  A. 观察与谈话   B. 访问与调查
  C. 考试与调查   D. 心理与访问

8. 应征者可通过主考官行为来判断主考官的态度偏好、价值判断标准及对自己表现的满意度,从而调整自己的行为。这体现了面试的(　　)。
  A. 随机性   B. 随意性   C. 双向沟通性   D. 创新性

9. 面试所问的问题没有一个事先安排的需要遵守的框架,考官可以完全任意地与申请人讨论各种话题,这属于(　　)。
  A. 结构化面试   B. 非结构化面试
  C. 半结构化面试   D. 创新型面试

10. 招聘完成比的公式是(　　)。
  A. 录用人数÷应聘人数×100%
  B. 录用人数÷计划招聘人数×100%
  C. 应聘人数×计划招聘人数×100%

三、判断题

1. 招聘面试所面对人数要多于求职申请的数量。(　　)
2. 无领导小组讨论属于心理测试的招聘测试手段。(　　)
3. 在许多企业中,录用一般由部门上级领导具体负责决定。(　　)
4. 了解被测验者潜在的能力及其心理活动规律的方法叫做心理健康测验。(　　)

四、简答题

1. 简述面试的特点。
2. 简述结构化面试的优点。
3. 面试试题设计应遵循哪些基本要求?
4. 阐述招聘录用决策的基本程序。
5. 招聘工作的成本评估包括哪些方面?

第六章 员工培训与开发

【知识目标】
- 理解员工培训与开发的含义、分类和基本程序
- 掌握培训需求分析的内容和方法
- 掌握常见的培训与开发的技术与方法

【技能目标】
- 能够进行培训需求分析
- 制定企业合理的员工培训计划
- 能够对培训活动进行效果评估

丽嘉-卡尔顿："倒数7日"培训

公司背景

  1898年，凯撒·丽嘉结束了瑞士牧羊人的生活，移居巴黎，他在城里最高级的几所酒店、餐馆打工之后，最终创办了以自己名字命名的豪华酒店，实现了自己的夙愿。一年后，他又在伦敦创办了卡尔顿酒店，为最终创立丽嘉-卡尔顿酒店集团打下了基础。

  在经历一次经济大萧条和两次世界大战后，许多豪华酒店纷纷倒闭。1983年，总部在亚特兰大的强生公司买下了丽嘉-卡尔顿在北美地区的商标权，多亏一位富有的房产商慷慨相助，才使波士顿的一家酒店免于倒闭。1997年，万豪国际收购了丽嘉-卡尔顿，将其作为附属经营公司。到2000年年底，丽嘉-卡尔顿已主要成为管理公司，经营着全球38家酒店和娱乐场所，并且拥有10处地产的少数股份和3家酒店的全部所有权。

"倒数7日"培训

  作为一家在全世界范围内不断扩张的豪华酒店，如何让每一家新酒店的"酒店软件"迅速达到豪华酒店的高标准，对于其他酒店而言或许是个难题，但丽嘉-卡尔顿有它自己的一套方法，那就是著名的"倒数7日"培训。

  Leonardo Inghilleri是一家丽嘉-卡尔顿酒店的人力资源副经理，他曾这样解释倒数机制后面的原理——我们通过一个非常缓慢的介绍过程将员工与公司的使命结合起来。实际情况是，作为一个成年人，只有当情感上产生重大变化时你才会改变自己的行为，否则你就不会改变。当你雇佣某人开始一份新工作时，给予他们一次重要的情感体验，他们才会注意和接受行动上的变化。

  第1天：向新员工介绍

  第1天，新成员加入他们所属的部门，参加酒店门口所谓的"动员会"。每个小组举着标语喊着口号，竞相比着谁的声音响亮。炊事员向来最具优势，他们用锅碗瓢盆打着响亮的节奏，常常压过"打扫房间，打扫房间"的呼声。经理们从队伍的一头跑到另一头，制造热烈的气氛，甚至还有经理在铺了地毯的车道上打起侧手翻。

  在几轮高呼"D-C-Ritz, D-C-Ritz"的高潮之后，员工们终于走进大楼。当他们走至一楼的舞厅时，响起了热烈的掌声，还夹杂着一声声"欢迎你们""你们能加入我们真感到荣幸""很高兴在这里见到你们"……站在楼梯两侧的经理们正向他们表达着诚挚的欢迎。

  人们集中在最大的舞厅里，与大屏幕相连的录像机同时播放整场实况。在介绍完相关人群后，总经理向全体成员发表讲话，诠释了作为一个高水准服务公司的经营理念——我们是为淑女和绅士提供服务的淑女和绅士，并且传达了丽嘉-卡尔顿高水平开业的重要性。最重要的是，让新员工第一次接触到了丽嘉-卡尔顿的黄金标准，并知道丽嘉-卡尔顿的20条基本守则。

  最后，新员工观看录像。录像的前一段是一些领导讲述酒店的历史、理念及价值观，后一段记录了丽嘉-卡尔顿发展的里程碑，其中包括他们所获得过的奖项和他们新开的酒店。

第2天：部门展望会议

第2天，每个新员工被介绍到他所属的部门。经理以询问他们"1年内想成为什么"作为每个部门展望会议的开始，新成员们的回答总是不变的"想要最好"。经理们会启发什么是"最好"，对于每个领域来说，"最好"的内涵不同。丽嘉-卡尔顿提供的不仅仅是房间和餐饮，而是服务，一种让客人感觉良好的服务。

第3天至第7天：技能训练

在接下来的5天，酒店的管理团队、培训专家和经理们会在早晨6点会面，回顾一天的培训活动，并解决出现的任何问题。员工每天早晨8:30来到经理面前时，会得到经理的"热烈欢迎"；每晚结束培训时，会得到丽嘉-卡尔顿传统的"祝你好运"的问候。每天的培训活动就在这样的氛围下，有条不紊地进行。

在第3和第4天，员工接受穿戴制服、仪表仪容方面的培训，还能接触每日的整顿队伍过程。所有员工均有机会参加关于预期及处理顾客需要的会议。员工对自己工作领域内的总体定位有了大致的概念，接受了安全知识，还要观看一些产品展示。

在第4天，所有员工学习"处理顾客难题"的标准程序。在训练中，他们学会怎样从常规工作中立即离开，帮助顾客解决问题，用他们的能力找到合适的处理方法，以及怎样与相关部门联系进一步解决问题。

"倒数7日"的最后3天进行部门技术训练。员工轮流到位，穿上整套制服，模拟在顾客前工作。法人督导委员会监督从客房到餐厅的每个模拟过程，按照丽嘉-卡尔顿严格的要求，在服务的每个环节寻找错误。

第8天：动员会

在"倒数7日"与盛大开业之间的那天，员工们穿着便装，参加丽嘉-卡尔顿长达2个小时的动员会。动员会总结7日来的培训，并对未来提出要求和希望，每个员工将满怀信心地等待投入新的工作。

（资料来源：http://www.glzy8.com）

讨论：

（1）如果你是员工，怎么看待丽嘉-卡尔顿公司提供的员工培训？

（2）你认为员工培训应涉及哪些内容？

员工培训与开发是一个系统化的行为改变过程，也是现代组织人力资源管理的重要组成部分。现代组织的管理注重人力资源的合理使用和培养。要提高组织的应变能力就需要不断地提高人员素质，使组织及其成员能够适应外界的变化并为新的发展创造条件。

第一节　员工培训与开发概述

当今是全球经济一体化的时代，是高新技术不断更新换代的时代，是竞争日益激烈化的时代。身处其中的企业要想跟上时代发展的步伐,要想在激烈的竞争中脱颖而出,就必须不断地更新管理理念,运用现代管理方法,更加注重人力资源的作用,不断开发人力资源的潜力,充分发挥人力资源的优势。因此,很多企业逐渐开始重视并努力开展员工的培训工作。

一、培训与开发的概念

员工培训与开发是指企业通过各种方式使员工具备完成现在或将来工作所需要的知识、技能,并改变他们的工作态度和价值观,以改善员工在现在或将来职位上的工作绩效,并最终实现员工与组织同步成长的一种计划性和连续性的活动。它是企业人力资源管理实现增值的重要途径,对企业战略发展和员工职业生涯发展至关重要,是企业人力资源管理的重要内容。

员工培训与开发具有以下几个方面的特点。

1. 企业发展要求的主导性

社会经济和科技的快速发展、知识的快速更新、信息的快速传播以及市场的激烈竞争,使得企业本身需要不断地创新。培训要以满足企业发展需要为目标,按照员工不同岗位的需要,重点传授特定的知识和技能,提高员工的工作能力和水平。尽管企业培训的内容和形式多样化,但是其最终目的是要配合企业的发展,为企业赚取更多的利润。员工得到发展的前提是企业能够顺利发展,企业良好的发展可以为员工的发展提供稳定的平台,为员工的发展指明方向。

2. 提高生产效率的实用性

通过培训,企业可以提高员工的工作水平,提高企业的生产效率,从而为企业赚取更多的利润。培训要确保员工能够将培训的内容运用到工作上。因此,培训成果转化的成功与否,在很大程度上决定了培训是否有效。

3. 结合企业和员工的针对性

员工培训的最终目的是实现企业与员工的统一,这就要求在进行员工培训时要针对不同企业和企业内不同的员工实施不同的培训。针对不同性质的企业所采取的培训方式、方法和运用的培训内容是不一样的;而针对企业内不同性别、年龄、学历、宗教、国籍以及岗位的员工进行培训时,企业也要尽可能在满足企业发展要求的同时,满足员工个人发展需求,以提高培训效果,实现企业与员工的双赢。

4. 培训内容的离散性

由于受时间和经费的限制,培训通常是按照"缺什么,补什么"的原则进行的,因此导致培训内容的系统性不足,很多内容是离散的。此外,除了要根据工作需要提供理论性的知识传授外,培训更多的是传授工作经验。工作经验的传授可以使培训成果更容易转化到现实工作中,但工作经验的传授通常是缺乏系统性的。

5. 培训方法的多样化

企业培训的形式和方法是多种多样的,既有传统的传递法,也有基于互联网技术的现代培训方法。现今比较流行的就是情景体验式。传统的讲座式培训注重的是讲师在台上讲课,但缺乏学生的交流和实践,使得培训效果不佳。新式的培训比以往更加重视学生的实践与体验,通过体验提高培训效果。

6. 培训时间的零散易变性

企业员工培训不同于学校教育,在企业员工培训中,员工必须在以做好本职工作为前提的基础上进行培训。因此,员工培训的大部分时间会被安排在业余时间,而且经常会根据员工工作时间的变动以及业务淡旺季的变化而变动。

二、培训与开发的作用

培训与开发是企业发展最直接的推动力,是新知识、新技术、新政策的转化器。培训与开发作为企业人力资源管理与开发、获得竞争优势的重要战略要素,在企业人力资源管理活动中发挥着重要作用。要提高组织的应变能力,就需要不断地提高员工素质,使组织及其成员能够适应外界的变化并为组织的变革与发展创造条件。

(一) 培训与开发对企业的作用

培训与开发对企业的作用主要表现在以下几个方面。

1. 促进员工个人素质的全面提高

企业通过对员工进行培训,使员工个人素质得到全面提高,适应企业长期发展的需要,从而使企业人才开发利用与企业成长和发展形成互动。

2. 推动企业文化的完善与形成

企业文化是一个企业的灵魂,是企业创造生产力的精神支柱。企业培训可以让员工在了解企业文化的同时,推动企业文化的完善与形成,树立良好的企业形象。

3. 优化人才组合

培训可以把人的潜能开发出来,淘汰没有潜力的员工。培训能使企业全面了解员工的个性和特点,通过优化组合,有利于员工快速地成长,有利于企业工作效率的快速提高。

4. 增强企业的向心力

企业培训为员工提供了一个完善自我和提升自我的机会,使员工可以在工作中实现职业生涯规划,对员工有激励作用。此外,员工在培训中相互接触,相互了解,加深了他们对企业的感情,使企业员工的归属感明显增强。

(二) 培训与开发对员工的作用

培训与开发对员工的作用主要表现在以下几个方面。

1. 提高员工的自我认识水平

通过培训,员工能够更好地了解自己在工作中的角色和应该承担的责任和义务,帮助员工更全面客观地了解自身能力、素质等方面的不足,提高自我认识水平。

2. 提高员工的知识和技能水平

通过培训,员工的知识和技能水平将得到提升。而员工技能的提升,将极大地提高企业的生产效率,从而为企业创造更多的利润,员工也为此获得更多的收入。

3. 转变员工的态度和观念

企业通过员工培训可以让员工转变态度,如对待技术革新的态度、对待企业的态度和责任心等问题。此外,员工培训可以让员工转变观念,如树立终身学习的观念、质量意识和观念。

三、培训与开发的种类

员工培训与开发可以根据对象、内容和形式的不同而划分为不同的类型。

（一）按培训对象划分

按培训对象划分，培训可以分为基层员工培训和管理人员培训。

1. 基层员工培训

基层员工培训的目的是培养员工有一个积极的工作心态，掌握工作的原则和方法，提高劳动生产率。培训的主要内容包括追求卓越工作心态的途径、工作安全事故的预防、企业文化与团队建设、新设备操作、人际关系技能等。基层员工的培训应该注重其实用性。

2. 管理人员培训

管理人员培训又可以根据管理层次的不同而分为基层管理人员培训、中层管理人员培训和高层管理人员培训。

基层管理人员的工作重点主要在第一线从事具体的管理工作，执行中、高层管理人员的指示和决策。因此，为他们设计的培训内容应着重于管理工作的技能、技巧，如怎样组织他人工作、如何安排生产任务、如何为班组成员创造一个良好的工作环境等。基层管理人员的技能培训、人际关系培训和解决问题的能力培训的比例应为 50：38：12 (Katz，1955)。

中、高层管理人员的培训应注重于发现问题、分析问题和解决问题的能力，用人能力，控制和协调能力，经营决策能力，以及组织设计技巧的培养。

中层管理人员对于本部门的经营管理必须十分精通，除了熟悉本部门工作的每个环节和具体工作安排以外，还必须了解与本部门业务有关的其他部门的工作情况。按照罗伯特·卡茨的模式，中层管理人员的技能培训、人际关系培训和解决问题的能力培训的比例应为 35：42：23。

高层管理人员的工作重点在于决策。因此他们所要掌握的知识更趋向于观念技能。例如，经营预测、经营决策、管理、会计、市场营销和公共关系等。罗伯特·卡茨将高层管理人员的技能培训、人际关系培训和解决问题能力培训的比例定为 18：43：39。

不同层级管理人员的培训内容比例，如图 6-1 所示。

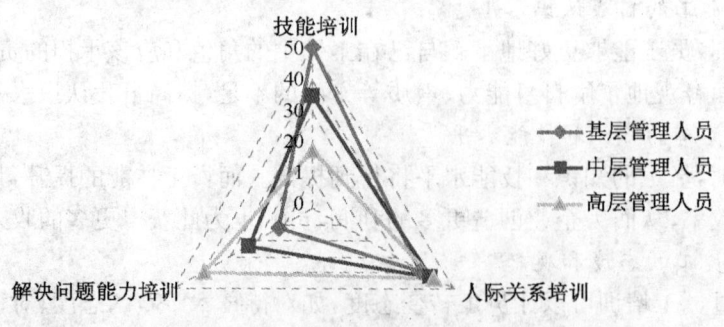

图 6-1　不同层级管理人员的培训内容比例(资料来源：Katz，1955)

（二）按培训内容划分

按培训内容划分，培训可以分为知识培训、技能培训以及态度和观念培训。

1. 知识培训

知识培训的主要任务是对员工所拥有的知识进行更新，其主要目标是要解决"知"的问题。现代社会是一个知识爆炸的社会，各种知识都随着时间的推移同步更新。人是知识的载体，企业要在这个不断改变的社会中得以生存，员工就必须不断更新已有的知识。当员工知识老化的速度超过更新的速度时，企业就会落伍于时代，甚至会出现经营困难的现象；只有员工知识更新的速度超过老化的速度时，企业才能保持在行业领先的地位。因此，"终身学习"被现代社会所认同和提倡。

2. 技能培训

随着时代的进步，各行各业都会出现新的技术和能力要求。另外，随着现代产业结构的不断调整，大量的旧行业和岗位消失，新行业兴起，员工需要学习新的技能才能从事新行业中的岗位。

3. 态度和观念培训

员工通过培训习得对人、对事、对己的反应倾向。它会影响员工对特定对象作出一定的行为选择。如要热情、周到地对待客户咨询与投诉，并在24小时内回复来电或来函；售后服务部门员工必须接受相关的业务培训等。

（三）按培训形式划分

按培训形式划分，可以分为入职培训、在职培训、脱岗培训和轮岗培训。

1. 入职培训

入职培训即新员工入职培训，可以帮助新员工熟悉企业的工作环境、文化氛围和同事，让新员工能够迅速地投入新工作，缩短新员工与老员工的工作磨合期。

2. 在职培训

在职培训即员工在不需要脱离工作岗位的情况下参加培训。在职培训通常利用员工的业余时间进行，是在完成本职工作的基础上开展的培训活动。这类培训的内容重在补充员工当前岗位、工作或项目所需要的知识、技能和态度。

3. 脱岗培训

与在职培训相对，脱岗培训是指员工暂时脱离岗位接受培训。在培训期间，员工将本职工作放在一边，以培训为重心。脱岗培训更注重提高员工的整体素质和未来发展需求，而不是根据当前岗位工作或项目的情况来确定培训内容。

4. 轮岗培训

轮岗培训即员工被安排到企业的其他部门或者分公司一边工作一边进行培训，与在职培训有相同之处。两者都是工作与培训同步进行。两者的区别在于在职培训包括轮岗培训，而轮岗培训的最大特点是调离原本的岗位，迁往其他岗位进行工作学习，存在岗位空间和环境上的变化。

资料

宝洁：全方位和全过程的培训

第一是入职培训。新员工加入公司后，会接受短期的入职培训。其目的是让新员工了解公司的宗旨、企业文化、政策及公司各部门的职能和运作方式。

第二是技能和商业知识培训。公司内部有许多关于管理技能和商业知识的培训课程，如提高管理水平和沟通技巧、领导技能的培训等，它们结合员工个人发展的需要，帮助员工成为合格的人才。公司独创了"宝洁学院"，通过公司高层经理讲授课程，确保公司在全球范围的管理人员参加学习，并了解他们所需要的管理策略和技术。

第三是语言培训。英语是宝洁公司的工作语言。公司在员工的不同发展阶段，根据员工的实际情况及工作的需要，聘请国际知名的英语培训机构设计并教授英语课程。新员工还会参加集中的短期英语岗前培训。

第四是专业技术的在职培训。从新员工进入公司开始，公司便派一名经验丰富的经理悉心对其日常工作加以指导和培训。公司为每一位新员工制定个人培训和工作发展计划，由其上级经理定期与员工回顾，这一做法将在职培训与日常工作实践结合在一起，最终使新员工成为本部门和本领域的专家能手。

第五是海外培训及委任。公司根据工作需要，选派各部门工作表现优秀的年轻管理人员到美国、英国、日本、新加坡、菲律宾和中国香港等地的宝洁分支结构进行培训和工作，使他们具有在不同国家和地区工作的经验，从而得到更全面的发展。

四、培训与开发的基本程序

员工培训与开发是一个系统的流程，通常分为培训需求分析、培训计划制定、培训组织实施与培训评估反馈四个阶段，如图6-2所示。

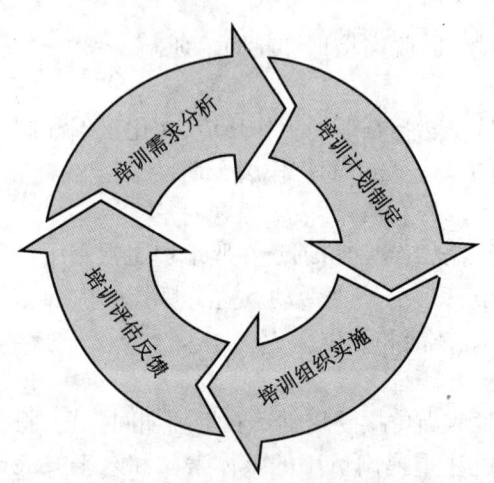

图6-2 员工培训与开发的基本流程

（一）培训需求分析阶段

培训需求分析阶段是整个培训与开发工作开展的基础。根据组织所面临的内外部条件，通过科学的分析方法评定组织员工培训质的要求和量的要求，即解决培训的原因、内容及目标的问题。员工培训需求分析一般从组织层面、任务层面和个人层面进行。

（二）培训计划制定阶段

在完成上述培训需求分析之后，就可以根据培训要解决的问题制定周密的培训计划。在这一阶段需要确定培训目标、内容和对象，培训时间和地点，主办部门，施教人员，培训及考核方式，培训评估的内容和方式等。

（三）培训组织实施阶段

这一阶段主要解决怎样教、怎样学及教与学的条件保障等问题，是整个培训过程的中心环节，培训质量的高低主要取决于这一阶段。

（四）培训评估反馈阶段

这一阶段的工作主要包括对课程设计、培训方式和授课效果的评估，以及对受训者返回岗位后工作状况的定期跟踪反馈。该阶段是解决"培训得如何"的问题。根据培训效果评估提供反馈信息,用于下一次培训需求分析,为下一轮的员工培训做好准备工作。

第二节　员工培训需求分析

一般而言,培训与开发的需求分析就是为了确定企业目前需不需要培训、谁需要培训、需要培训什么以及如何培训等问题,它是整个培训与开发工作的起点,决定着培训活动的方向和效益。

一、员工培训需求分析的意义

员工培训需求分析作为企业员工培训的首要和必经环节,是其他培训活动的前提和基础,在培训全部过程中具有重要作用。其具体表现为:

1. 确认差距,明确目标

培训需求分析的基本任务之一是寻找个体或组织现有状况与应有状况之间的差距,包括绩效差距、专业知识、实际技能存在的差距等,为做好员工培训工作树立目标。

2. 选择办法,解决存在问题

在差距明确之后,以此为依据来决定谁参加培训以及培训的内容。这是进行培训需求分析的重要原因之一。

3. 为培训成本分析提供依据

在进行了培训需求分析,并找到了存在的问题后,就要将培训成本引入培训需求分析中,也就是要进行不培训的损失与培训的成本之间的比较。如果不培训的损失大于培训的成本,那么,培训就是可行的;反之,则说明当前还不需要或不具备条件进行培训。

二、员工培训需求分析的角度

建立有效的培训体系,首先要从需求分析入手。许多企业在最初制订培训计划时不是深入地进行培训需求调查,而是根据现有热门培训招生简章想当然地选择员工培训的内容;或者是从企业各个层面选取一些自认为应该被培训的员工,所以往往造成培训与需求相脱节的现象。那么如何进行培训需求分析才能使培训达到自己想要的目的呢?在进行需求分析时,可以按需求的主体即"谁的需求"来划分成两个层次——组织需求和个人需求,从这两个角度对培训需求进行分析。

（一）组织需求分析

组织需求是企业需要就组织层面和工作层面进行分析。要实现企业的发展目标和规划,提高各个部门的工作绩效,解决实际工作中存在的问题,就要对员工进行相应的培训。

1. 组织层面的分析

培训需求的组织分析涉及影响培训效果的有关组织的各个方面,包括组织目标分析、组织资源分析、组织特征的分析以及环境影响的分析等方面。可以说,组织分析是要在给定企业经营战略目标的条件下,决定相应的培训——判断企业中哪些员工或哪些部门需要培训,以保证培训计划符合组织的整体目标与战略要求,为培训提供可利用的资源及管理者和同事对培训活动的支持。例如,组织的目标是要进入高新技术行业,就要注重对员工的技术培训,储备技术人才;对某些工作绩效较差的人员或部门,进行有针对性的培训;对工作中有些不能完全胜任其职位的人员进行培训。

2. 工作层面的分析

培训需求的工作分析是通过查阅工作说明书或具体分析完成某一工作需要哪些技能,了解员工有效完成该项工作所必需的条件,找出差距。也即工作分析能够确定某一工作的各项培训任务,精细说明各项任务的重要性、频次和掌握的困难度,并揭示成功完成该项工作所必需的知识、技能和态度等培训内容。例如,市场部需要面临的是经常变化的外部环境,那么就要注重创新性培训和市场预测能力的培训;财务部门则需要进行财务方面的管理,就要注重财务软件应用的培训。

(二) 个人需求分析

个人需求须从组织方面和个人方面进行分析。组织的个人需求分析往往只是片面地考虑员工个人的需要或者是组织对于这个员工的要求,很难调动员工的积极性从而起到良好的激励作用。

1. 组织方面的分析

从组织方面进行个人分析是从员工的实际状况的角度出发,分析现有情况与工作要求之间的差距,以形成培训目标与培训内容的依据。从组织方面分析员工的个人情况有助于了解谁需要接受培训,以及怎样进行培训和培训的方式等,可以使企业的培训取得预想的效果。

2. 个人方面的分析

个人需求是员工个人对增强自身竞争能力,进行自我充电的需求。这一需求是自发的、自上而下的。许多人将培训的机会作为选择工作或职位的考虑因素之一,这说明个人需求与组织需求不是同源的。当员工为了更好地胜任自己的职位,寻求更多的在企业内部的发展机会,产生培训需求时,组织需求与个人需求往往能有机地结合起来从而起到事半功倍的效果。

三、员工培训需求分析的方法

根据"二八原理",培训组织工作80%的时间需要用在培训需求分析与培训计划阶段。成功的培训需求分析需要采用合理有效的方法,常用的需求分析方法一般有观察法、问卷法、访谈法、测验法以及关键事件法。

1. 观察法

观察法要求调查者亲自到员工工作岗位上去了解员工的具体情况,通过与员工一起工作,观察员工的工作技能、工作态度,了解他们在工作中遇到的问题。使用观察法的时候,调查者应避免在正式的场合下进行,否则容易造成被观察人员的紧张及不适应。观察法所用的观察记录表的样式如表6-1所示。

表 6-1　　　　　　　　　　　　　　观察记录表

观察对象：		部门：	岗位：
观察地点：		观察时间：	
观察内容		记录	评价
工作态度			
工作方法			
工作熟练程度			
工作制度遵守			
工作沟通与协作			
灵活性与创新性			
工作效率			
工作完成情况			
时间管理			
突发事件应对			
备注：			
记录人：		记录时间：	

2. 问卷法

问卷法是通过将一系列问题编制成问卷,发给培训对象填写之后再收回分析,以此来获得有关需求信息并进行分析的方法。问卷法是现今收集资料最常用且最有效的一种分析方式。运用问卷法进行培训需求分析,可以遵循以下步骤,如表 6-2 所示。

表 6-2　　　　　　　　　　　　　问卷法的实施步骤

步骤	内容	说　明
1	制定计划	明确调研目标及任务,并具体化,调研才能紧紧围绕目标展开
2	编制问卷	问卷是基本分析工具,通常采用选择题和问答题的方式(如表 6-3 所示)
3	收集数据	发放问卷,并组织回收、整理
4	处理数据	统计数据,将问题进行汇总、分析
5	得出结论	根据分析结果得出结论,编写调研报告,提交调查结果

在设计调查问卷的问题时,应注意以下几个问题:

(1) 问题尽量简短,并注意使用简单的、固定用法的术语,避免使用读者不了解或者容易引起歧义的名词。

(2) 一个问题只涉及一件事情,避免"结构复杂"的问句。

(3) 题目设计要简单,不要使作答者进行计算或逻辑推理。

(4) 避免出现诱导答案的问题,保证作答者完全陈述自己的观点。

培训需求问卷样表如表 6-3 所示。

表 6-3　　　　　　　　　培训需求问卷样表

姓名：		部门：			岗位：	
您对现在岗位的工作程序	非常熟悉	比较熟悉	一般	不太熟悉	很不熟悉	
您对本行业的新知识	非常熟悉	比较熟悉	一般	不太熟悉	很不熟悉	
以您现有的知识，您对您现在的工作	非常熟悉	比较熟悉	一般	不太熟悉	很不熟悉	
备选课程	培训需要程度					
	很高	高	中	低	不需要	
专业知识						
专业技能						
创新性思维						
目标管理						
成本管理						
时间管理						
沟通与表达技能						
会议管理与技巧						
团队领导与协作						
商业礼仪						
办公室自动化						
心态培养和压力管理						
潜能开发						
					日期：	

备注：填表时在对应的内容下面用"√"标明。

3．访谈法

访谈法是调查者针对某一特定目的，通过与调查对象面对面的谈话方式了解情况，收集所需要资料的方法。访谈的形式可以根据访谈对象和内容而进行灵活变化。在使用访谈法时，应提前对所访谈对象及性质、内容有充分的准备，并在谈话时进行必要的记录以确保收集到所需要的信息。访谈法的实施步骤如表 6-4 所示。

表 6-4　　　　　　　　　　　　　访谈法的实施步骤

步骤	内容	说　明
1	访谈计划	确定访谈目的、项目,准备相关资料,确定相关人员名单
2	访谈预演	进行访谈练习,总结经验,发现问题并及时更正
3	访谈开始	向访谈对象作简单介绍,营造适合交流的访谈氛围
4	收集数据	通过向访谈对象提问获得信息,基本工具为访谈记录表(如表6-5所示)
5	访谈结束	对访谈内容进行小结并让访谈对象确认,重问没有充分回答的问题
6	访谈总结	整理访谈记录表,总结访谈记录并收集归档
7	访谈综合	对访谈资料进行总结,综合访谈中的发现及结论

表 6-5　　　　　　　　　　　　　　访谈记录表

访谈对象:	职位:
访谈人:	访谈时间:
具体问题	访谈记录
员工的性格特征、个人素质如何	
员工特别出色的知识、技能表现在什么方面	
员工特别需要学习的知识和技能有哪些	
员工对工作的热忱、关心度如何	
员工有望取得的成绩或者晋升的职务	
对员工参加培训的意见和建议	
其他需要说明的内容	
备注:	
记录人:	日期:

4. 测验法

测验法是采用一套标准的统计分析量表,对企业中各类人员的技术知识熟悉程度、观念、素质等进行评价的方法,根据评价结果来确定培训需求。在使用这个方法时应注意控制题目的数量,以确保测验出员工真实的水平。

5. 关键事件法

关键事件法是在员工工作的过程中,通过观察,记录组织内部或外部发生的对员工或客户影响较大的事件,以此来收集信息,确定培训需求的方法。采用这种方法往往需要耗费大量的时间来观察员工以免漏下那些关键的事件。但是由于关键事件的偶然性,如果不能完全了解情况,容易导致调查人员以偏概全,分析结果出现偏差。表6-6给出了关键事件法的工具示例。

表 6-6　　　　　　　　　　　关键事件收集表

员工姓名：		部门：		岗位：	
访问者：		访问时间：		访问地点：	
访问背景陈述：					
访问内容及其描述	工作中遇到哪些重要事件				
	事件发生的情境				
	采取了怎样的应对行动				
	事件结果				
	经验教训				
分析及评价	导致事件发生的原因和背景				
	员工的特别有效或多余的行为				
	关键行为的后果				
	员工自己能否支配或控制上述后果				
	员工事件处理欠缺的方面				
备注：					
制表人：				日期：	

培训需求分析方法的选择主要取决于培训本身的要求,企业必须首先依据自身条件,再结合各方法的优点和缺点,最后确定培训需求的分析方法。这里给出 3 个建议,见表 6-7。

表 6-7　　　　　　　　确定培训需求分析方法的 3 点建议

建　　议	说　　明
多种方法混合使用	选择两种或多种方法进行组合,可以弥补缺点,提高效果
允许自由意见	允许培训对象就他们认为重要的问题自由发表意见
做好充分准备	分析进行之前一定要明确目标,找准关键数据和关键人

不同的企业使用培训需求分析方法的侧重点也有所不同。例如,一个 20 人的小企业通过访谈就可以知道每个员工的基本培训需求和岗位差距;而一个 2 000 人的企业的培训需求调查靠访谈却很难实现,而用问卷法则更为容易,也更能了解到普遍情况。因此,企业在实际操作中,可以结合自身特点,综合利用各种方法进行培训需求分析,得出培训需求结论。

四、员工培训需求分析流程

企业培训需求分析流程主要分为以下六个步骤。

1. 制定年度培训计划

年度培训计划在每年年初根据公司本年经营目标以及政府相关部门对公司、员工的行业规范要求予以制定。年度培训计划的主要内容包括本年年度公司计划参与培训的员工人数及其职位分布状况、本年年度用于培训的预算经费、可能会涉及的培训课程内容、需要达到的培训目标等要素。参与年度培训计划制定的主要是公司高层，包括董事会、总经理、副总经理等，此外，人力资源部经理也要加入年度培训计划制定的工作中，负责计划的撰写。

2. 收集培训需求

企业培训需求的收集可以采用员工自愿申报的方式进行，各部门员工根据自身情况，在规定的时间内将自己的培训需求书面提交给部门经理，然后由部门经理进行整理后提交给人力资源部，部门经理个人以及其他中高层员工的培训需求则直接提交给人力资源部。此外，也有企业先采用问卷的形式调查培训需求状况，从上而下地收集培训需求信息。

3. 审查培训需求

企业根据收集培训需求的情况，筛选出有效需求。筛选的标准主要是该需求是否符合公司的年度培训计划。

4. 编制培训方案

企业以年度培训计划作为指导，将通过审查后的培训需求作为重要参考，进行培训方案的编制。企业的年度培训计划主要是从宏观角度对公司的培训工作提出指导，而培训方案则包括培训实施的具体信息，如培训的内容、时间、场所、方法、培训师来源、所需经费等。不同的培训课程需要编制不同的培训方案，以作为培训实施的依据。因此，培训方案需要具备专业的人力资源管理相关知识和熟悉公司培训状况的员工来编制，公司的培训方案编制主要由人力资源部的培训专员负责。

5. 报审

人力资源部将编制好的培训方案上报至总经理处，等待总经理审批。总经理根据公司发展现状、培训计划的切合情况以及培训资金使用状况，对培训方案的可行性进行审查，并予以批复。如果培训方案被驳回，则需要对培训方案作进一步调整，从而对培训需求进行进一步筛选。此步骤的参与者主要是企业总经理。

6. 实施培训

这是培训需求分析的最后一步，也是培训项目实施的开始。经过总经理批准的培训方案回传给人力资源部，人力资源部则根据总经理批复，按照培训方案的要求组织相关部门人员进行培训项目的实施。

培训需求分析作为企业员工培训的首要和必经环节，是其他培训活动的前提和基础，是实现培训目标的保证。因此，明确培训需求分析的内容，掌握培训需求分析的方法及流程，对于培训事业具有相当大的现实意义。

第三节　培训技术与方法的选择

一、直接传授型培训方法

直接传授型培训方法适用于知识类培训，主要包括讲授法、专题讲座法和研讨法等。

（一）讲授法

讲授法是指教师按照准备好的讲稿系统地向受训者传授知识的方法。它是最基本的培训方法，适用于各类学员对学科知识、前沿理论进行系统了解。该方法主要有灌输式讲授、启发式讲授、画龙点睛式讲授三种方式。讲课教师是讲授法成败的关键因素。

讲授法的优点：传授内容多，知识比较系统、全面，有利于大面积培养人才；对培训环境要求不高；有利于教师的发挥；学员可利用教室环境相互沟通，也能够向教师请教疑难问题；员工平均培训费用较低。

讲授法的局限性：传授内容多，使学员难以完全消化、吸收；单向传授不利于教学双方互动；不能满足学员的个性需求；教师水平直接影响培训效果，容易导致理论与实践相脱节；传授方式较为枯燥单一。

（二）专题讲座法

专题讲座法形式上和课堂教学法基本相同，但在内容上有所差异。课堂教学一般是系统知识的传授，每节课涉及一个专题，接连多次授课；专题讲座是针对某一个专题知识，一般只安排一次培训。这种培训方法适合管理人员或技术人员了解专业技术发展方向或当前热点问题等。

专题讲座法的优点：培训不占用大量的时间，形式比较灵活；可随时满足员工某一方面的培训需求；讲授内容集中于某一专题，培训对象易于加深理解。

专题讲座法的局限性：讲座中传授的知识相对集中，内容可能不具备较好的系统性。

（三）研讨法

研讨法是指在教师引导下，学员围绕某一个或几个主题进行交流，相互启发的培训方法。

1. 研讨法的类型

1）以教师或受训者为中心的研讨

以教师为中心的研讨从头至尾是由教师组织，教师提出问题，引导受训者作出回答。教师起着活跃气氛，使讨论不断深入的作用。讨论的问题除主题本身外，有时也包括由受训者的回答引出的问题。讨论也可以采用这种形式，教师先指定阅读材料，然后围绕材料提出问题，并要求受训者回答。研讨结束后，由教师进行总结。

以受训者为中心的研讨常常采用分组讨论的形式。有两种方法：一是由教师提出问题或任务，受训者独立提出解决办法；二是不规定研讨的任务，受训者就某议题进行自由讨论，相互启发。

2）以任务或过程为取向的研讨

任务取向的研讨着眼于达到某种目标，这个目标是事先确定的。即通过讨论弄清某一个或几个问题，或者得出某个结论，组织这样的研讨需要设计能够引起讨论者兴趣、具有探索价值的题目。过程取向的研讨着眼于讨论过程中成员之间的相互影响，重点是相互启发，进行信息交换，并增进了解，加深感情。任务或过程取向的研讨既能得出某个结论，又能达到相互影响的目的，这需要对讨论进行精心的组织。例如，先分成小组讨论,由小组内进行充分的交流,意见达成一致;然后由小组推举一人在全体学员的讨论会上发言。

2. 研讨法的优点

(1) 多向式信息交流。在讨论过程中,教师与学员间、学员与学员间相互交流、启发和借鉴,及时反馈,有利于学员取长补短,开阔思路,促进自身能力的提高。

(2) 要求学员积极参与,有利于培养学员的综合能力。研讨法要求在调查准备的基础上,就研讨内容提出自己的观点,找出解决办法,因而学员必须独立思考,收集、查阅各种资料,分析问题,并用语言表达,同时还要能判断评价别人的观点并及时做出反应。

(3) 加深学员对知识的理解。通过对实际问题的研究、讨论,为学员提供了运用所学知识的机会,加深了学员对原理知识的理解,提高了其运用能力,并激发其进一步学习的动力。

(4) 形式多样,适应性强,可针对不同的培训目的选择适当的方法。

3. 研讨法的难点

(1) 对研讨题目、内容的准备度要求较高。

(2) 对指导教师的要求较高。

4. 选择研讨题目注意事项

(1) 题目应具有代表性、启发性。

(2) 题目难度要适当。

(3) 研讨题目应事先提供给学员,以便让他们做好研讨准备。

二、实践型培训方法

实践型培训方法简称实践法,主要适用于以掌握技能为目的的培训。

实践法是通过让学员在实际工作岗位或真实的工作环境中亲身操作来体验知识、技能的培训方法,在员工培训中应用最为普遍。这种方法将培训内容和实际工作直接相结合,具有很强的实用性,是员工培训的有效手段。适用于从事具体岗位所应具备的能力、技能和管理实务类培训。

实践法有很多优点:经济,受训者边干边学,一般无需特别准备教室及其他培训设施;实用、有效,受训者通过实干来学习,使培训的内容与受训者将要从事的工作紧密结合,而且受训者在实践的过程中,能迅速得到关于他们行为的反馈和评价。实践法有以下几种常用方式。

(一) 工作指导法

工作指导法又称教练法、实习法,是指由一位有经验的工人或直接主管人员在工作岗位上对受训者进行培训的方法。指导教练的任务是教导受训者如何做,提出如何做好的建议,并对受训者进行激励。

工作指导法的优点是应用广泛,可用于基层生产工人培训,如让受训者通过观察教练工作和实际操作,掌握机械操作的技能。它也可用于各级管理人员培训,让受训者与现任管理人员一起工作,后者负责对受训者进行指导,一旦现任管理人员因退休、提升、调动等原因离开岗位时,训练有素的受训者便可立即顶替,如设立助理职务培养和开发企业未来的高层管理人员。这种方法并不一定要有详细、完整的教学计划,但应注意培训的要点:一是关键工作环节的要求;二是做好工作的原则和技巧;三是必须避免、防止的问题和错误。

(二) 工作轮换法

工作轮换法是指让受训者在预定时期内变换工作岗位,使其获得不同岗位的工作经验的培训方法。以管理岗位的工作轮换培训为例,让受训者有计划地到各个部门学习,如生产、销售、财务等部门,在每个部门工作几个月,实际参与所在部门的工作,或仅仅作为观察者,以了解所在部门的业务,扩大受训者对整个企业各环节工作的了解。

工作轮换法的优点:①能丰富受训者的工作经验,增加其对企业工作的了解;②使受训者明确自己的长处和弱点,找到适合自己的位置;③改善部门间的合作,使管理者能更好地理解相互间的问题。

工作轮换法的不足:工作轮换法鼓励"通才化",适用于一般直线管理人员的培训,不适用于职能管理人员。

(三) 特别任务法

特别任务法是指企业通过为某些员工分派特别任务而对其进行培训的方法,此法常用于管理培训。其具体形式如下。

1. 委员会或初级董事会

这是为有发展前途的中层管理人员提供的,是一种培养分析全公司范围问题的能力,提高决策能力的培训方法。一般"初级董事会"由10～12名受训者组成,受训者来自各个部门,他们针对高层次的管理问题,如组织结构、经营管理人员的报酬、部门间的冲突等提出建议,并将这些建议提交给正式的董事会,通过这种方法为这些管理人员提供分析公司高层次问题的机会。

2. 行动学习

这是让受训者将全部时间用于分析、解决其他部门而非本部门问题的一种课题研究法。由4～5名受训者组成一个小组,定期开会,就研究进展和结果进行讨论。这种方法为受训者提供了解决实际问题的真实经验,可以提高他们分析、解决问题,以及制定计划的能力。

(四) 个别指导法

个别指导法和我国以前的"师傅带徒弟"或"学徒工制度"相类似。目前我国仍有很多企业在实行这种"传帮带"的培训方式,主要是通过资历较深的员工的指导,使新员工能够迅速掌握岗位技能。

个别指导法的优点:①新员工在师傅的指导下开始工作,可以避免盲目摸索;②有利于新员工尽快融入团队;③可以消除刚从高校毕业的受训者开始工作时的紧张感;④有利于企业优良传统工作作风的传递;⑤新员工可从指导人处获取丰富的经验。

个别指导法的缺点:①为防止新员工对自己构成威胁,指导者可能会有意保留自己的经验、技术,从而使指导浮于形式;②指导者本身水平对新员工的学习效果有极大影响;③指导者不良的工作习惯会影响新员工;④不利于新员工的工作创新。

三、参与型培训方法

参与型培训方法是调动培训对象积极性,让其在培训者与培训对象双方的互动中学习的方法。这类方法的主要特征是每个培训对象都积极参与培训活动,从亲身参与中获得知识、技能,掌握正确的行为方式,开拓思维,转变观念。其主要形式有自学、案例研究法、头脑风暴法、模拟训练法、敏感性训练法和管理者训练法。

(一) 自学

自学适用于知识、技能、观念、思维、心态等多方面的学习。自学既适用于岗前培训,又适用于在岗培训,而且新员工和老员工都可以通过自学掌握必备的知识和技能。

自学有如下几个方面的优点:

(1) 费用低。自学只需要为自学者创造一定的学习条件或者对自学进行必要的组织,如购买书籍,而不需要聘请教师,不需要购置大件教学设备,不需要解决学员的食宿问题,因此自学的费用比课堂培训低得多。

(2) 不影响工作。与集中培训不同,自学往往是在业余时间进行,学习和工作不会发生矛盾,对工作一般不会产生影响。

(3) 学习者自主性强。自学者可根据自己的具体情况安排时间和进度,有重点地选择学习内容,自学者自主性强,可弹性安排学习计划。

(4) 可体现学习的个别差异。自学者可以对学习内容进行选择,着重学习自己不熟悉的内容。同时,自学者可按照自己习惯的方法学习。

(5) 有利于培养员工的自学能力。在信息时代,每个人都必须终身受教育,学会如何学习对于每个人都非常重要。自学的过程是学习者主动地掌握知识的过程,必然会提高学习能力。

自学有如下几个方面的缺点:

(1) 学习的内容受到限制。自学时缺少交流、演练和指点,通过交流、演练和指点才能掌握的东西显然不适合自学。

(2) 学习效果可能存在很大差异。每个员工的自学能力和主动性不同,学习效果可能存在很大差异。

(3) 学习中遇到疑问和难题往往得不到解答。在课堂培训时,教师会对重点和难点进行着重讲解,使受训者能够听懂。在自学时,学习者遇到不懂的问题可能无法得到解答。

(4) 容易使自学者感到单调乏味。在讲授时,教师一般通过生动的讲解引起学员的兴趣,营造良好的学习气氛。自学是单个进行,如果恰好学习者对学习的内容缺乏兴趣,就会产生单调、乏味的感觉。

(二) 案例研究法

案例研究法是一种信息双向性交流的培训方式,它将知识传授和能力提高两者融合到一起,是一种非常有特色的培训方法。该方法具体可分为案例分析法和事件处理法两种。

1. 案例分析法

案例分析法又称个案分析法,它是围绕一定的培训目的,把实际中真实的场景加以典型化处理,形成供学员思考分析和决断的案例,通过独立研究和相互讨论的方式,来提高学员的分析问题及解决问题的能力的一种培训方法。用于教学的案例应满足以下三个要求:内容真实;案例中应包含一定的管理问题;分析案例必须有明确的目的。

案例分析可分为两种类型。第一种是描述评价型,即描述解决某种问题的全过程,包括其实际后果(不论成功或失败)。但这只是对案例中的做法进行事后分析,以及提出"亡羊补牢"性的建议。第二种是分析决策型,即只介绍某一待解决的问题,由学员去分析并提出对策。本方法更能有效地培养学员分析决策、解决问题的能力。上述两种方法不是截然分开的,中间存在着一系列过渡状态。

2. 事件处理法

事件处理法是指让学员自己收集亲身经历的案例,将这些案例作为个案,利用案例研究法进行分析讨论,并用讨论结果来警戒日常工作中可能出现的问题。学员间通过彼此亲历事件的相互交流和讨论,可使企业内部信息得到充分利用和共享,同时有利于形成一个和谐、合作的工作环境。

事件处理法的适用范围:适宜各类员工了解解决问题时收集各种情报及分析具体情况的重要性;了解工作中相互倾听、相互商量、不断思考的重要性;通过自编案例及案例的交流分析,提高学员理论联系实际的能力、分析解决问题的能力,以及表达、交流能力;培养员工间良好的人际关系。

事件处理法的优点:参与性强,变学员被动接受为主动参与;将学员解决问题能力的提高融入知识传授中;教学方式生动具体,直观易学;学员之间能够通过案例分析达到交流的目的。

事件处理法的缺点:案例准备的时间较长且要求高;案例法需要较多的培训时间,同时对学员能力有一定的要求;对培训顾问的能力要求高;无效的案例会浪费培训对象的时间和精力。

(三) 头脑风暴法

头脑风暴法又称"研讨会法""讨论培训法"。头脑风暴法的特点是培训对象在培训活动中相互启迪思想、激发创造性思维,它能最大限度地发挥每个参加者的创造能力,提供解决问题的更多、更好的方案。

该方法的操作要点:只规定一个主题,即明确要解决的问题,保证讨论内容不泛滥;把参加者组织在一起无拘无束地提出解决问题的建议或方案,组织者和参加者都不能评议他人的建议和方案;事后再收集各参加者的意见,交给全体参加者;然后排除重复的、明显不合理的方案,重新表达内容含糊的方案;组织全体参加者对各可行方案逐一评估,选出最优方案。头脑风暴法的关键是要排除思维障碍,消除心理压力,让参加者轻松自由、各抒己见。

四、态度型培训方法

态度型培训方法主要针对行为调整和心理训练,具体包括角色扮演法和拓展训练等。

(一)角色扮演法

角色扮演法是让参加者身处模拟的日常工作环境之中,并按照他在实际工作中应有的权责来担当与实际工作类似的角色,模拟性地处理工作事务,从而提高处理各种问题的能力。这种方法的精髓在于"以动作和行为作为练习的内容来开发设想"。也就是说,学员们不是针对某问题相互对话,而是针对某问题采取实际行动,以提高个人及集体解决问题的能力。

行为模仿法是一种特殊的角色扮演法,它通过向学员展示特定行为的范本,由学员在模拟的环境中进行角色扮演,并由指导者对其行为提供反馈,它适宜中层管理人员、基层管理人员、一般员工的培训。它能使学员的行为符合其职业、岗位的行为要求,从而提高学员的行为能力,使学员能更好地处理工作环境中的人际关系。这种培训方法根据培训的具体对象确定培训内容,如基层主管指导新雇员,纠正下属的不良工作习惯等。它的操作步骤:①建立示范模型;②角色扮演与体验;③社会行为强化;④培训成果的转化与应用。

1. 角色扮演法的优点

(1) 学员参与性强,学员与教师之间的互动交流充分,可以提高学员培训的积极性。

(2) 角色扮演中特定的模拟环境和主题有利于增强培训效果。

(3) 在角色扮演过程中,学员之间需要进行交流、沟通与配合,因此可增加彼此之间的感情交流,培养他们的沟通、自我表达、相互认知等社会交往能力。

(4) 在角色扮演过程中,学员可以互相学习,及时认识到自身存在的问题并进行改正,明白自身的不足,使各方面能力得到提高。

(5) 提高学员业务能力,同时加强了其反应能力和心理素质。

(6) 具有高度的灵活性,实施者可以根据培训的需要改变受训者的角色,调整培训内容,同时,角色扮演对培训时间没有任何特定的限制,可以视要求而决定培训时间的长短。

2. 角色扮演法的缺点

(1) 因为场景是人为设计的,如果设计者没有精湛的设计能力,设计出来的场景可能会过于简单,从而使受训者得不到真正的角色锻炼、能力提高的机会。

(2) 实际工作环境复杂多变,而模拟环境却是静态的、不变的。

(3) 扮演中的问题分析限于个人,不具有普遍性。

(4) 有时学员由于自身原因,参与意识不强,角色表现漫不经心,影响培训效果。

综上所述,角色扮演法既有优点,又有不足之处,是一种难度很高的培训和测评方法。要想达到理想的培训和测评效果就必须进行严格的情景模拟设计,同时,保证角色扮演全过程的有效控制,纠正随时可能产生的问题。

(二)拓展训练

拓展训练是指通过模拟探险活动进行的情景式心理训练、人格训练、管理训练。它以外化型体能训练为主,学员被置于各种艰难的情境中。在面对挑战、克服困难和解决问题的过程中,使人的心理素质得到改善。拓展训练具体来说包括场地拓展训练和野外拓展训练两种形式。

1. 场地拓展训练

场地拓展训练是指需要利用人工设施(固定基地)的训练活动,包括高空断桥、空中单杠、缅甸桥等高空项目和扎筏泅渡、合力过河等水上项目等。场地拓展的特点有如下几个方面:

(1) 有限的空间,无限的可能。例如,训练场地的几根绳索,却是能否生存的关键,几块木板,成了架设通往成功的桥梁。

(2) 有形的游戏锻炼的是无形的思维。在培训师的引导下,利用简单的道具,让整个团队进入模拟真实的训练状态,团队和个人的优点得以凸显,问题也不同程度地暴露出来,在反复的交流回顾中,也许找到了某些想要的答案,也许为今后问题的解决提供了思路。

(3) 简便,容易实施。场地拓展训练可以在会议厅里进行,也可以在室外的操场上进行,因此它既可以作为一次单独的完整团队培训项目来开展,又能很好地和会议、酒会、其他培训相结合,使团队从以下几个方面得到收益和改善。

第一,变革与学习。项目中将会设置和日常环境中不同的困难,迫使团队以新的思维解决问题,建立新的学习和决策模式。

第二,沟通与默契。有意识地设置沟通障碍,建立团队新的沟通渠道,培养团队的默契感。

第三,心态和士气。变换环境,调整团队状态,通过新因素的刺激提升团队士气。

第四,共同愿景。在微缩的企业团队实验室中检验和明确团队的努力方向,从而在大的环境中把握正确的方向。

场地拓展训练可以促进团队内部和谐,提高沟通的效率,提升员工的积极性,对形成从形式到内涵真正为大家认同的企业文化起着明显的作用,也能作为企业业务培训的补充。

2. 野外拓展训练

野外拓展训练,是指在自然地域,通过模拟探险活动进行的情景体验式心理训练。它起源于第二次世界大战中的海员学校,旨在训练海员的意志和生存能力,后被应用于管理训练和心理训练等领域,用于提高人的自信心,培养把握机遇、抵御风险、积极进取和团队精神等素质,以提高个体的环境适应与发展能力,提高组织的环境适应与发展能力。

野外拓展训练的基本原理:通过野外探险活动中的情景设置,使参加者体验所经历的各种情绪,从而了解自身(或团队)面临某一外界刺激时的心理反应及其后果,以实现提升学员能力的培训目标。

野外拓展训练包括远足、登山、攀岩和漂流等项目。这些活动是参加者的一种媒介,使他们可以了解自身与同伴的力量、局限和潜力。

五、互联网+时代的培训方式

(一) 网上培训

网上培训,又称为基于网络的培训,是指通过企业的内部网或因特网对学员进行培训的方式。它是将现代网络技术应用于人力资源开发领域而创造出来的培训方法，它以其无可比拟的优越性受到越来越多企业的青睐。

在网上培训中，老师将培训课程储存在培训网站上，分散在世界各地的学员利用网络浏览器进入该网站接受培训。

网上培训有以下优越性：

(1) 无须将学员从各地召集到一起，大大节省了培训费用。

(2) 在网上培训方式下，网络上的内容易修改，且修改培训内容时，无须重新准备教材或其他教学工具，可及时、低成本地更新培训内容。

(3) 网上培训可充分利用网络上大量的声音、图片和影音文件等资源，增强课堂教学的趣味性，从而提高了学员的学习效率。

(4) 网上培训的进程安排比较灵活，学员可以充分利用空闲时间进行，而不用中断工作。

网上培训的缺点是：

(1) 网上培训要求企业建立良好的网络培训系统，这需要大量的培训资金，中小企业由于受资金限制，往往无法花费资金购买相关培训设备和技术。

(2) 某些培训内容不适用于网上培训方式，如关于人际交流的技能培训就不适用于网上培训方式。

(二) 虚拟培训

虚拟培训是指利用虚拟现实技术生成实时的、具有三维信息的人工虚拟环境，学员通过运用某些设备接受和响应环境的各种感官刺激而进入其中，并可根据需要通过多种交互设备来驾驭环境、操作工具和操作对象，从而达到提高培训对象的各种技能或学习知识的目的。

虚拟培训的优点在于它的仿真性、超时空性、自主性、安全性。在培训中，学员能够自主地选择或组合虚拟培训场地和设施，而且学员可以在重复中不断增强自己的训练效果，更重要的是这种虚拟环境使他们脱离了现实环境培训中的风险，并能从这种培训中获得感性知识和实际经验。

除了上面的培训方法之外，还有函授、业余进修、开展读书活动、参观访问等方法，这些方法是通过参加者的自身努力、自我约束能够完成的，公司只发挥鼓励、支持和引导的作用。

六、选择员工培训方法的程序

(一) 确定培训活动的领域

企业培训的目的和特性形成培训目标，在具体实施培训活动时要划定培训的领域。要在这些领域中有效地开展教育培训活动，就要选择恰当的技巧和方法。

对企业培训的领域进行整理和分类，并把它们与培训课程相对照，研究选择适当的培训方法和技巧，以适应培训目标所设定的领域。

(二) 分析培训方法的适用性

培训方法是为了有效地实现培训目标而挑选出的手段和方法。它必须与培训需求、培训课程、培训目标相适应,同时,它的选择必须符合培训对象的要求。

(三) 根据培训要求优选培训方法

每一种培训方法都有它的长处与短处,以及一定的适用领域。优选培训方法,即选择最优的培训方法,也就是要选最合适的培训方法。优选培训方法应考虑以下几点要求:

第一,保证培训方法的选择要有针对性,即针对具体的工作任务来选择。

第二,保证培训方法与培训目的、课程目标相适应。

第三,保证选用的培训方法与受训者群体特征相适应。分析受训者群体特征可使用以下参数:

(1) 学员构成,在目标参数条件既定的情况下,学员构成这一参数通过学员的职务特征、技术心理成熟度与学员个性特征三方面来影响培训方式的选择。

(2) 工作可离度,当学员工作可离度低时,进行集中培训会影响其业务的开展;当学员工作可离度高时,企业可以根据其他条件对培训方式进行选择。

(3) 工作压力,当企业中员工的工作压力很大,内外部竞争激烈时,即使企业不组织集中正式培训,员工也会为了提高自己的竞争实力而去自学,此时适合采用控制力较弱的学习方式;当企业中员工的工作压力较小时,由于其控制力弱,员工的学习惰性往往会导致培训的失败,因而此时适合正式的培训,如目前企业在制度中对员工的职业资格、素质标准做出硬性规定,通过对员工施加制度压力的方式来促进企业内学习风气的养成。

第四,培训方式方法要与企业的培训文化相适应。

第五,培训方法的选择还取决于培训的资源与可能性(设备、花销、场地、时间等)。

第四节 培训计划的制定与实施

在培训需求分析的基础上,就要拟定培训方案并组织实施。该阶段是整个培训活动的核心环节,其完成的质量如何会影响整个培训的效果。培训方案的设计具体包括设计课程、选择培训方式及准备培训条件(人员、资金、设备及场地等资源)等。它是培训活动据以进行、用以指导和规范具体培训活动的行动指南。

一、培训计划的制定

培训计划一般应包括以下几个方面的内容。

(一) 确立培训目标

根据培训需求分析结果,指明员工接受培训后组织期望达到的效果。具体来说,培训目标要明确说明预期课程结束后,学员可以拥有哪些知识、信息及能力。培训目标为培训计划提供方向,为确定培训对象、内容、时间、教师、方法等具体内容提供依据,同时还可以作为培训结束后评估培训效果的依据。

(二) 安排课程计划

根据培训对象及培训目标的要求,确定培训项目的形式、学制及课程设置,拟定培训大纲及具体内容,选择教科书与参考教材、任课教师、培训器材与设施,为学员提供集体的日程安排和详细的时间安排,主要包括安排课程内容及时间、选择培训教师、挑选培训教材、准备培训设备这 4 个方面。

(三)安排课程内容及时间

以书面形式详细描述培训课程的主要内容及时间使用的计划,如表 6-8 所示。

表 6-8　　　　　　　　　　培训课程安排

项　目	ISO 9000 中统计技术的应用		
项目内容	控制图		
课程内容	了解控制图的原理和方法		
学习目的	准确应用控制图解决质量问题		
目标学员	质量管理人员		
先决条件	具备基本的数理统计知识,了解正态分布		
培训教师	熟悉统计技术原理及其在工厂质量管理中的运用		
所需资料设备	幻灯片、投影仪、铅笔		
备注	在培训前三周发详细资料		
课程活动内容	培训教师活动	学员角色	时间安排
1. 介绍各种控制图原理和方法及其应用	主讲	听讲	上午 9:00~11:00
2. 生产一线体验学习	辅助	参与	下午 2:00~4:00
3. 结束	回答	参与	下午 4:30~5:30

1. 选择培训教师

在员工培训中,培训教师的优劣在很大程度上决定了培训的质量,因此,选择一位优质的培训教师十分重要。该培训师既要有丰富的理论知识,又要有具体的实践活动,同时还要有良好的人际沟通协调能力。培训教师的选择可以通过内部培养和外部聘请的途径来解决。

2. 挑选培训教材

教材可分为书面教材及影像资料。书面教材来源于公开出售的教材、本组织内部的书面材料、培训公司及培训教师编写的教材;影像资料主要来源于外部,成本较高,针对性有所欠缺。

3. 准备培训设备

根据培训的内容及活动安排,事先由专人负责准备好培训所需的设备器材,如电视机、投影仪、屏幕等。培训设备的配备一般来说是与培训场所相匹配的,因此,多数情况下在选择培训场地时应同时考虑设备器材。除非是特殊的培训,需要一些特殊的设备,才由培训组织自己设法配备。

(四)设计培训方法

根据学员特点(知识层次、岗位类型等)、培训内容及条件许可,选择若干方法组合使用,以取得良好的培训效果。培训方法有很多种可供选择,如讲授法、案例法、视听技术法、角色扮演法、网络培训法等,这些方法各有优缺点,各有适用条件。因此,在使用时应采取以一两种方法为重点、多种方法组合运用的方式。

(五)预估培训成本

培训成本是指企业在员工培训过程中所发生的一切费用,包括培训之前的准备工作、培训的实施过程以及培训结束之后的效果评估等各项活动的各种费用,培训成本包括直接培训成本和间接培训成本。

直接培训成本是指在培训组织实施过程中,直接用于培训者与受训者的一切费用的总和。如培训教师的费用,学员往来交通、食宿费用,教室设备租赁费用,教材印发、购置费用,以及培训实施过程中的其他各项费用等。

间接培训成本是指在培训组织实施过程中,间接用于培训者与受训者的一切费用的总和。如培训项目的设计费用、培训项目的管理费用、培训对象受训期间的工资福利,以及培训项目的评估费用等。

(六)确定培训地点

培训地点应当是舒适、安静、交通便利的,并且应配有教学的一般工具。在选择培训场地时需要综合考虑视觉效果、听觉效果、温度控制、教室大小及形状、座位安排、生活条件等。

(七)选择培训时间

依据培训内容的难易程度和培训所需总时间合理确定时间。一般而言,内容相对简单的短期培训,可以采用集中学习的形式;内容复杂较难的培训,可以采用分散学习的形式。

二、培训计划的实施

(一)落实培训场所与设施

培训场所和培训设施对培训和开发的效果有着重要的影响,因此,人力资源部和其他相关部门必须在组织实施培训前落实培训所需的场所和设施,做好培训环境的布置工作。

培训场所主要包括教室、车间、培训中心、专门培训基地、宾馆的会议室、室外空地等;培训设施主要有桌、椅、黑板、麦克风、笔记本、投影仪、教材、模型、幻灯机等。

选择合适的培训场所或培训地点,对培训者和受训者而言都是非常重要的。由于目前很多培训都是在室内进行的,因此,在选择室内培训场所时需要考虑以下一些事项。

1. 参加培训的人数

参加培训的人数基本上决定了培训的地点。狭小拥挤的培训现场无法营造良好的培训氛围。同样,空间太大而人员太少,培训效果同样会大打折扣。

2. 培训场所的空间大小

培训场所的空间大小要足够容纳培训的人数,并且能够适合桌椅的各种摆放,以利于营造良好的学习氛围。

3. 灯光

培训教室的灯光一定要合适,要既能让学员看清培训演示的内容,又能让学员记笔记。当然,光线强度究竟达到何种程度为宜,有待培训师的调节。

4. 环境的噪声

干扰或噪声会分散学员的注意力,因此,要尽可能选择隔音效果较好的房间或远离噪音的场所,以免影响课堂培训的效果。

5. 服务设施

培训组织部门应该安排好各种服务设施,如休息室、饮用水和卫生间等,做好培训的后勤保障工作。

6. 其他

其他一些因素也是非常重要的,如音响设备的效果、通风状况、空调的调制、交通便利状况、摆放资料的储藏间等。

舒适美观的培训场所有着积极的心理暗示作用,它对培训氛围的营造和学员学习兴趣的提升都起到了非常重要的作用,因此,人力资源部一定要慎重选择培训场所并做好环境的合理布置。

当然,培训设施的选择也非常重要,借助它可以使培训形式更加灵活多样,培训效果更易达到。但究竟选择何种培训设施,这主要取决于培训的内容和培训的人数。一般而言,像展示架、投影仪、电脑、白板、麦克风还是比较常见的。

(二) 备齐各种培训资料

培训与开发需要的资料包括培训教材、培训授课计划表、培训须知、培训考核办法、培训师简介、学员名册等,这些资料必须在正式实施培训前印发给学员和培训师,以保证学员和培训师对此次培训有一个正确的认识,并做好各项准备。

在培训与开发所涉及的各项资料当中,培训教材的准备非常重要,它必须要和培训内容以及培训课程高度一致,符合培训的目的和目标,否则,培训的最终效果肯定无法实现。一般而言,企业选择的培训教材可以是培训师的讲义,也可以是公司自编的教材,或者改编自别人的教材,或者直接利用培训机构开发的教材等,但不管选择何种教材形式,最好事先和培训师进行沟通,听取培训师的意见。

当然,如果培训的地点选择在酒店或室外培训基地,人力资源部还应该备齐一些风险防范手册或相关行为规范等。

(三) 签订培训与开发的相关协议

培训与开发涉及公司的利益,为保证培训的效果,在正式实施前必须要和培训师或培训机构签订相关的培训与开发协议,明确双方的责任、权利和义务,寻求法律上的支持和保护。当然,有的企业为防止培训之后出现受训者辞职跳槽的现象,也可以与受训者签订相应的培训协议,明确企业与受训者的责任、权利与义务,最大限度地避免自身利益受损。除此之外,企业可能还需要与提供租赁场地、租借设备的酒店或机构签署相关的租赁协议。

(四) 制定相应的培训与开发制度

培训与开发的实施需要相应的制度来保证。一般而言,培训与开发的制度主要包括奖惩制度、培训员工管理制度、培训师管理制度、培训质量跟踪监控制度、培训档案管理制度、预算审批制度、培训效果评估制度等。企业在组织实施培训时,应严格按照培训制度的规定,对培训进行管理、监督与控制,以保证培训向着培训计划预定的目标迈进。当然,培训与开发制度必须要根据培训目的、培训内容和企业实际事先拟好。

（五）作好培训介绍

很多企业在正式实施培训时,都会有一个开班仪式或开幕式,在开班仪式或开幕式上,培训负责人或培训组织者都会对本次培训与开发项目进行介绍,以便让培训学员对培训有一个大致的了解,推动培训与开发活动的顺利开展。

培训介绍是正式实施培训活动的重要步骤,一般包括对培训项目的介绍、课程或培训内容的介绍、培训师的介绍或培训机构的介绍、相关的管理规则介绍以及学员需要注意的其他事项等。为活跃培训气氛,可能还包括学员彼此之间的介绍等。

当然,人力资源部和其他相关部门还需要做好经费的支取,以保证及时付清相关费用,做好培训后的评估准备工作等。除此之外,人力资源部和其他相关部门还应做好培训过程中的管理、监督与控制,以保证培训与开发的顺利实施。

第五节　员工培训效果评估

员工培训是人力资源管理的重要内容,通过培训能持续提升员工的知识、技能与工作态度,从而为企业战略的实施提供强有力的人才保障,为企业在市场竞争中赢得竞争优势。培训效果评估是培训的最后一个环节,科学的培训效果评估对于企业了解培训投资的收益、界定培训对组织的贡献有着重要的作用。

一、培训效果评估的含义

培训效果是指企业和受训者从培训中获得的收益。对于企业来说,培训效果是因进行了培训而获得的绩效和经济效益的提升;对于受训者来说,培训效果是通过培训学习到的各种新知识和新技能、培训所带来的绩效的提高和获得担任更高级职务的能力。

培训效果评估是一个系统地收集有关人力资源开发项目的描述性和评判性信息的过程,其目的是帮助企业在选择、调整各种培训活动以及判断其价值的时候作出更明智的决策。培训效果评估是一个完整的培训流程的最后环节,它既是对整个培训活动实施成效的评价和总结,又是后续培训活动的重要凭证,为后续培训活动需求的确定和培训项目的调整提供了重要的依据。

二、培训成果的层级体系

美国培训专家柯克帕特里克提出了划分培训成果的四个基本层级的框架体系。他认为,第一层级是受训者对培训的反应,第二层级是受训者的学习收获,第三层级是受训者态度、行为的变化,第四层级是受训者的实际成果。第一层级和第二层级的培训成果信息是在受训者返回工作岗位之前,在培训过程中收集的;而后两个层级的培训成果信息是在受训者培训之后，在工作实践活动过程中取得的。因此，在建立培训效果评估标准时，对四个层级培训效果的考评内容和重点也就十分清晰、明确了。培训效果评估的四个基本层级见表6-9。

表6-9　　　　　　　　　　培训效果评估层级

评估层级		评估内容
1	反应评估	受训者对培训的满意程度
2	学习评估	受训者在知识、技能、态度、行为方式等方面的学习收获
3	行为评估	受训者在工作过程中态度、行为方式的变化和改进
4	成果评估	受训者在一定时期内取得的生产经营或技术管理方面的业绩

（1）反应评估。即测定受训者对培训项目的反应，主要了解培训对象对整个培训项目的某些方面的意见和看法。这个指标带有一定的主观性和片面性，只能作参考，不能作为评价的结果。

（2）学习评估。即测定受训者对所学的原理、技能、态度的理解和掌握程度。这项指标可以用培训后的考试、实际操作测试来考查。

（3）行为评估。即测定受训者经过培训后在实际岗位工作中行为的改变，以判断所学知识技能对其实际工作的影响。这是一项考查培训效果的最重要的指标。

（4）成果评估。即测定受训者对企业经营成果具有何种具体而直接的贡献，可以用统计方法、成本效益分析法来测定。

三、培训效果评估方法

常用的培训效果评估方法有以下几种。

（一）测验法

这是对知识类内容培训效果评价的最好方法。具体做法是在培训结束时让受训者通过答卷、实际操作的方式，考查他们对培训内容的掌握情况。如果受训者考试成绩好，则说明培训效果好；否则，说明培训效果不好。

（二）工作绩效评价法

这是一种跟踪性质的考察方法。因为受训者的工作绩效要经过一段时间才能表现出来，所以培训结束后，每隔一段时间（如3～6个月），要以书面或面谈的形式，向受训者的上司及同事了解受训者在工作上取得的成绩，如工作产量有无增加，工作效率是否提高等。一般来说，在评价时应尽量采用定量的指标，以便比较、衡量。

（三）工作态度考查评价法

这也是一种跟踪性质的考查方法。在受训者结束培训后，以书面或面谈的方式向受训者的上司及同事了解受训者的工作态度、工作责任心、组织纪律性等方面是否有所改善。这项考查一般都采用相对指标来衡量，很难用数量指标来反映。

（四）同类员工比较法

通过比较受训者和未受训者的工作，以比较的结果对培训效果进行评价。如果两者在同样的工作上,在培训前工作成绩相差无几,而其中一个人经过培训后的工作成绩明显变好,则表明培训具有成效;否则,就说明培训效果欠佳。

(五)行为观察法

行为观察法是指观察者选择观察方法,设计并利用观察工具对观察对象进行观察评估的方法。它能够向学员当场反馈学习进展,考核培训后学员的能力,测量和评价学员培训前后的行为变化。

(六)测评软件法

随着人力资源管理研究的不断发展,科学的个人工作能力与技巧测评软件也有了很大的进步,它在一定程度上将人才测评量化。但是不能否认的是,它毕竟是软件,特别是在决定意识和社会经济不断发展的情况下,它的局限性也是明显的。

四、培训评估常用工具示例

反应层次评估—小组讨论访谈提纲、行为层次评估—行为评价量表(自我评估)、行为层次评估—行为评价量表(下属评估)、培训评估报告表分别如表6-10、表6-11、表6-12、表6-13所示。

表6-10　　　　　　　　反应层次评估—小组讨论访谈提纲

属性	问题内容
一般性问题	1. 经过本次培训课程,您最大的收获是什么
	2. 在培训之前您有什么期望?您觉得本次培训达到您的期望了吗
	3. 您觉得本次培训课程最需要改进的地方在哪里?怎么进行改进
细节性问题	1. 本次培训课程的培训目标是否清晰明确
	2. 本次培训课程的培训内容是否实用
	3. 本次培训课程的培训教材有无需要改进的地方
	4. 本次培训课程运用的培训课件是否有效
	5. 本次培训课程采取的培训方法是否恰当有效?能否有助于您对培训内容的理解
	6. 您对本次培训课程的培训讲师的评价如何
	7. 培训讲师是否表现出对培训内容的精深把握
	8. 培训讲师的培训技能如何?有哪些亟待提升的方面
	9. 本次培训课程的时间安排、进度是否合理?有没有控制不当的情况
	10. 您对本次培训的组织有什么评价?有没有什么安排不周到的地方
	11. 本次培训的培训环境是否舒适?您对培训设备是否满意
	12. 您对本次培训的食宿安排、交通安排是否满意

学员根据自己平时在以下行为方面出现的频率、投入的时间多少,在每一个行为项目后选择最符合自己情况的选项。

表 6-11　　　　　　　行为层次评估—行为评价量表（自我评估）

行　为　项　目	投入的时间和关注的程度				
	1	2	3	4	5
1. 接触和了解员工					
2. 倾听员工					
3. 对下属好的行为给予表扬					
4. 和员工谈论有关其生活、家庭的话题					
5. 征询下属意见					
6. 和新员工沟通过去的工作经历					
7. 帮助员工建立与其他同事的联系					
8. 当下属工作出现失误时，能及时指出并帮助其改进					
9. 在工作中创造机会锻炼下属					
……					

注：1＝基本不关注，2＝关注一些，3＝一般关注，4＝比较关注，5＝非常关注。

作为被评估人的直接下属员工，请判断被评估人在下列各项行为中的表现在多大程度上符合行为描述，并根据你认为的表现程度选择相应的选项。

表 6-12　　　　　　　行为层次评估—行为评价量表（下属评估）

行　为　项　目	投入的时间和关注的程度				
	1	2	3	4	5
1. 经理对我的工作很了解					
2. 经理愿意花时间听我反映问题和意见					
3. 当我工作做出成绩时，经理都及时赞扬我					
4. 经理关心我的工作/生活平衡问题					
5. 经理在工作中会主动征求我的想法和意见					
6. 经理会主动地和我讨论我的经验和特长					
7. 经理会鼓励和帮助我与其他同事的合作					
8. 经理会指出并帮助我改进工作中的失误					
9. 经理会给我提供足够的工作锻炼机会					
……					

注：1＝基本不关注，2＝关注一些，3＝一般关注，4＝比较关注，5＝非常关注。

表 6-13　　　　　　　　培训评估报告表

培训项目名称		培训对象	
培训日期		培训单位	
培训目标		预期效果	
培训内容			
培训类型	A 新员工培训　B 管理人员培训　C 技术人员培训		
教材来源	A 讲师推荐　B 培训者自备		
培训方法			
培训方式	A 在职培训　B 职外培训　C 企业内讲授　D 企业外讲授		
培训费用	A 人事(　　)　B 器材(　　)　C 杂费(　　)		
培训结果运用情况			
培训的意义和局限			
改进意见			

思考与练习

一、基本概念
培训与开发　培训效果评估　拓展训练　头脑风暴法

二、单项选择题

1. (　　)是整个培训与开发工作开展的基础。
   A. 培训需求分析　　　　　　　　B. 培训计划制定
   C. 培训实施　　　　　　　　　　D. 培训评估反馈

2. 培训需求信息收集的(　　)是一种最原始、最基本的工具之一,其优点在于培训者与培训对象亲自接触,对他们的工作有直接地了解。
   A. 问卷法　　　B. 观察法　　　C. 访问法　　　D. 记录法

3. 在进行需求分析时,可以按需求的主体将其划分成两个层次,即(　　)。
   A. 社会需求与个人需求　　　　　B. 组织需求和个人需求
   C. 组织需求与社会需求　　　　　D. 工作需求与社会需求

4. (　　)是围绕一定的培训目的,把实际中真实的场景加以典型化处理,形成供学员思考分析和决断的案例,通过独立研究和相互讨论的方式来提高学员的分析及解决问题的能力的一种培训方法。
   A. 案例分析法　　　　　　　　　B. 事件处理法
   C. 头脑风暴法　　　　　　　　　D. 专题讲座法

5. (　　)是培训的最后一个环节,对于企业了解培训投资的收益、界定培训对组织的贡献有着重要的作用。
   A. 培训需求分析　　　　　　　　B. 培训计划制定

C. 培训实施   D. 培训效果评估

三、判断题

1. 员工培训是企业的一种投资行为,和其他投资一样,也要从投入产出的角度考虑收益大小及远期效益、近期效益问题。（　　）
2. 利用问卷调查员工的培训需求的优点在于,调查结果可间接取得,而且问卷设计、分析工作难度不大。（　　）
3. 在培训活动中,学员不仅是学习资源的摄取者,同时也是一种可以开发利用的宝贵学习资源。（　　）
4. 使用观察法的时候,调查者可以在正式的场合下进行。（　　）
5. 培训效果评估是一个系统地收集有关人力资源开发项目的描述性和评判性信息的过程,其目的是帮助企业在选择、调整各种培训活动以及判断其价值的时候作出更明智的决策。（　　）

四、简答题

1. 简述培训与开发的基本程序。
2. 简述员工培训需求分析的基本流程。
3. 对比分析各种培训方法的优缺点。

第七章

员工绩效管理

【知识目标】
- 理解绩效管理与绩效考核的区别
- 掌握绩效计划的制定流程
- 掌握常见的绩效考核方法

【技能目标】
- 合理运用方法对具体岗位进行绩效考核
- 采用合理的沟通技巧进行绩效反馈沟通

MLK公司的绩效管理困扰

MLK公司是一家机械加工企业,现有员工千余人,成立于上世纪60年代,注册资本2亿元人民币,现公司已转制成为股份制企业。

由于公司前身是国企,虽然经过改制,只是投资方发生转换,但公司自身的管理理念滞后,管理体制不正规,现代企业制度也没有真正建立起来。

公司年度绩效考核主要分为两大类型:表现评估和目标考核。

1. 年度表现评估

每年的12月初开始启动,对每个员工本年度的工作态度、工作质量、工作能力等方面进行综合考评。由上级经理按照规定的表格内容结合员工的表现进行客观的考评。考评结果分为5个不同的等级。此结果会成为次年调薪方案的重要因素。

2. 年度目标考核

每年年初,公司最高领导会给部门经理设置部门年度目标,部门经理根据部门目标设置个人目标。次年1月对设置的目标的达成情况进行考核。考核的结果分为3等:没有达成目标低限,赋值0;达成目标,赋值1;达成或超过目标最高值,赋值1.5。

虽然公司建立了这套绩效考评体系,但在具体实践过程中,公司负责人力资源的老总却遇到许多困扰,大致可以归纳为以下几个方面:①绩效考核工作在实施过程中难以落到实处;②在考核过程中,公司员工缺少参与的积极性,他们认为绩效考核就是通过反复地填表、交表来挑员工的毛病;③考核的过程繁琐,耽误正常的工作时间,推行过程中往往又因为得不到高层的足够支持而阻力重重;④另外,考核过程和结果的公正性难以保证,大多数员工对于考核的结果都心怀不满,不利于公司日常工作的开展。

(资料来源:http://wenku.baidu.com)

讨论:
(1)你认为是哪些原因导致了MLK公司的绩效管理困扰?
(2)如果你是MLK公司的总经理,会采取哪些措施来改进绩效管理?

绩效管理在企业人力资源开发与管理这个有机系统中占据着核心的地位,发挥着重要的作用,它将企业的战略目标分解到各个业务部门和每个岗位,通过对员工的绩效进行管理、改进和提高,提升企业的整体绩效,最终实现企业的战略目标。绩效管理的根本目的是为了持续改善组织绩效和个人绩效。

第一节 绩效管理概述

一、绩效管理的相关概念

绩效管理是基于绩效而进行的,绩效考核和绩效管理既有联系又有区别,管理者进行有效的绩效管理必须首先了解绩效、绩效管理和绩效考核的内涵。

（一）绩效

绩效（performance）一词来源于西方，它的原意是指表现和成绩。企业管理对绩效有两种不同的理解，伯纳丁（Bernardin，1984）把绩效定义为"对在特定时间段和特定工作或活动中产生的结果的记录"。换言之，绩效就是结果。也有人认为，绩效是与某个组织中的某种工作和组织目标有关的一组行为（Campbell，1993，Murphy，1990）。

对绩效的界定目前主要有三种观点：一种观点认为，绩效是结果；另一种观点认为，绩效是行为；再一种观点则强调员工潜能与绩效的关系，关注员工素质，关注未来发展。

1. 绩效是结果

Bernadin（1995）等认为，"绩效应该定义为工作的结果，因为这些工作结果与组织的战略目标、顾客满意度及所投资金的关系最为密切"。Kane（1996）指出，绩效是"一个人留下的东西，这种东西与目的相对独立存在"。从这些定义不难看出，"绩效是结果"的观点认为，绩效是工作所达到的结果，是一个人的工作成绩的记录。一般用来表示绩效结果的相关概念有：职责（account-abilities），关键结果领域（key result areas），结果（results），责任、任务及事务（duties, tasks and activities），目的（objectives），目标（goals or targets），生产量（outputs），关键成功因素（critical success factors）等。对绩效结果的不同界定，可用来表示不同类型或水平的工作的要求。对此，我们在设定绩效目标时应注意加以区分。

2. 绩效是行为

随着人们对绩效问题研究的不断深入，人们对绩效是工作成绩、目标实现、结果、生产量的观点不断提出挑战，普遍接受了绩效的行为观点，即"绩效是行为"。支持这一观点的主要依据是：许多工作结果并不一定是个体行为所致，可能会受到与工作无关的其他因素的影响（Cardy and Dobbins，1994，Murphy and Clebeland，1995）；员工没有平等的完成工作的机会，并且在工作中的表现不一定都与工作任务有关（Murphy，1989）；过分关注结果会导致重要的行为过程被忽视，而对过程控制的缺乏会导致工作成果的不可靠性，不适当地强调结果可能会在工作要求上误导员工。

认为"绩效是行为"，并不是说绩效的行为定义中不能包容目标，Murphy（1990）给绩效下的定义是："绩效是与一个人在其中工作的组织或组织单元的目标有关的一组行为。"Campbell（1990）指出："绩效是行为，应该与结果区分开，因为结果会受系统因素的影响。"他在1993年给绩效下的定义是："绩效是行为的同义词，它是人们实际的行为表现，而且是能观察得到的。就定义而言，它只包括与组织目标有关的行动或行为，能够用个人的熟练程度（即贡献水平）来评定等级（测量）。绩效不是行为的后果或结果，而是行为本身。绩效由个体控制下的与目标相关的行为组成，不论这些行为是认知的、生理的、心智活动的或人际的。"

3. 高绩效与员工素质的关系

随着知识经济的到来，评价并管理知识型员工的绩效也显得越来越重要。由于知识性工作和知识型员工给组织绩效管理带来的新挑战，越来越多的企业将以素质为基础的员工潜能列入绩效考核的范围，对绩效的研究也不再仅仅关注于对过去的反映，而是更加关注于员工的潜在能力,更加重视素质与高绩效之间的关系。

(二)绩效管理

绩效管理是指各级管理者和员工为了达到组织目标共同参与的绩效计划制定、绩效辅导沟通、绩效考核评价、绩效结果运用、绩效目标提升的持续循环过程。绩效管理的目的是持续提升个人、部门和组织的绩效。具体来说,绩效管理包括以下三层含义:

(1)绩效管理是建立共识的过程。组织首先把自身的目标与关键的工作绩效指标,通过沟通,让员工理解工作绩效标准或成功的标准。这些标准可以是一系列任务、目标或结果,也可以是一系列行为,但必须是员工能够接受的,这样员工就明确了努力的方向。

(2)绩效管理是一个持续的管理过程。它不仅仅是一套表格、一个年度奖励计划,它也是融入员工的日常行为之中,以期改进和提高绩效的持续管理。

(3)绩效管理的最终目的是最大可能地取得个人和组织的成功。绩效管理强化了一个公司或组织的整体目标,把企业领导者、管理者和员工的工作成就与企业整体目标联系在一起,通过绩效反馈与沟通,企业承认或认可员工的努力,促进员工不断改进和提高绩效,从而确保实现组织的目标。

(三)绩效考核

绩效考核是指考评人员对照工作目标或绩效标准,采用科学的方法,对员工在日常工作中所表现的能力、态度和成绩进行考评,并将评定结果反馈给员工的过程。员工绩效考核要从员工工作成绩的数量和质量两个方面对员工在工作中的优缺点进行系统的描述,并将有关结果信息反馈给个人和有关部门。因此,绩效考核只是绩效管理中的一个组成部分。

资料:

绩效管理与绩效考核的区别

对于不少人来说,我们嘴上讲的是"绩效管理",实际上心里想的、手头做的是"绩效考核",如果不信,看一看下面的案例。

● 案例简要

王君最近情绪糟糕透了,坐在办公室,对着墙上那张《××年度销售统计表》不断叹气。这也难怪,全公司 23 个办事处,除自己负责的 A 办事处外,其他办事处的销售绩效全面看涨,唯独自己办事处的绩效作犬牙状,不但没升,反而有所下降。

在××公司,王君是公认的销售状元,进入公司仅 5 年,除前 2 年打基础外,后几年一直荣获"三连冠",可谓"攻无不克、战无不胜",也正因为如此,王君从一般的销售工程师,发展到客户经理、三级客户经理、办事处副主任,最后到了办事处最高长官——办事处主任这个宝座,王君的发展同他的销售绩效一样,成了该公司不灭的神话。

王君担任 A 办事处主任后,深感责任重大,上任伊始,身先士卒,亲率 20 名弟兄摸爬滚打,决心再创佳绩。他把最困难的片区留给自己,还经常给下属传授经验。但事与愿违,一年下来,绩效却令自己非常失望!

烦心的事还真没完。临近年末,除了要做好销售总冲刺外,公司年中才开始推行的"绩效管理"还要做。

王君叹了一口气,自言自语道:"天天讲管理,天天谈管理,市场还做不做?管理是为市场服务,不以市场为主,这管理还有什么意义?又是规范化,又是考核,办事处哪有精力去抓市场?公司大了,花招也多了,人力资源部的人员多了,总得找点事来做。考来考去,考得主管精疲力竭,考得员工垂头丧气,销售怎么可能不下滑?不过,绩效管理还得要应付,否则,公司一个大帽子扣过来,自己吃不了还得兜着走。"

好在他对绩效管理也是轻车熟路了,通过内部电子流系统,王君给每位员工发送了一份考核表,要求他们尽快完成自评工作。同时自己根据员工1年来的总体表现,利用排队法将所有员工进行了排序。排序是件非常伤脑筋的工作,时间过去那么久了,下属又那么多,自己不可能一一都那么了解,谁好谁坏确实有些难以区分。不过,好在公司没有什么特别的比例控制,对于特别好与特别差的员工,自己还是可以把握的。

排完队,员工的自评差不多也结束了,王君随机选取6名下属进行了5~10分钟的考核沟通,OK!问题总算解决了,考核又是遥远的下个年度的事情了,每个人又回到"现实工作"中去。

● 案例分析

看到这桩案例,不知道你有何感想,但有一点恐怕大家都会想到:这样的绩效考核到底有什么好处?这算不算是绩效管理?

从人力资源部来讲,王君上交到人力资源部的考核表基本上都放在了文件夹中,并且很可能被遗忘掉!考核内容是人力资源部费尽心血,不知耗费了多少脑细胞苦思冥想出来的,但到了各级管理者手中,它像一个死程序、死循环一样,日复一日,年复一年地在重复使用着。

从员工来讲,年复一年的、重复撰写的工作总结,公司和管理者根本就没有仔细看过,考核真的是一种"形式",一种真正意义上的"手段",只要别出错,结果差不到哪里去,平日再用力,不如年底一锤子。只要年底努把力,考核结果准不错。干活不如把上司的脉,做人比做事更重要。

从管理者来讲,平时工作已经够忙了,人力资源部还要插一杠子,如果公司废除考核或将考核权交给人力资源部,那将是一件极为开心的事情。

但从实际上来看,王君所在的部门运作得不是很好。他的员工不能按要求完成任务;他们对谁应该做什么不是很清楚,造成有些事没有人做,而另外的事大家又重复做;同一个错误重复发生,致使每个人都感到手足无措,但是好像没有人知道为什么会这样;而大多数情况下,王君对正在发生的事都不太清楚,他只知道他很忙,他的员工也很忙,经常忙的"不知道为什么忙"。

● 绩效管理不是什么?

在上面的案例中,王君错误地认为绩效评价就是绩效管理,而绩效管理就是填表和交表。

因此,要想使绩效管理成功,必须对一些常见的错误概念有清醒的认识,因为这些错误概念能使最好的经理晕头。

绩效管理不是:

(1)简单的任务管理。

(2) 评价表。
(3) 寻找员工的错处,记员工的黑账。
(4) 人力资源部的工作。
(5) 经理对员工做某事。
(6) 迫使员工更好或更努力工作的棍棒。
(7) 只在绩效低下时使用。
(8) 一年一次的填表工作。
(9) 绩效考核。
(10) 对事不对人。

● 绩效管理是什么?

绩效管理是在目标与如何达到目标而达成共识的过程,以及增强员工成功地达到目标的管理方法。该过程是由员工和他的直接主管之间达成的承诺来保证完成,并在协议中对下面有关的问题有明确的要求和规定:

(1) 期望员工完成的工作目标。
(2) 员工的工作对公司实现目标的影响。
(3) 以明确标准说明"工作完成得好"是什么意思。
(4) 员工和主管之间应如何共同努力以维持、完善和提高员工的绩效。
(5) 工作绩效如何衡量,即绩效标准是什么。
(6) 指明影响绩效的障碍并提前排除或寻求排除的办法。

实际上,绩效管理是一个完整的系统,这个系统包括几个重要的构件:目标/计划、辅导/教练、评价/检查、回报/反馈,仅盯住系统的一个构件,是不能很好地发挥作用的。

绩效管理的构件共同组成了一个管理循环,这个循环通常分为以下四个步骤。

1. 绩效管理首先是管理

绩效管理不是一个什么特别的事物,更不是人力资源部的专利,它首先就是管理,它涵盖管理的所有职能:计划、组织、领导、协调、控制,因此,绩效管理本身就是管理者日常管理的一部分,想躲都躲不开;难怪有不少管理者在接受绩效管理的培训后发出感慨:"管理者不做绩效管理,还能做什么!"

2. 绩效管理特别强调持续不断的沟通

绩效管理是一个持续不断的交流过程,该过程是由员工和他的直接主管之间达成的协议来保证完成。

3. 绩效管理不仅强调工作结果,而且重视达成目标的过程

绩效管理是一个循环过程。在这个过程中,它不仅强调达成绩效结果,更通过目标、辅导、评价、反馈,重视达成结果的过程。

● 绩效管理与绩效考核的主要区别

通过上述分析,我们不难发现,绩效考核只是绩效管理的一个环节,它在绩效管理中投入的精力应该是最少的! 也就是说,我们不能简单地将绩效管理理解为绩效评价,更不能将绩效管理看作是一件孤立的工作,认为它只是反映过去的绩效,而不是未来的绩效;认为它与管理者日常的业务和管理工作毫不相干,与员工发展、绩效改进、组织目

标、薪酬管理等工作没有联系,使它仅仅成了一种摆设,这样人们认为它毫无意义也就不足为怪了。绩效管理与绩效考核的区别如表 7-1 所示。

表 7-1　　　　　　　　　　绩效管理与绩效考核的区别

角度＼项目名称	绩效管理	绩效考核
目的	以"做事"为中心	以"人"为中心
对象	绩效管理对象是单项绩效,包括单项结果绩效和单项行为绩效	绩效考核的对象是整体绩效,或者说是创造这些绩效的"人"
内容	绩效管理包括目标和标准设定、监督和控制等活动	绩效考核主要包括绩效评价标准设计、绩效评估等活动
周期	绩效管理的周期一般来说比较短,并且随着绩效项目的差异而非常灵活	绩效考核的周期较长且相对固定
方式	计划式	判断式
过程	一个完整的过程	管理过程中的局部环节和手段
目的	解决问题	事后算账
结果	注重结果和过程	注重结果
侧重点	侧重于信息沟通与绩效提高	侧重于判断的评估
评价	双赢	成或败
时间	伴随管理活动的全过程	只出现在特定的时期
手段	事先的沟通与承诺	事后的评估
关注点	关注未来的绩效	关注过去的绩效
程序	管理程序	人力资源管理程序

(资料来源:http://wenku.baidu.com)

二、绩效管理的程序

绩效管理是一个完整的系统,这个系统的一般程序如图 7-1 所示。

完整的绩效管理是一个循环流程,包括绩效计划制订、绩效辅导实施、绩效考核、绩效反馈面谈和绩效考核结果运用。

(一) 绩效计划制定

绩效计划是绩效管理过程的起点,它的主要任务是依据企业的战略目标来确定绩效目标。一般而言,企业首先把战略目标进行分解,落实到各个具体的岗位,然后再对各个具体的岗位进行相应的工作分析,确定出员工的绩效目标。在这个阶段,管理者应该与员工充分沟通,让员工清楚在计划期内应该做什么、不应该做什么、做到什么程度、为什么要做、何时完成以及员工的权力大小和决策权等,最终形成一种契约。通常绩效计划都是一年期的,在年中根据需要可以进行修订。

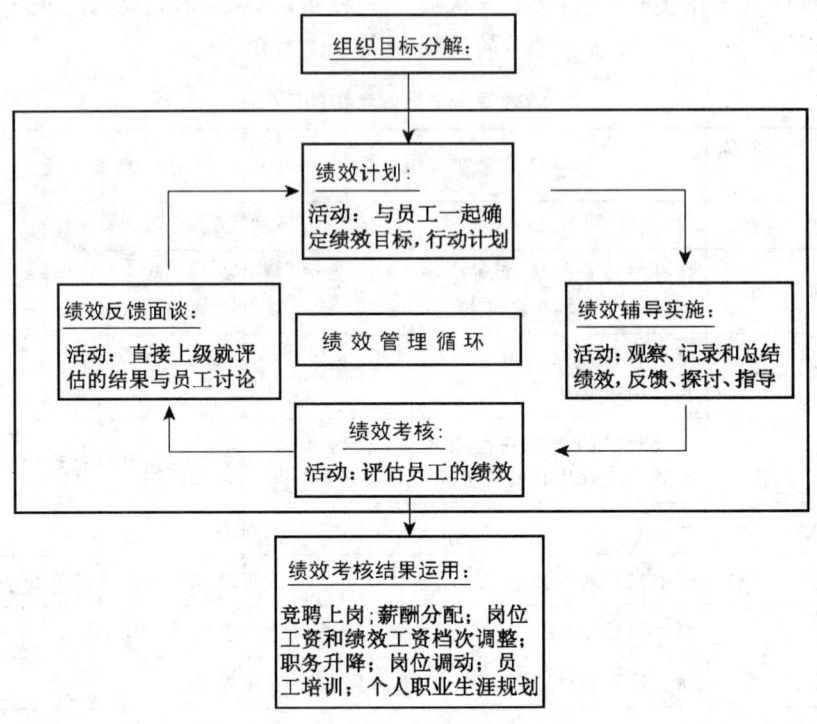

图 7-1 绩效管理基本程序

（二）绩效辅导实施

绩效计划制定完成之后，被评估者就可以按照计划开始开展工作。在整个绩效工作期间，管理者都必须为自己的下属辅导，帮助他们提高绩效。在这一环节，管理者与下属之间要进行持续不断的绩效沟通。通过沟通，管理者可以了解下属工作的进展状态，将一些潜在的问题消除在萌芽状态，并给予下属一定的支持和帮助，以便更好地实现绩效目标。

（三）绩效考核

在绩效间隔期间，管理者要采用科学的评价方法对员工的工作业绩进行绩效考核。考核的依据是绩效期间开始时双方达成一致的绩效目标。在绩效考核过程中，首先要注意搜集能够说明被评估者绩效表现的相关数据和事实，这些数据和事实是对被评估者进行评估和考核的主要依据。其次，如果确认搜集的数据充分、全面和准确，可以根据这些数据对员工的绩效完成情况进行考核。最后，在最终的绩效考核结果生效之前，管理者还必须与员工就考核结果进行面谈沟通，对绩效考核中的关键事件和重要数据进行确认，就绩效考核的结论性意见达成共识。

一般而言，组织之所以对员工进行绩效考核，或是为了达到管理方面的目的，或是为了达到发展方面的目的。一个绩效考核项目的用途是多方面的，这些用途对组织和被评估者双方都是有益的。

（四）绩效反馈面谈

绩效考核完成后，管理者应该把绩效考核的结果反馈给员工本人，反馈最好采取面谈的方式,这样可以确保反馈的质量。通过绩效反馈,员工可以了解组织对自己的期望,认识到自己存在的各种问题,明确改进的方向,当然,员工也可以提出自己在完成绩效目标过程中遇到的各种困难,从而得到管理人员的帮助和支持。

(五) 绩效考核结果运用

组织必须把绩效考核结果依据绩效计划的责任约定及时进行奖惩兑现,包括员工工资的增长、绩效奖金的增加、内部股票的发放、福利待遇的提高、任职资格的确认、工作职务的晋升、培训机会的获得、荣誉称号的授予、组织事务的参与等。通过绩效管理使得员工的工作能力、行为方式与其薪资酬劳、职业前景紧密联系起来,从而确保所有员工都会为完成个人绩效目标而努力,从而实现企业的总体战略目标。

第二节 绩效计划的制定

绩效计划是全员绩效管理的第一个环节,也是至关重要的环节。通过制定绩效计划,让员工参与管理,明确了自己的责任和任务,明确了部门或企业对自己的要求是什么,就有了努力的方向;同时,制定绩效计划的过程,也使得个人目标、部门目标和企业目标得以结合,各层级人员对组织目标达成一致见解,朝着一个共同目标努力。

一、绩效计划制定的原则

绩效计划就是绩效周期内关于工作目标和标准的契约,是管理者和员工经过共同的沟通,就应该完成的工作以及达到的标准进行充分讨论,进而形成契约的过程,是双方在明晰责、权、利的基础上签订的一个内部协议。绩效计划制定时,应遵循以下几方面的原则。

(一) 价值驱动原则

要与提升公司价值和追求股东回报最大化的宗旨相一致,突出以价值创造为核心的企业文化。

(二) 流程系统化原则

与战略规划、资本计划、经营预算计划、人力资源管理等管理程序紧密相连,配套使用。

(三) 与公司发展战略和年度绩效计划相一致原则

设定绩效计划的最终目的,是为了保证公司总体发展战略和年度生产经营目标的实现,所以在考核内容的选择和指标值的确定上,一定要紧紧围绕公司的发展目标,自上而下地逐层进行分解、设计和选择。

(四) 突出重点原则

员工担负的工作职责越多,所对应的相应工作成果也较多。但是在设定关键绩效指标和工作目标时,切忌面面俱到,而是要突出关键,突出重点,选择那些与公司价值关联度较大、与职位职责结合更紧密的绩效指标和工作目标,而不是整个工作过程的具体化。

通常,员工绩效计划的关键指标最多不能超过6个,工作目标不能超过5个,否则就会分散员工的注意力,影响其将精力集中在最关键的绩效指标和工作目标的实现上。

(五)可行性原则

关键绩效指标与工作目标,一定是员工能够控制的,要界定在员工职责和权利控制的范围之内,也就是说要与员工的工作职责和权利相一致,否则就难以实现绩效计划所要求的目标任务。同时,确定的目标要有挑战性,有一定难度,但又可实现。目标过高,无法实现,不具激励性;目标过低,不利于公司绩效成长。另外,在整个绩效计划的制定过程中,要认真学习先进的管理经验,结合公司的实际情况,解决好实施中遇到的障碍,使关键绩效指标与工作目标贴近实际,切实可行。

(六)全员参与原则

在绩效计划的设计过程中,一定要积极争取并坚持员工、各级管理者和管理层的多方参与。这种参与可以使各方的潜在利益冲突暴露出来,便于通过一些政策性程序来解决这些冲突,从而确保绩效计划制订得更加科学合理。足够激励原则使考核结果与薪酬及其他非物质奖惩等激励机制紧密相连,拉大绩效突出者与其他人的薪酬比例,打破分配上的平均主义,做到奖优罚劣、奖勤罚懒、激励先进、鞭策后进,营造出一种突出绩效的企业文化。

(七)客观公正原则

要保持绩效透明性,实施坦率的、公平的、跨越组织等级的绩效审核和沟通方式,做到系统地、客观地评估绩效。对工作性质和难度基本一致的员工的绩效标准设定应该保持大体相同,确保考核过程公正,考核结论准确无误,奖惩兑现公平合理。

(八)综合平衡原则

绩效计划是对职位整体工作职责的唯一考核手段,因此必须要通过合理分配关键绩效指标与工作目标完成效果评价的内容和权重,实现对职位全部重要职责的合理衡量。

(九)职位特色原则

与薪酬系统不同,绩效计划针对每个职位而设定,而薪酬体系的首要设计思想之一便是将不同职位划入有限的职级体系。因此,相似但不同的职位,其特色完全由绩效管理体系来反映。这要求绩效计划内容、形式的选择和目标的设定要充分考虑不同业务、不同部门中类似职位各自的特色和共性。

二、绩效计划的制定流程

(一)准备阶段

1. 信息准备

绩效计划是管理者和被管理者双向多次沟通的结果,为了增加绩效计划沟通的效率,事先必须准备好相应的信息。一些必要的信息包括:组织的发展战略规划、组织的年度经营计划、业务单元的工作目标和工作计划、员工所处团队的工作目标和工作计划、员工个人的职责描述、员工上一绩效期间的绩效评估结果等。这些信息主要归为以下三类。

1) 关于组织的信息

员工、部门的绩效计划应支持组织的绩效计划,因此各个部门的员工都应充分了解组织的发展战略及经营目标。那种认为只有高层管理者才需要知晓组织发展战略和经营目标的看法是错误的,企业应该将发展战略和经营目标向所有员工进行宣传,保证所有员工都清楚组织的发展战略和经营目标。只有这样,员工才能理解个人的绩效目标以及绩效标准,才能保证个人的工作保持正确的方向。

2) 关于团队的信息

不仅业务部门的绩效目标与组织的绩效目标紧密联系,对于支持部门,其工作目标也与组织的经营目标紧密联系。例如,组织的年度经营目标是:①实现销售收入×××万,利润××万;②新建产品研发部门;③调整产品结构,增加高档产品产量。

人力资源部作为一个业务支持性部门,在上述的整体经营目标之下,将自己部门的工作目标设定为:①调整激励机制,薪酬向高档产品倾斜,向技术人员倾斜;②完善薪酬制度,并在获得董事会批准的前提下实施;③与各部门负责人沟通储备、培养新部门负责人、骨干。

另外,应将部门的信息充分向员工进行宣传,以使员工了解部门的工作目标及工作重点。

3) 关于个人的信息

关于被评估对象的个人信息主要有两个方面的内容:一是工作岗位职责描述的信息;二是上一考核期间的考核结果。在工作岗位职责描述中,通常规定了该岗位的主要工作职责,从工作职责出发设定工作目标可以保证个人的工作目标和岗位的要求联系起来。员工在每个绩效期间的工作目标经常是连续的或有关联的,因此在制定本绩效期间绩效目标或工作标准时应回顾上一绩效期间的工作目标和评估结果。另外,在上一绩效期间内存在的问题和有待进一步改进的方面在本次绩效计划中也应当得到体现。

2. 沟通准备

采用什么样的方式对绩效计划的内容进行沟通,需要考虑企业文化和工作氛围、员工的性格特点以及需要达成的工作目标的特点。如果希望借绩效计划的机会向员工做一次动员,可以召开员工大会。如果一项工作目标与特定的工作小组成员有关系,可以召开一个小组会,在小组会上讨论工作目标的问题,有助于小组成员内部之间的工作协调配合,及早发现并解决小组成员合作中可能出现的问题。

如果第一次使用绩效管理的方法,那么在第一次绩效计划沟通时必须让员工了解:

(1) 绩效管理的主要目的是什么?

(2) 绩效管理对组织、对部门、对个人有什么好处?

(3) 绩效管理采取的宗旨和方法是什么样的?

(4) 绩效管理的流程是怎样的?

而员工需要知道在绩效计划会议中的一些信息:

(1) 绩效计划会议上要完成的工作是什么?

(2) 管理人员需要向员工提供什么信息?

（3）员工自己需要提供什么信息？

（4）在绩效计划会议上需要作出的决策和达成的结果是什么？

（5）员工需要做什么样的准备？

（二）沟通阶段

沟通阶段是整个绩效计划阶段的重要环节，在这个阶段，管理者和被管理者经过充分沟通，对员工在本次绩效期间的绩效目标和工作标准达成共识。

首先，选择沟通环境，创造良好的沟通气氛。管理者和员工应该确定一个专门的时间用于绩效计划的沟通，在这个时间阶段，双方都应该放下其他工作专心致志地做好这件事情。在沟通的时候不能有其他事情打扰，最好不要接听电话。在很多情况下，意外的打扰会使谈话思路中断，这样会严重影响沟通效果。

其次，沟通的气氛尽可能宽松，不能给人以太大的压力。在沟通时，管理者应坚持以下几个基本原则：

（1）平等原则。管理者和员工是平等关系，绩效沟通的目的是达成共识，促进绩效目标的实现。因此管理者和被管理者在平等的前提下才能充分沟通，才能保证绩效计划的落实。

（2）员工积极参与原则。一般而言，员工是最了解自己所从事工作的人，员工本人是从事该工作领域的专家，因此在制定绩效目标和标准时应更多地发挥员工的主动性，要更多地听取员工的意见和建议。

（3）帮助辅导，资源支持的原则。工作目标的实现或多或少需要一定的资源支持，在绩效沟通过程中，很多情况下下属对工作目标的实现没有信心的主要原因是他们认为资源不足。一种情况是，资源支持比较充分，但是下属的信心缺乏问题；还有一种情况，员工缺乏顺利完成目标所需的各种资源。管理者应迅速辨别到底出现的是哪一种情况并作出正确处理。如果是下属的信心问题，管理者应从事实出发，从过去成功案例出发，逐步增强下属的信心，使下属对绩效目标的实现发自内心的作出承诺。如果绩效目标的实现的确受到资源的制约，管理者应为下属创造良好的条件，给予资源的支持。如果管理者自己能决定资源的配置，则应明确表示给予资源支持，如果管理者不能决定资源的配置，则应向上一级反映情况，争取得到相应的资源支持。

绩效计划的制定是一个双向沟通的过程，有时不是一次就能达成绩效计划的，因此要经过多次的沟通讨论后才能达成绩效契约。一般情况下，绩效沟通有如下几步：

第一，回顾有关的信息。在绩效计划沟通开始的时候，管理者应该说明组织、部门的绩效目标以及完成绩效目标对部门、对组织的意义等相关信息；除此之外，员工的岗位职责以及上一考核期间的绩效考核结果等相关信息也要向员工进行说明。

第二，确定本期的关键业绩考核指标、考核标准以及各个指标的权重。在绩效考核基础比较好的企业，一般有部门或岗位绩效考核指标数据库，管理者根据部门下一考核期间工作重点以及组织目标等情况，综合确定各个岗位的关键业绩考核指标。关于评价标准，一般应该定期修订，以便反映最新的工作状况。

第三，确定各个考核指标的绩效目标或者工作标准。对于数量化的考核指标，要确定下一考核期的绩效目标，对于定性指标，要明确该项工作应该达到的标准。

第四,确定管理者应该提供的资源支持。任何工作的完成都需要一定的资源支持。管理者应明确对下属的资源支持,免除下属的后顾之忧。

第五,结束沟通。有时一次绩效沟通可能达不成绩效共识,一般情况下,当管理者不能保证能否提供资源支持时,他需要请示他的上级领导。这种情况下,员工应重新评估绩效目标能否实现,申请提供的资源支持是不是必须的,上级领导也应进一步决策是降低工作绩效目标还是给下属必要的资源支持。经过若干次充分沟通后,制定的绩效计划必然是多方都会满意的。

三、审定和确认阶段

经过多次沟通后,管理者和员工在以下几个方面达成了共识:
(1) 员工在本绩效期的工作职责是什么,工作重点是什么?
(2) 员工在本考核期关键业绩指标有哪些,各个指标的权重是多少?
(3) 对应各个考核指标的评价标准是什么?
(4) 各个考核指标的绩效目标或工作标准是什么?
(5) 员工在完成绩效目标的过程中会遇到哪些问题和障碍?管理者会提供哪些帮助和支持?
(6) 员工、部门和组织的工作目标以及相互之间的支持制约关系。

达成上述的共识后,形成了绩效计划文档,该文档中包括主要关键业绩指标,各个指标的绩效目标或工作标准、各个指标的权重、各个指标的评分标准等。经过双方认可的绩效计划需要管理人员和员工在该文档上签字确认。

第三节　绩效考核方法的选择

一、比较法

比较法是指对考核对象进行相互比较,从而决定其工作绩效的相对水平的方法。比较法有多种形式,如排序法、配对比较法和强制分布法。

(一) 排序法

排序法是一种比较简单易行的绩效考核方法,是将员工绩效按照优劣排列名次,从最好的一直排到最后一名。排序法有两种类型:直接排序法和交替排序法。

1. 直接排序法

直接排序法是最简单的排序法。考核者经过通盘考虑后,以自己对被评价者工作绩效的整体印象为依据进行评价,要求考核者将本部门的所有员工按绩效高低排序。为了提高其精确度,也可将员工分别按各个评价要素排序,再求出次序数的总和,作为绩效考核的最终结果。

2. 交替排序法

运用交替排序法,首先,将需要进行评价的所有员工名单列出,将不是很熟悉因而无法对其进行评价的人员名字划去；其次，按被考核者在某一因素上的表现，将最好的和最差的找出来；再次，在剩下的员工中挑出最好的和最差的。依此类推，直到所有被考核者都被排列出来。最后，将员工在各因素上的次序数加权相加，作为绩效考核的最终结果。

排序法具有以下优点：设计和应用成本都很低，设计和使用容易，且能够有效避免过宽或过严倾向及趋中倾向。但是，排序法是在员工间进行比较，而不是用员工的工作表现和结果与绩效标准相比较，因此不能使员工得到关于自己优点或缺点的反馈，无法通过考核对员工进行明确的引导；而且，如果几个人的绩效相近时难以进行排列。

（二）配对比较法

配对比较法将部门内的员工按照所有的考核指标两两配对进行比较，计算得分并排出员工绩效的顺序。其基本程序是：首先，根据某种考核指标如工作质量，将所有被考核者逐一比较，按照从最好的到最差的顺序对被考核者进行排序；其次，根据下一个考核指标进行两两比较，得出被考核者在该指标的排列次序；再次，依次类推，经过汇总整理，求出被考核者在所有考核指标上的平均排序数值（也可为各考核指标设置权重；最后，算出被考核者在各指标上的加权总和），得出最终排序结果。配对比较法绩效考核表如表7-2所示。

表7-2　　　　　　　　　　配对比较法绩效考核表

考核指标：工作质量　　　　　　　　　　　　被考核者姓名：

比较	A	B	C	D	E	F	排序
A	0	＋	＋	＋	＋	＋	6
B	－	0	＋	＋	－	＋	4
C	－	－	0	－	－	＋	2
D	－	－	＋	0	－	＋	3
E	－	＋	＋	＋	0	＋	5
F	－	－	－	－	－	0	1
汇总	－5	－1	＋3	＋1	－3	＋5	

说明：用表中纵列上员工与横列员工对比，以横列的员工作为对比的基础。如果比本员工优，则划上正号（＋），如果比本员工差，则划上负号"－"，同一员工之间比较，则为0。

应用配对比较法进行绩效考核，能发现每个员工在哪些方面比较出色，在哪些方面存在明显的不足和差距。但当下属员工较多时，用此方法比较起来较费时费力；另外，配对比较法只能评出员工的名次，反映不出员工绩效差异的具体情况，不利于绩效反馈和指导。

（三）强制分布法

强制分布法，也称硬性分布法，是按事先确定的比例将被考核者分别分配到各个绩效等级上，而这些等级及比例符合正态分布，强制分布比例示例如表7-3所示。

表 7-3　　　　　　　　　　　强制分布法分布比例示例

绩效最高的	绩效较高的	绩效一般的	绩效低于要求水平的	绩效很低的
15%	20%	30%	20%	15%

强制分布法可以避免考核者过宽或过严的情况发生，克服平均主义，但只能把员工分成有限的几种类别，难以具体比较员工的差别，也不能在诊断绩效问题时提供准确可靠的信息。在实际应用中，可以先用某种考核方法根据每种考核指标对每位被考核者进行评价，然后将评价结果综合计算，再按强制分布法确定的比例分配到相应的绩效等级上。

二、量表法

量表法主要有强迫选择量表法、行为尺度评定量表法、行为观察量表法和混合标准量表法。

(一) 强迫选择量表法

1. 强迫选择量表简介

强迫选择量表(Forced-Choice Scales，简称 FCS)是第二次世界大战以后由美国国防部开发研制的一种考评工具。它要求考评者从以四个行为选择项为一组的众多选择组中分别选择出最能反映与最不能反映被考评者实际情况的两个选择项，而考评者并不知道各选择项的分值，而且具体的计分结果只有人力资源部的人才清楚。

强迫选择量表基于以下理论假设：

(1) 员工才能方面的任何实际差异，都能够以客观的和可观察的行为加以描述。

(2) 考评者对员工考评的差异不但能够在行为选项中得到充分的反映，而且能够通过统计结果显示。

(3) 典型员工在工作中表现的极端行为的程度差异在行为选项中得到充分反映，而且能够通过统计结果显示。

(4) 虽然选项中每一对工作行为项目被选择的机会是均等的，但是它们所具有的区分能力与分值是不同的。

2. 强迫选择量表的优点

1) 考评者的偏好性得到有效控制

考评者被要求选出强迫选择量表中那些最能描述与最不能描述员工真实情况的选项，因为不知道各选择项的分值，就不会受到员工外在条件的影响，选择每对选项的机会均等，使得考评者的个人偏好或偏见性大大减少，保证了考评的客观性。

2) 考评者操作简单

一份比较有效的强迫选择量表一般包括 15～20 组选择项，组数多少取决于被考评者的工作复杂程度等因素。考评者只须根据自己对被考评者的观察和了解，在设计好的强迫选择量表中据实打勾或画圈即可，非常易于操作。

3. 强迫选择量表的缺点

1) 考评者难以把握考评结果

由于考评者不清楚各选择项的分值,甚至不知道每组的四个选项中哪两个对被考评者有利,在考评过程中就无法把握自己在强迫选择量表中选出的选项对被考评者的影响。可能会造成一位诚实客观的考评者却对被考评者作出有违本意的考评结果。

2) 员工无法在考评中产生自我激励

因为员工不知道强迫选择量表中各个选项的分数差异,甚至不清楚考评的基本导向,就无法对自己的工作表现提供自我强化的反馈,不能达成绩效考评的主要目的——引导员工保持有效工作行为、避免无效工作行为。

(二) 行为尺度评定量表法

1. 行为尺度评定量表简介

行为尺度评定量表(Behaviorally Anchored Rating Scales,简称 BARS)是指由了解被考评岗位的专家,如主管与任职者等,运用具体行为特征的描述表示每种行为标准的程度差异而形成的可使用水平图示量表或垂直图示量表表示。所有考评者依据考评记录进行考评,如果有员工认为考评的结果不够标准,可由第三方,如人力资源经理,依据日常的考评记录评判考评者给出的分数是否符实。

运用行为尺度评定量表特别强调以下四点:

(1) 大多数考评误差并非考评者的故意歪曲与伪造,事实上,没有一个考评量表能够真正防止考评者的蓄意歪曲。

(2) 要尽力帮助考评者进行考评,以得到真实的考评结果。

(3) 为考评者提供他们能够观察到并能够真实把握的行为评判标准。

(4) 保证员工的回答不会被误解,为被考评者与其他人提供检查自己回答的基础。

2. 行为尺度评定量表的优点

1) 绩效考评效果与效率提高

行为尺度评定量表中的每个尺度标准都用具体行为与考评者自己的专业术语来表述,与那些含糊不清的个性评定量表相比,绩效考评的效果与效率都提高了。

2) 有利于员工的绩效改进

行为尺度评定量表为员工提供其所需的工作改进信息和强化性反馈结果,有利于员工的激励与绩效辅导。

3) 考评结果有依据

行为尺度评定量表要求考评者系统地记录被考评者在考评期间的关键行为与事件,作为考评结果的有效依据,使得考评者必须在平时认真观察被考评者。这不但提高了考评的有效性,而且可作为解决有关争端与法律纠纷的有效证据。

3. 行为尺度评定量表的缺点

1) 一些具有实际意义的关键事件可能被舍弃

行为尺度评定量表把工作维度与行为标准划分为几个主要部分,很可能这些尺度标准实际上只包含了所有工作的一部分,而其他部分常被舍弃。

2) 考评者很难作出考评

即使收集到考评者能够看见与考评所有被考评者的代表性行为,并建立相应的关键事件资料库。但是,行为尺度评定量表显然无法涵盖其尺度标准的所有具体行为,因此在考评过程中,考评者将很难确定所观察到的行为归属哪一个标准维度并对应适合的分值。

3) 考评标准可能缺乏独立性

行为尺度评定量表在关键事件分类过程中存在着相当程度的主观性,其分类标准可能缺乏独立性,甚至相互交叉重复。

4) 存在考评者差异

行为尺度评定量表不仅要求考评者坚持对被考评者的全天行为表现进行观察记录,而且要形成"工作日志",实际上大多数考评者都很难做到这一点。即便如此,不同考评者对所观察到的同一行为事件也存在本质上的差异。

(三) 行为观察量表(BOS)

1. 行为观察量表简介

行为观察量表(Behavioral Observation Scales,简称 BOS)是指使用统计分析(如因素分析或项目分析)选出考评指标,再据此将建立在关键事件基础上的行为清单进行汇总形成的量表。考评者有时只要把那些表示员工具体行为发生频率的数字简单相加就可以了。需要强调的是,为了更好地对员工进行绩效辅导,考评者在考评之前,必须清楚地知道被考评者的工作职责以及自己应该观察被考评者的哪些行为。

设计行为观察量表的步骤如下:

(1) 将内容相似或一致的关键事件归为一组,形成一个行为指标。

(2) 将相似的行为指标归为一组,形成行为观察量表的一个考评标准。

(3) 评估每个行为考评标准的内部一致性,对一致性差的考评标准的行为项重新检查、分类或改写。

(4) 检验行为观察量表各考评标准的相关性或内容效度。

(5) 将行为观察量表各考评标准的每个行为指标划分为五级利克特(Likert)标度。

(6) 将行为观察量表的每个行为指标与其他所有行为指标进行相关性分析,排除那些区分度不符合要求的行为指标。

(7) 根据行为指标之间的相关程度分析将行为指标分组,形成不同的考评标准,保证不同的考评指标相互独立,而且在此基础上所包含的考评指标数目也最少。

2. 行为观察量表的优点

1) 使用方便

一方面,行为观察量表来源于员工们所作的系统的工作分析,较高的员工参与度保证了考评指标的明确性、易理解性以及较高的适应性。另一方面,行为观察量表已经列出了被考评者应被观察的行为,因此考评者只需指出这些行为发生的频率即可。

2) 可单独作为职位说明书或职位说明书的补充

行为观察量表明确指出了对给定工作岗位上的员工的行为要求,可以向员工说明他们被期望的行为。

3) 考评者对被考评者作出的是全面评估

行为观察量表向考评者与被考评者具体说明了考评的精确内容,要求考评者必须就每一行为项对被考评者作出全面的评估,而不仅仅是在考评时才回忆或查看所记录的被考评者作出的适当与不适当的行为。

4) 有助于产生清晰明确的反馈

行为观察量表要求考评者有规律地记录考评期内那些描述被考评者行为的事件的代表性样本，并鼓励考评者与被考评者之间就被考评者的优缺点进行有意义的讨论，支持对员工在工作中表现出来的具体行为进行公开表扬与鼓励，将清楚明确的反馈与设立具体的目标结合起来，有效地引导或保持正向的行为变化。

5) 考评者偏见减少

行为观察量表的内容效度、分类系统的评判者内部一致性以及指标的内部一致性，通常令人满意。并且，考评者无须对他们所观察到的被考评者的行为进行推断，与带有较强主观色彩的标度例子相对应，考评者把考评重点放在设计行为清单、考评员工每种行为发生的频率以及因素分析上，这减少了考评者的主观偏见。

6) 考评准确性提高

因为事先已被告知要观察的内容，所以考评者能够把注意力集中于考评被考评者的相关行为上；而且，考评者知道在其与被考评者讨论考评结果时需要有效的依据支持，就会努力记住被考评者的相关行为，并留下相对较详尽、客观的描述性记录。

3. 行为观察量表的缺点

1) 行为指标可能并不全面

在理想状态下，为了满足指导员工工作的需要，行为观察量表必须包含所有应该包括进去的行为指标，但在现实条件下，因为人们认知的局限性、投入的有限性以及事物发展的动态性，就不可能完备地考虑到所有需要的相关行为指标。

2) 以同样的标准评估每一行为

行为观察量表中的五级频率标度对每一行为都以同样的标准评估，它并非比率型标度，根本无法清楚地界定每一行为发生率的标准。同时，行为观察量表在绝大多数情况下没必要列出每一种反面行为，因此它甚至可能并未包括某些特定的重要的反面指标。

3) 统计学方法不适用于员工较少的大多数公司

为了保证行为观察量表的较高信度，防止抽样误差，判断行为观察量表信度时抽取的被考评者和行为观察量表的参与设计者必须是两组不同的员工。而大多数公司的员工较少，所以确定指标和组成指标的行为时使用的统计学方法适用性并不强。

4. 行为观察量表实例

对C公司人力资源部经理克服改革阻力的能力进行考评的行为观察量表实例如表7-4所示。

表7-4　　　　　　　　　行为观察量表实例

克服改革中阻力的能力
(1) 向下属说明改革的细节： 　　从不　　1　　2　　3　　4　　5　　总是
(2) 解释改革的必要性： 　　从不　　1　　2　　3　　4　　5　　总是

(续表)

克服改革中阻力的能力
(3) 与员工讨论改革会对他们产生的影响： 从不　　1　　2　　3　　4　　5　　总是
(4) 倾听员工所关心的问题： 从不　　1　　2　　3　　4　　5　　总是
(5) 在推进改革的过程中寻求下属的帮助： 从不　　1　　2　　3　　4　　5　　总是
(6) 如果需要，指定下次会议的日期以便对员工所关心的问题作出答复： 从不　　1　　2　　3　　4　　5　　总是
总分： 　　不足　　　　尚可　　　　良好　　　　优秀　　　　杰出 　　6～10　　　11～15　　　16～20　　　21～25　　　26～30
备注：分数由管理部门设定，表中数字为相应分数。

(四) 混合标准量表法(MMS)

1. 混合标准量表简介

混合标准量表(Mixed Standard Scales，简称 MMS)是指对相关绩效维度进行界定，分别对每一个维度内部代表优、中、差绩效的内容加以说明，在实际评估表格的基础上将这些说明与其他维度中的绩效等级说明混合在一起形成的量表。混合标准量表不让考评者知道考评的标准，考评者只需根据员工的实际表现作出优于(＋)、等于(＝)还是差于(－)行为指标所描述水平的判断，并据此填写评估表格。将按照特定评分标准确定的每位员工在每个绩效维度上的得分加总起来，就得到了员工的总体绩效分数。

2. 混合标准量表的优点

1) 减少了某些考评误差

考评者不知道混合型标准量表的考评标准，因此减少了诸如晕轮误差和过宽或过严误差一类的考评误差。

2) 考评者易操作

考评者只需将被考评者的实际工作表现与混合型标准量表中的行为指标描述相对照，作出基本匹配的判断即可。

3. 混合标准量表的缺点

1) 主观性较强

混合型标准量表反映考评者对被考评者的主观评估，带有比较强的个人主观色彩，可能难以避免某些考评误差。

2) 考评结果与组织战略的一致性不强

由于考评者只需对混合型标准量表中的指定评估维度作出判断，而这些指定评估维度经常与组织战略的一致性表现得不显著。

三、关键事件法

(一) 方法描述

关键事件法是指通过对被评估者在关键工作中极为成功或极为失败的事件的观察和分析,来判定该员工在类似事件或在介于关键事件与非关键事件之间可能的行为和表现。关键事件法经常被用来甄别干部的绩效高度和可能获取的晋升机会。

关键事件法是以书面记录作为评估基础的,被记录的事件既是评估的依据,同时也是向员工反馈的重要内容,以及为员工提供培训和指导的基础。表7-5是运用关键事件法对厂长助理进行工作绩效考核的示例。

表7-5 关键事件法应用示例

岗位:厂长助理

工作职责	工作目标	关键事件
生产计划时间表的安排	充分利用工厂中的人员和机器设备,及时完成订单生产	采用新的生产计划安排系统;上个月将订单的延误率降低了15%;上个月将机器设备的利用率提高了10%
原材料的采购和库存控制	在保证充足的原材料供应的前提下,使库存成本降到最低	上个月导致库存成本上升了20%;A类和B类零部件的采购过剩15%;C类零部件的采购则短缺了20%
机器的维修保养	不出现因机器故障而造成的停产	在工厂中建立了一套新的预防性机器维护保养系统,由于及时发现机器部件故障而防止了机器损坏

(二) 关键事件法的优点

(1) 对关键事件的行为观察客观、准确。
(2) 能够为更深层次的能力判断提供客观的依据。
(3) 对未来行为具有一种预测的效力。

(三) 关键事件法的缺点

(1) 评估者应及时记录关键事件,这种记录工作耗时耗力。
(2) 对关键事件的定义不明确,不同的人常有不同的理解。
(3) 容易引起员工与管理者(或记录事件的人)之间的摩擦。

四、360°绩效考核法

(一) 方法简介

360°绩效考核法至今仍是对一般和中层管理人员考核使用得最多的方法。360°绩效考核法又称多方评估者评估法,这种评估包括直接上级、间接上级、同级有关的领导、下属和自己的评估。评估的指标可以从三个方面来设计:努力程度、工作态度、行为结果。每一个大的指标可以下设几个小指标,如工作态度可以包括任务完成的速度、质量、对下属的亲和力、同级领导的认可度等,这样就构成一个指标体系。

在360°考核中,不同的考核者都从各自的工作角度考察和评定被考核者,从各自对被考核者的情感出发评定被考核者,因而评估的结果能体现被考核者在不同场景、不同方面的行为特征和业绩。综合这些评估结果能够对被考核者进行较全面、客观的考核。同时,不同角度的评估结果也在一定程度上反映了评估者的利益取向和性格特征。

(二) 360°绩效考核法中对自我评估结果的使用

在360°绩效考核法中应对自我评估给予较高的重视,无论自我评估的结果高于或低于总评定结果,还是高于或低于其他角度的评定结果,对企业领导均有重要参考价值。如果自我评估的结果高于总评定结果,本人属于自信心强或对个人评估较高的人,如果本人评估低于领导评估,说明本人属于自信心较弱或比较谦虚的人,其余可类推。

(三) 360°绩效考核法的优点

(1) 评估方法较简单,可操作性强。
(2) 多方评估者参与评估,使评估更具民主性。
(3) 可提供分析的信息量大,管理者可从中获取更多第一手资料。

(四) 360°绩效考核法的缺点

(1) 由于参与面大,每个个体均带有主观性。
(2) 有时绩效评估的偏差来源于个人的某些不合群的癖好。
(3) 有时会出现某些小团体主义倾向,使评估失之公正。

五、目标管理法

目标管理(Management by Objectives,简称MBO)源于美国管理专家德鲁克,他在1954年出版的《管理的实践》一书中,首先提出了"目标管理和自我控制"的主张,他认为:"企业的目的和任务必须转化为目标。企业如果无总目标及与总目标相一致的分目标来指导职工的生产和管理活动,则企业规模越大,人员越多,发生内耗和浪费的可能性越大。"概括来说,目标管理也即是让企业的管理人员和员工亲自参加工作目标的制定,在工作中实行"自我控制",并努力完成工作目标的一种管理制度。

(一) 方法简介

目标管理是指由下级与上级共同决定具体的绩效目标,并且定期检查完成目标进展情况的一种管理方式。由此而产生的奖励或处罚则根据目标的完成情况来确定。

目标管理法属于结果导向型的考评方法之一,以实际产出为基础,考评的重点是员工工作的成效和劳动的结果。

目标管理体现了现代管理的哲学思想,是领导者与下属之间双向互动的过程。目标管理法是由员工与主管共同协商制定个人目标,个人的目标依据企业的战略目标及相应的部门目标而确定,并与它们尽可能一致;该方法用可观察、可测量的工作结果作为衡量员工工作绩效的标准,以制定的目标作为对员工考评的依据,从而使员工个人的努力目标与组织目标保持一致,降低管理者将精力放到与组织目标无关的工作上的可能性。

(二) 目标管理法的优点

目标管理法的评价标准直接反映员工的工作内容,结果易于观测,所以很少出现评价失误,也适合对员工提供建议,进行反馈和辅导。由于目标管理的过程是员工共同参与的过程,因此,员工工作积极性大为提高,增强了责任心和事业心。目标管理有助于改进组织结构的职责分工。由于组织目标的成果和责任力图划归一个职位或部门,容易发现授权不足与职责不清等缺陷。

(三) 目标管理法的缺点

目标管理法没有在不同部门、不同员工之间设立统一目标,因此难以对员工和不同部门之间的工作绩效横向比较,不能为以后的晋升决策提供依据。

六、关键绩效指标法(KPI)

(一) 方法简介

关键绩效指标(Key Performance Indicators,简称 KPI),是通过对组织内部流程的输入端、输出端的关键参数进行设置、取样、计算、分析,衡量流程绩效的一种目标式量化管理指标,是对企业运作过程中关键成功要素的提炼和归纳。

关键绩效指标设计的思想是通过把影响 80% 工作的 20% 关键行为进行量化设计,变成可操作性的目标,从而提高绩效考核的效率。关键绩效指标的个数一般控制在 5~12 个之间。

(二) 关键绩效指标考核法操作流程

关键绩效指标考核法的操作流程,如图 7-2 所示。

图 7-2　关键绩效指标考核法的操作流程

1. 明确企业总体战略目标

根据企业的战略方向,从增加利润、提升盈利能力、提高员工素质等角度分别确定企业的战略重点,并运用关键绩效指标的设计方法进行分析,从而明确企业总体战略目标。

2. 确定企业的战略支目标

将企业的总体战略目标按照内部的某些主要业务流程分解为几项主要的支持性子目标。

3. 内部流程的整合与分析

以内部流程整合为基础的关键绩效指标设计,使员工知道自己的指标和职责是为哪一个流程服务的以及对其他部门乃至企业的整体运作会产生什么样的影响。所以说,要进行关键绩效指标细化的前提是进行内部流程整合与分析。

4. 部门级关键绩效指标的提取

通过对组织架构与部门职能的理解,对企业战略支目标进行分解。在分解的同时要注意根据各个部门的职能对分解的指标进行调整补充,并兼顾其与部门分管上级的指标关联度。

5. 形成关键绩效指标体系

根据部门关键绩效指标、业务流程以及各岗位的工作说明书,对部门目标进行分解。根据岗位职责对个人关键绩效指标进行修正与补充,建立企业目标、流程、职能与职位相统一的关键绩效指标体系。

(三)关键绩效指标法的优点

1. 目标明确,有利于公司战略目标的实现

KPI是企业战略目标的层层分解,通过KPI指标的整合和控制,使员工绩效行为与企业目标要求的行为相吻合,不至于出现偏差,有力地保证了公司战略目标的实现。

2. 提出了客户价值理念

KPI提倡的是为企业内外部客户价值实现的思想,对于企业形成以市场为导向的经营思想是有一定的提升的。

3. 有利于组织利益与个人利益达成一致

策略性地指标分解,使公司战略目标成了个人绩效目标,员工个人在实现个人绩效目标的同时,也是在实现公司总体的战略目标,达到两者和谐、公司与员工共赢的结局。

(四)关键绩效指标法的缺点

1. KPI指标比较难界定

KPI更多是倾向于定量化的指标,这些定量化的指标是否真正对企业绩效产生关键性的影响,如果没有运用专业化的工具和手段,是很难界定的。

2. KPI会使考核者误入机械的考核方式

过分地依赖考核指标,而没有考虑人为因素和弹性因素,会产生一些考核上的争端和异议。

3. KPI并不适用所有岗位

七、平衡计分卡(BSC)

20世纪70年代,国外的企业还普遍利用财务指标作为衡量企业绩效的全部内容。但是,越来越多的企业发现,这类静止的、单一的、被动的指标体系不能全面、动态地反映企业的真正问题,也不能预见企业的未来。同时,对于短期的财务指标的过分关注,导致了企业经理人员决策、行动短期性,诸如控制利润、削减战略性投资、忽视客户的利益和价值,而种种短期行为又直接损害了企业的持久竞争能力。20世纪80年代,随着全面质量管理运动的兴起,企业发现,质量作为一项战略性武器,能够在激烈的竞争中维持企业的竞争优势,于是企业发展了一系列的衡量产品质量的绩效指标:次品率、一

次下线合格率、产品损耗、反应时间等。20世纪90年代,企业发现客户才是企业生存之本和利润之源,随之掀起了一场追求客户满意的管理运动,企业开始将客户满意度作为战略性的绩效指标予以高度关注。近年来,企业还进一步认识到了企业绩效管理(Corporate Performance Management,简称CPM)对企业的长远发展极为重要。有远见的企业家开始大力构建企业的绩效考评指标体系,推行CPM。事实上,各种CPM方案近年在欧美大行其道。而源于外部环境变化的需要,及时、动态地反映公司的营运状况和竞争能力的平衡计分卡就因此应运而生。罗伯特·S·卡普兰(Robert·S·Kaplan)、大卫·P·诺顿(David·P·Norton)于1992年初在《哈佛商业评论》上发表了《平衡计分卡:良好绩效的测评体系》,第一次提出了平衡计分卡(Balanced Score Card,简称BSC)的概念。经过欧美、中国台湾等众多企业的广泛采用,平衡计分卡被实践证明是一套比较行之有效的绩效管理方案。

(一) 方法简介

罗伯特·S·卡普兰、大卫·P·诺顿通过对12家在绩效测评方面处于领先地位的公司进行的为期一年的项目研究,设计出了一套能使高层经理快速而全面地考察企业的测评指标,即平衡计分卡。平衡计分卡包含着财务衡量指标,用以说明已采取的行动所产生的结果。同时,平衡计分卡通过对顾客满意度、内部程序及组织的创新和提高活动进行测评的业务指标来补充财务衡量指标。业务指标是未来财务绩效的驱动器。

平衡计分卡方法的流程是:以财务、客户、业务流程和学习创新这四个领域的企业战略和目标为基础,开发出包含有关键考评指标的公司平衡计分卡,再把这些目标逐层分解、落实到各个部门和每个部门内的员工。其核心构想在于:企业必须通过创新与学习,持续改善企业内部运作过程,获得最大化的客户满意,才能够获得不凡的财务收益。表7-6为美国PIONEER石油公司的平衡计分卡设计。

因此,平衡计分卡不单是绩效考评的利器,同时它通过系统的指标分解过程,企业能够将清晰的规划远景和战略落实成具体的行动计划,从而也能够成为衡量战略经营单元(Business Strategy Unit)、各级组织和部门的有效工具。系统完全配置后,平衡计分卡就将战略规划从一个学术型演习转化成了企业的神经中枢。

平衡计分卡与传统绩效管理系统的区别主要在于以下几点:

(1) 平衡计分卡把企业战略和绩效管理系统联系起来——是企业战略执行的基础架构。

(2) 平衡计分卡在四个方面建立公司的战略目标——财务、客户、业务流程和学习创新。

(3) 传统的绩效考评一年只做一两次,和企业的战略执行脱节。

(4) 平衡计分卡帮助公司及时考评战略执行的情况,根据需要(每月或每季度)实时调整战略、目标和考评指标。

(5) 平衡计分卡能够帮助公司有效地建立跨部门团队合作,促进流程的顺利进行。

(6) 平衡计分卡考评体系为其他管理工具的实施,例如流程重组和6Sigma管理,打下了坚实基础。

表 7-6　　　　　　　　　　美国 PIONEER 石油公司平衡计分卡示例

指标构成	第一层指标权重	具体指标内容	第二层指标权重
财务	60%	利润与竞争者比较	18%
		投资者报酬率与竞争者比较	18%
		成本降低与计划比较	18%
		新市场销售成长	3%
		现有市场销售成长	3%
顾客	10%	市场占有率	2.5%
		顾客满意度调查	2.5%
		经销商满意度调查	2.5%
		经销商利润	2.5%
内部运营	10%	社区/环保指数	10%
学习与成长	20%	员工工作环境与满意度调查	10%
		员工策略性技能水准	7%
		策略性资讯供应情况	3%
总计	100%		100%

(二) 平衡计分卡的优点

1. 以公司竞争战略为出发点

平衡计分卡将那些有助于增强公司竞争力的事项,如顾客导向、缩短响应时间、提高质量、重视团队合作等整合起来,对公司明确工作重点、全面提高管理水平与竞争优势意义重大。

2. 全面动态地考评

相对于以往的绩效考评系统而言,平衡计分卡是一项革命性的突破。其有效之处就在于其通过全面、动态地考评企业、部门、个人绩效,以达到适当运用资源,快速响应瞬息万变的市场,逐步实现战略发展,以取得长远竞争优势的目的。

3. 有效防止次优化行为

平衡计分卡迫使管理人员把所有的重要绩效考评指标放在一起系统考虑,并使他们的注意力集中于由当前和未来绩效的关键指标构成的一个简短清单上,避免了某一方面的改进以牺牲另一方面的效率为代价,甚至付出更高的成本,能够有效地优化工作行为。

4. 提出具体的改进目标

通过平衡计分卡,公司提出了企业、部门和个人的具体的改进目标及其改进时限,避免一些取得高绩效的员工可能不再继续努力改进自身工作,争取创造更好的工作成果。

(三) 平衡计分卡的缺点

1. 对信息系统的灵敏性要求高

信息系统在帮助管理人员实施平衡计分卡方面发挥了重要作用。例如,当平衡计分卡体系中出现了未预期到的信号时,管理人员可以通过查询信息系统,找出问题的根源所在。但是,如果信息系统不够灵敏,它就会成为绩效考评的致命弱点。

2. 对企业管理基础的要求比较高

平衡计分卡建立在对企业经营战略正确理解的基础之上,要求企业管理人员不但能够明确企业的竞争优势与劣势,而且能够清楚行业特点与竞争对手的战略,并立足长远,提出对企业长期战略成功极为重要的绩效考评指标。同时,成功实施平衡计分卡,不仅需要各级管理人员的理解和大力支持,还需要一些诸如经理讨论会之类的配套措施,这一切都要求企业具备比较好的管理基础。

(四)平衡计分卡的适用条件

1. 战略导向型企业

战略导向型企业引进了战略管理理念,对战略的制定与分解及有效实施都有较为丰富的经验,这为实施平衡计分卡奠定了良好的基础。

2. 竞争激烈、竞争压力大的企业

在竞争激烈、竞争压力大的企业中,实施平衡计分卡,有助于实施的决心与力度的加强,并有利于提高企业的整体实力和竞争优势。

3. 注重管理民主化的企业

注重管理民主化的企业,为实施平衡计分卡提供了畅通的渠道。平衡计分卡的实施,对企业战略进行分解,这要求企业具备民主化。只有如此,才能使战略分解合理,使实施过程中员工所遇到的问题能够及时反馈到高层,并得到解决。

4. 成本管理水平高的企业

成本管理水平高的企业,注重了企业成本的有效控制,解决了财务指标的有效确定,并使企业力求在客户、内部业务流程、学习与成长的管理方面得到突破。

八、绩效考核方法的选择

企业在选择绩效考核方法时应该考虑到企业的性质、规模、发展阶段和行业特点(如表 7-7 所示),对于那些处于成熟期的大型跨国企业,往往有明确的战略目标,员工素质也较高,比较适合采用平衡计分卡进行绩效考核。对于一些处于发展期的中小型民营企业来说,迫切需要通过绩效考核来解决公司和员工之间的利益分配问题,KPI 方法比较适合这类企业。对于那些处于成熟期的国有企业,360°绩效考核方法比较适合其文化特点。对于那些处于创业期的中小型民营企业而言,各个部门或岗位临时交办的任务往往较多,它们需要的是一种简单易操作的绩效考核方法,目标管理法不失为一种可供选择的方法。

表 7-7　　　　　　　　　绩效考核方法与企业特点的匹配

考核方法	企业性质	企业规模	发展阶段	行业特点
BSC	跨国企业	大中型	成熟期	竞争程度中等,知识密集型,资本密集型
KPI	民企或外企	各种类型	创业期 发展期	竞争程度激烈,劳动密集型,资本密集型

（续表）

考核方法	企业性质	企业规模	发展阶段	行业特点
360°	国企或民企	中小型	发展期 成熟期	竞争程度中等，知识密集型
MBO	外企或民营	中小型	发展期 创业期	竞争程度中等，知识密集型

第四节 绩效反馈与改进

评价仅仅是一种手段，绩效考核的积极目的是使员工了解业绩目标与企业之间的关系，反馈评价信息，促进员工的发展，通过帮助员工执行企业任务时认识和利用自身全部潜能来提高工作业绩，当员工意识到自身的长处与缺点，并清楚如何提高自己的技能和素质时，考核的目的就达到了。而绩效反馈在这个过程中起到了极为重要的作用。

一、绩效反馈的内涵

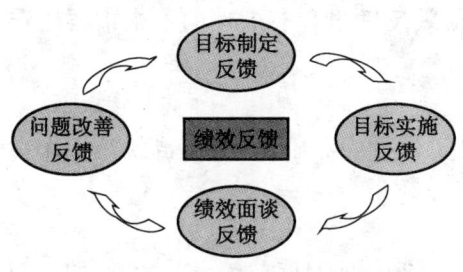

图 7-3 绩效反馈的内容

绩效反馈主要通过考核者与被考核者之间的沟通，就被考核者在考核周期内的绩效情况进行面谈，在肯定成绩的同时，找出工作中的不足并加以改进。绩效反馈的目的是为了让员工了解自己在本绩效周期内的业绩是否达到所定的目标，行为态度是否合格，让管理者和员工双方达成对评估结果一致的看法；双方共同探讨绩效未合格的原因所在并制定绩效改进计划，同时，管理者要向员工传达组织的期望，双方对绩效周期的目标进行探讨，最终形成一个绩效合约。由于绩效反馈在绩效考核结束后实施，而且是考核者和被考核者之间的直接对话，因此，有效的绩效反馈对绩效管理起着至关重要的作用。绩效反馈的内容如图 7-3 所示。

二、绩效反馈的重要性

绩效反馈是绩效考核的最后一步，是由员工和管理人员一起，回顾和讨论考评的结果的过程，如果不将考核结果反馈给被考评的员工，考核将失去极为重要的激励、奖惩和培训的功能。因此，有效的绩效反馈对绩效管理起着至关重要的作用。

1. 绩效反馈是考核公正的基础

由于绩效考核与被考核者的切身利益息息相关，考核结果的公正性就成为人们关心的焦点。而考核过程是考核者履行职责的能动行为，考核者不可避免地会掺杂自己的主观意志,导致这种公正性不能完全依靠制度的改善来实现。绩效反馈较好地解决了这个矛盾,它不仅让被考核者成为主动因素,更赋予了其一定权利,使被考核者不但拥有知情权,更有了发言权;同时,通过程序化的绩效申诉,有效降低了考核过程中不公正因素所带来的负面效应,在被考核者与考核者之间找到了结合点、平衡点。对整个绩效管理体系的完善起到了积极作用。

2. 绩效反馈是提高绩效的保证

绩效考核结束后,当被考核者接到考核结果通知单时,在很大程度上并不了解考核结果的来由,这时就需要考核者就考核的全过程,特别是被考核者的绩效情况进行详细介绍,指出被考核者的优缺点,特别是考核者还需要对被考核者的绩效提出改进建议。

3. 绩效反馈是增强竞争力的手段

任何一个团队都存在两个目标:团队目标和个体目标。个体目标与团队目标一致,能够促进团队的不断进步;反之,就会产生负面影响。在这两者之间,团队目标占主导地位,个体目标属于服从的地位。

三、绩效反馈的基本原则

(一)经常性原则

绩效反馈应当是经常性的,这样做的原因有两点:首先,管理者一旦意识到员工在绩效中存在缺陷,就有责任立即去纠正它;其次,绩效反馈过程有效性的一个重要决定因素是员工对于评价结果基本认同。

(二)对事不对人原则

在绩效反馈面谈中双方应该讨论和评估的是工作行为和工作绩效,也就是工作中的一些事实表现,而不是讨论员工个性特点。

(三)多问少讲原则

我们在与员工进行绩效沟通时遵循 20/80 法则:80%的时间留给员工,20%的时间留给自己,而自己在这 20%的时间内,可以将 80%的时间用来发问,20%的时间用来"指导""建议""发号施令",因为员工往往比经理更清楚本职工作中存在的问题。

(四)着眼未来原则

绩效反馈面谈中很大一部分内容是对过去的工作绩效进行回顾和评估,但这并不等于说绩效反馈面谈集中于过去。谈论过去的目的并不是停留在过去,而是从过去的事实中总结出一些对未来发展有用的东西。

(五)正面引导原则

不管员工的绩效考核结果是好是坏,我们坚持多给员工一些鼓励,至少让员工感觉到:虽然绩效考核成绩不理想,但得到了一个客观认识自己的机会,找到了应该努力的方向。这样,可以让员工把一种积极向上的态度带到工作中去。

(六)制度化原则

绩效反馈必须建立一套制度,只有将其制度化,才能保证它能够持久地发挥作用。

四、绩效反馈的内容

1. 谈工作业绩

工作业绩的综合完成情况是主管进行绩效面谈时最为重要的内容,在面谈时应将评估结果及时反馈给下属,如果下属对绩效评估的结果有异议,则需要和下属一起回顾上一绩效周期的绩效计划和绩效标准,并详细地向下属介绍绩效评估的理由。通过对绩效结果的反馈,结合绩效达成的经验,找出绩效未能有效达成的原因,为以后更好地完成工作打下基础。

2. 谈行为表现

除了绩效结果以外,还应关注下属的行为表现,比如工作态度、工作能力等,对工作态度和工作能力的关注可以帮助下属更好地完善自己,提高员工的技能,也有助于帮助员工进行职业生涯规划。

3. 谈改进措施

绩效考核的最终目的是改善绩效。在面谈过程中,针对下属未能有效完成的绩效计划,主管应该和下属一起分析绩效不佳的原因,并设法帮助下属提出具体的绩效改进措施。

4. 谈新的目标

绩效面谈作为绩效管理流程中的最后环节,主管应在这个环节中结合上一绩效周期的绩效计划完成情况与下属新的工作任务,和下属一起提出下一绩效周期中的新的工作目标和工作标准。这实际上是帮助下属一起制定新的绩效计划。

五、绩效反馈沟通前的准备工作

(一) 主管方面

1. 收集资料

(1) 建议部门内自己设立目标管理卡或绩效计划。这是主管和员工共同的承诺,也是绩效管理整个过程的依托,直到绩效反馈,它依然是重要的信息来源。

(2) 职位说明书。职位说明书是绩效面谈的内容之一。管理活动是个动态的过程,员工的工作有可能在过程当中发生改变,可能增加一些当初制订绩效目标时所未能预料的内容,也有可能因为一些原因使得一些目标没能组织实施。这个时候,职位说明书作为重要补充将发挥重要作用。所以,员工的职位说明书也一定要置于案头以备查阅。

(3) 绩效考评汇总表。绩效考评汇总表填好后,各评价主体要认真分析数据,从中分析员工的优势和劣势。在绩效反馈时,主管要把它拿出来请员工签字认可。

(4) 员工的绩效档案。所谓绩效档案,是指在平时的管理活动中,在跟踪员工绩效目标时发现和记录的内容。它是绩效评价的重要辅助资料和证据。这个工作可能是某些管理者的薄弱环节,如果一个主管没有建立员工绩效档案,就无法向员工解释考评结论,就会陷入尴尬的僵局。部门主管要从开始考核时就做这项工作。

2. 安排面谈计划

通常一个主管有若干个下属,所以面谈方式可以是一对一的,也可以是一对多的。

"一对一"常用于涉及私事或保密情况时;"一对多"常用在有共同话题时。主管必须有一个统筹的安排,根据自己的工作安排,与员工进行适当的沟通之后,拟订一个行之有效的面谈计划,并将计划告诉员工,让员工有一个心理和行动上的准备。面谈时间最好控制在10~15分钟;若是月度考核,一月一次,则不少于30分钟;年度考核,则应多于1小时。地点应安排在安静且不受干扰的地方。每次绩效考评结束后一周内安排绩效反馈面谈。

（二）员工方面

只有主管本人做准备是不行的,面谈是主管和员工共同完成的工作,只有双方都做了充分的准备,面谈才有可能成功。所以,在面谈计划下发的同时也要将面谈的重要性告知员工,让员工做好充分准备。员工要主动搜集与绩效有关的资料,要实事求是,有明确的、具体的业绩,以使人心服口服,同时,要认真对自己进行自我评估,内容要客观真实、准确清晰。

六、绩效反馈面谈

准备工作固然重要,但相对来说,面谈的过程更加重要。所以,我们一定要在面谈过程中注意方式、方法,使面谈在融洽的气氛中进行,在愉快的告别中结束,使面谈真正起到帮助员工提高的目的,而不要演变成批斗会、辩论场。通常一个员工的绩效表现有正反两个方面,有表现优秀值得鼓励的地方,也有表现不足须加以改进之处,所以我们的反馈也应该从正反两个方面着手,既要鼓励员工发扬优点,也要鞭策员工改进不足。

（一）正面反馈

对于正面反馈,这里有三点要特别注意,那就是:真诚,具体和建设性。

1. 真诚

真诚是面谈的心理基础,不可过于谦逊,更不可夸大其词。要让员工真实地感受到你确实是满意他的表现,你的表扬确实是你的真情流露,而不是"套近乎""扯关系"。只有这样,员工才会把你的表扬当成激励,在以后的工作中更加努力。通俗地说,你的表扬和溢美之词一定要"值钱",不是什么都表扬,也不是随时随处都表扬,而是在恰当之处表扬,表扬要真诚、发自肺腑。

2. 具体

主管在表扬员工和激励员工的时候,一定要具体,要对员工所做的某件事有针对性地具体地提出表扬,而不是笼统地说员工表现很好就完事。比如,员工为了赶一份计划书而加了一夜的班,不能仅仅说员工加班很辛苦,表现很好之类的话,而是要把员工做的具体的事特别点出,比如:"小王,你加了一夜的班赶计划书,领导对你的敬业精神很赞赏,对编写的计划书很满意。"这样,就会让小王感受到不仅加班受到了表扬,而且计划书也获得了通过,受到了赏识,可能更会对小王有激励作用。

3. 建设性

正面的反馈要让员工知道他的表现达到或超过了主管的期望,让员工知道他通过自己的表现得到了主管的认可;要强化员工的正面表现,使之在以后的工作中不断发扬,继续作出更优秀的表现。同时,要给员工提出一些建设性的改进意见,以帮助员工获得更大提高和改进。

(二) 反面反馈

对于反面的反馈,要注意以下几点:

(1) 具体描述员工存在的不足,对事而不对人,描述而不作判断。不能因为员工的某一点不足,就作出员工如何如何不行之类的感性判断。这里,对事不对人,描述但不判断应该作为重要的原则加以特别注意。

(2) 要客观、准确、不指责地描述员工行为所带来的后果。只要客观准确地描述了员工的行为所带来的后果,员工自然就会意识到问题的所在,所以,在这个时候不要对员工多加指责,指责只能僵化与员工之间的关系,对面谈结果无益。

(3) 从员工的角度,以聆听的态度听取员工本人的看法。听员工怎么看待问题,而不是一直喋喋不休地教导。

(4) 与员工探讨下一步的改进措施。与员工共同商定未来工作中如何加以改进,并形成书面内容,经双方签字认可。

绩效反馈面谈表格如表7-8所示。

表7-8　　　　　　　　　　　　绩效反馈面谈表格

面谈时间:				
内容:				
	内容		原因	
主要强项				
主要弱项				
下一步行动方案:				
差距	下阶段目标	行动方案	负责人	改进所需时间	所需支持
事业机会、职务安排、培训建议:				

七、绩效考核结果的应用

实现公司与员工的双赢是绩效管理的关键所在。考核结果的合理转化和利用是发挥绩效考核作用、提高制度化管理水平的关键。绩效考核本身不是目的,而是一种手段,因此必须重视考核结果的运用。考核结果的作用主要有以下几个方面:

(1) 给员工定期与上级就绩效进行沟通的机会,以利于改进工作绩效。绩效管理最直接的目的是提高员工的工作绩效。因此,绩效考核结果最突出的运用就表现在为绩效改进服务中。传统绩效考核目的是通过对员工工作业绩进行考核,把结果作为确定员工薪酬、奖惩、晋升或降级的标准。而现代绩效管理的目的不限如此,员工能力的不断提高以及持续的绩效改进才是根本目的。所以,考核结果应及时反馈给员工。通过反馈,管理者与员工及时进行沟通,有利于他们认识自己的工作成效,发现自己工作中的短板,认识并解决当前存在的问题,使员工真正认识到自己的缺点和优势,扬长避短,积极主动地改进工作。通过沟通,帮助管理者建立与员工之间的绩效伙伴关系。管理者向员工传递了需要改进绩效的方面,共同探讨改进工作绩效的手段,达到提高员工的"资质"的目的。

(2) 给上级以衡量员工优缺点的途径。绩效考核结果可以帮助上级在执行管理过程中,依据不同对象的具体情况,采用不同程度的强化行为、激励与指导让员工的绩效朝着与管理者商定的方向发展,从而达到符合期望的行为发生或者增加出现的频率,以及减少、消除不期望行为的目的。

(3) 作为薪资或绩效奖金调整的依据。企业除了基本工资外,一般都有业绩工资。业绩工资是直接与员工个人业绩相挂钩的。这是绩效考核结果的一种普遍用途。它是为了增强薪酬的激励效果,在员工的薪酬体系中部分与绩效挂钩,薪资的调整也往往由绩效成果来决定。

(4) 作为晋升或降级等职务调整的依据。绩效考核结果可以为职务变动提供一定的信息,若员工在某方面的绩效成果突出,就可以通过晋升让他在某一方面承担更多的责任;若员工在某方面的绩效不够好,可能是因为员工本身能力不足,不能胜任工作或者目前从事的职务不适合他。可以通过职务调整,让他从事更适合他的工作;若是员工本身态度不端正的原因,经过提醒和警告仍无济于事,则考虑将其解雇。同时,绩效考核还可以作为组织成员提高竞争意识与危机感的手段。

(5) 作为发掘教育培训需求和人才培育的依据。绩效考核结果可以作为培训开发有效性的判断依据。员工绩效不佳的原因往往在于知识、技能或能力方面出现了"瓶颈"。企业可以通过绩效考核结果及时认识到这种需求,组织员工参加培训或者接受再教育。培训是一把双刃剑。盲目开展培训,对员工能力的提高没有什么效率,对于企业的发展也没什么效率。但绩效考核结果可以有效地克服盲目培训的弊端。

(6) 可以作为招聘和甄选有效性的一个依据。根据绩效考核结果的分析,可以确认采用何种评价指标和标准作为招聘和甄选员工的依据,以利于提高绩效的预测效度,提高招聘的质量以达到降低招聘成本的目的。

(7) 可以作为涉及人力资源方面的法律诉讼的书面依据。绩效考核结果提供了有关于个人绩效的书面记录。这些记录能够有效地帮助企业解决劳动关系纠纷问题,保护企业免遭诉讼。

(8) 有利于制定员工职业生涯规划。职业生涯规划是一个关注员工长远发展的计划。它是根据员工目前绩效水平与长期以来的绩效提高过程和员工协商制定的一个长远工作绩效和工作能力改进提高的系统计划。该规划明确员工在企业中的未来发展途径,不仅对目前员工绩效进行反馈,还可以增加员工对企业的归属感和满意度,是促进其绩效提升的强有力的动力。

思考与练习

一、基本概念

绩效管理 绩效考核 360°绩效考核法 目标管理法 关键绩效指标法 平衡计

分卡

二、单项选择题

1. 员工绩效考核要从员工工作成绩的（　　）两个方面，对员工在工作中的优缺点进行系统的描述，并将有关结果信息反馈给个人和有关部门。
   A. 数量和质量　　　　　　　　　B. 质量和态度
   C. 态度和数量　　　　　　　　　D. 态度和能力

2. 绩效计划是绩效管理过程的起点，它的主要任务是依据企业的战略目标，来确定（　　）。
   A. 绩效考核时间　　　　　　　　B. 绩效目标
   C. 绩效反馈　　　　　　　　　　D. 绩效考核结果

3. （　　）是通过对被评估者在关键工作中极为成功或极为失败的事件的观察和分析，来判定该员工在类似事件或在介于关键事件与非关键事件之间可能的行为和表现。
   A. 关键事件法　　　　　　　　　B. 强迫选择量表法
   C. 目标管理　　　　　　　　　　D. 360°绩效考核法

4. 下列对目标管理的叙述中，不正确的是（　　）。
   A. 它使员工的个人目标与组织目标保持一致
   B. 它使管理者专注目标，减少精力损耗
   C. 它以制定的目标作为考评依据，不易出现考评失误
   D. 它有利于将不同部门之间的工作绩效做横向比较

5. 绩效管理的正确步骤是（　　）。
   A. 绩效计划—绩效实施与管理—绩效评价—绩效反馈
   B. 绩效实施与管理—绩效计划—绩效评价—绩效反馈
   C. 绩效计划—绩效实施与管理—绩效反馈—绩效评价
   D. 绩效计划—绩效反馈—绩效实施与管理—绩效评价

三、判断题

1. 绩效管理中所说的绩效，不仅仅包含凝结劳动，还包含劳动者的潜在劳动和流动劳动。（　　）

2. 考评者的数量直接影响绩效考评的质量，通常考评人数量越少，个人的"偏见效应"就越小。（　　）

3. 绩效管理只有在绩效低的时候才使用。（　　）

4. 平衡计分卡可以通过全面、动态地考评企业、部门、个人绩效，达到适当运用资源，快速响应瞬息万变的市场，逐步实现战略发展，以达到长远竞争优势的目的。（　　）

5. 绩效反馈的目的使管理者要向员工传达组织的期望，双方对绩效周期的目标进行探讨，最终形成一个绩效合约。（　　）

四、简答题

1. 绩效面谈是绩效管理中进行考核评价后必不可少的工作内容，管理者在进行绩效

面谈时要关注哪几个方面的技巧问题?
2. 列举关键业绩指标法的优缺点。
3. 简述平衡计分卡与传统绩效管理系统的区别。
4. 简述绩效计划的制定流程。
5. 阐述绩效管理与绩效考核的区别。

第八章 员工薪酬管理

【知识目标】
- 理解薪酬及薪酬管理的相关概念
- 掌握岗位评价的各种方法
- 掌握基本薪酬制度的特点及适用情况

【技能目标】
- 运用合理方法对具体岗位进行岗位评价
- 能够结合企业实际情况设计合理的薪酬制度

联想的薪酬福利发展之路

联想的薪酬福利制度经历了四个发展阶段：第一阶段是1984—1988年的低工资、低福利阶段，公司刚成立，条件很艰苦，资金也很困难，只能维持原有的工资水平，基本没有什么福利；第二阶段是1988—1992年的低工资、中福利阶段，公司得到逐步发展，有条件提高员工的待遇，但是当时社会大环境下不便于给高工资，而且个人调节税的起点很低，联想就保持工资变动不大，增加福利，采用了季度性劳保、年度职工置装、食堂补贴和年节发实物性奖励等福利措施；第三阶段是1993—1998年的中工资、低福利阶段，随着整个社会工资的上调，联想在1993年也进行了一次大规模的调整，工资往上提，但是减少福利部分，但联想只是把实物发放和置装费等放入工资，比起同行业，待遇水平偏低；第四阶段是从1998年年底至今的高工资、中福利阶段。

联想统一薪酬的价值标准体系分为三方面：一是贯彻事业部管理体制和扁平化管理思想；二是借鉴先进的经验对人力资源系统规划，为联想的人力资源管理规范化和科学化打下基础；三是体现企业文化的"以人为本"思想和"公正、公平、公开"原则，把个人的价值实现与企业的价值实现结合起来。在统一薪酬上还有三个原则：一是形成统一、合理的结构，工资、奖金、福利、股份等要素的比例要合理；二是确定统一的定薪方法，采取CRG(Corporate Resources Group，简称CRG)的岗位评估方法和总额控制，CRG是CRG公司（国际人力资源顾问公司）评估岗位的基本工具；三是确定统一的调薪原则。

薪酬福利是员工所获得的所有报酬，其中包括工资、年终奖金、员工持股、社会福利和公司福利，联想对每一项都有相关政策。

工资——依据CRG国际职位评估方法，确定岗位工资。岗位的职责大小、劳动强度、劳动难度、贡献大小等，都是支付工资的标准，并根据国家的标准对不同地区的工资进行调整。

年终奖金——总部职能部门的年终奖金与全集团的业绩挂钩；子公司的年终奖金与子公司的业绩挂钩；个人的年终奖金与个人的业绩挂钩。发放的目的，就是肯定员工一年的工作，并给予物质上的奖励，起到激励下年继续努力的作用。

员工持股——遵循全员持股的原则，只要是在公司工作过一段时间的普通员工都可以分配到认股权利，具体分配的数量根据岗位的价值决定。

福利——统一薪酬后，员工享受越来越多的福利。企业按国家规定给员工社会统筹养老保险、医疗保险、失业保险等法定福利，还为员工缴纳住房公积金等。福利政策要遵循"福利社会化"原则，逐步减少公司福利。

(资料来源：http://wenku.baidu.com)

讨论：
(1) 联想是如何确定薪酬福利制度的？
(2) 当前，联想公司的薪酬福利体现出哪些特点？

薪酬管理的主要任务是在经营战略和发展规划的指导下,综合考虑企业内外各种因素的影响,确定企业自身的薪酬水平、薪酬结构和薪酬形式,并进行薪酬调整和薪酬控制的整个过程,其目的在于吸引和留住符合企业需要的员工,并激发他们的工作热情和各种潜能,最终实现企业的经营目标。它解决的是"激励人才、留住人才"的问题,一个现代企业应当坚持"对外具有竞争力,对内具有激励和凝聚力"的原则,构建和完善企业的薪酬福利制度。

第一节 薪酬管理概述

一、薪酬的基本概念

从本质上说,薪酬表现的是雇佣者与被雇佣者的平等交换关系。一方面,雇佣者向被雇佣者支付货币、实物、工作环境和其他服务;另一方面,被雇佣者向雇佣者提供劳动时间、脑力、体力劳动,创造价值等。

我们认为,薪酬概念存在三个层次的理解:狭义的薪酬,一般的薪酬,广义的或者说全面的薪酬。

(一)薪酬的狭义理解

薪酬是指企业对员工为企业所作的贡献(包括他们实现的绩效、付出的努力、时间、学识、技能、经验与创造)付给的相应的回报,包括直接薪酬(含基本工资、加班及假日津贴、绩效奖金、利润分享、股票期权等)和间接薪酬与福利(含保健计划、非工作时间的薪酬、服务及额外津贴等)。

(二)薪酬的一般理解

薪酬是员工外在回报的综合,不仅包括了各项货币性和实物性回报,还包括外在的非财务性回报,如偏爱的办公室装潢、宽裕的午餐时间、特定的停车位置、喜欢的工作等。这部分回报仍然是基于员工对企业的贡献,对员工激励是有效的,其主要满足的是员工的第四层次,即他人对自己认可和自己对自己认可的需要,如名誉、地位、尊严等。

(三)薪酬的广义理解

薪酬是企业给予员工的内在和外在回报的总和,其中内在回报包括参与决策的权利、较大的工作自主权、较大的责任、较有兴趣的工作、个人成长机会、活动的多元化等。由此可以看出,内在回报主要是与工作本身相关的,是对员工个人成长的激励,主要满足的是员工自我实现的需要,发挥员工的潜能,实现自我价值。

尽管内在回报和外在回报有所区别,但两者是紧密相关的。一般来说,提供外在回报的同时也向被雇佣者提供了内在回报。例如,员工薪水增加了,这不仅仅是货币收入的增加,同时也意味着企业对员工工作的一种肯定和鼓励,从而使员工在内心里产生成就感,促进其个人成长。

二、薪酬的构成

一般来说,企业付给员工的劳动报酬并不仅仅限于支付工资或薪水,现代企业支付

给员工的报酬实际是一个"工资包",雇员打开"工资包"看到的可能是如下内容:

(1) 工资或薪水,这是劳动报酬的主体。

(2) 奖金、奖励工资(如第13个月工资)、分红、员工持股计划等。

(3) 各种津贴、补贴。津贴补贴主要是对职工在特殊劳动条件和工作环境下付出的特殊消耗的补偿。

(4) 工资升级或晋职加薪。

(5) 由公司支付福利,如带薪休假、病假、健康或人寿保险等。

(6) 法律规定的各种福利,如企业为雇员缴纳养老保险金、医疗保险金等。

(7) 员工优惠享受本公司的产品和服务。

(8) 职业发展机会和专业培训。

(9) 额外福利,如社会卡、员工本人和家属使用公司的汽车、笔记本电脑、移动电话等。

由于各个企业规模不同,所属行业不同,所在地区和国家不同,其"工资包"的内容和它们之间的比例可能是差别较大的,但应该说万变不离其宗。如果将收入结构用一个简图进行立体描述,一般是如下形式(见图8-1)。

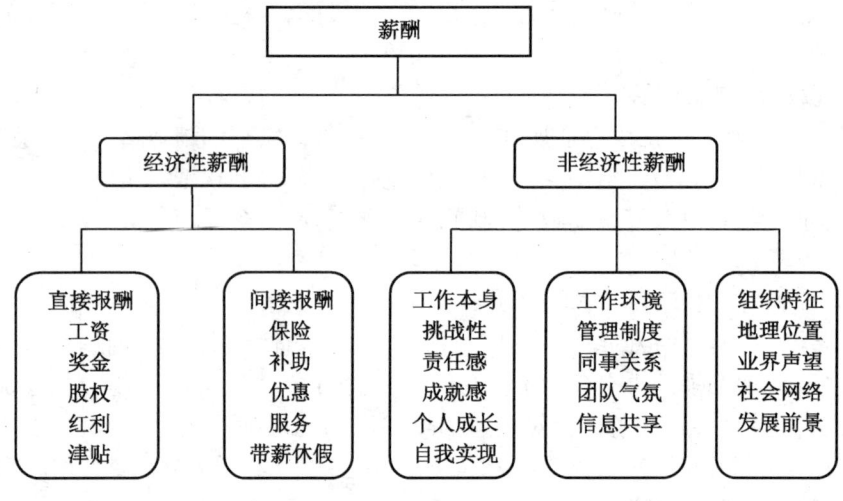

图 8-1 薪酬的构成

三、薪酬的形式

薪酬的形式如图8-2所示,可以分为如下几种。

(一) 基本薪酬

基本薪酬是企业为员工已完成工作而支付的,用来维持员工基本生活的基本现金薪酬。它反映的是工作或技能价值,往往忽视了员工之间的个体差异,常以岗位工资、职务工资、技能工资等形式来表现。基本薪酬的调整往往基于以下事实:①整个生活水平发生变化或通货膨胀;②其他雇员对同类工作的薪酬有所改变;③雇员的经验进一步丰富;④员工个人业绩、技能有所提高。基本薪酬一般不与企业经营效益挂钩,是薪酬中相对稳定的部分。

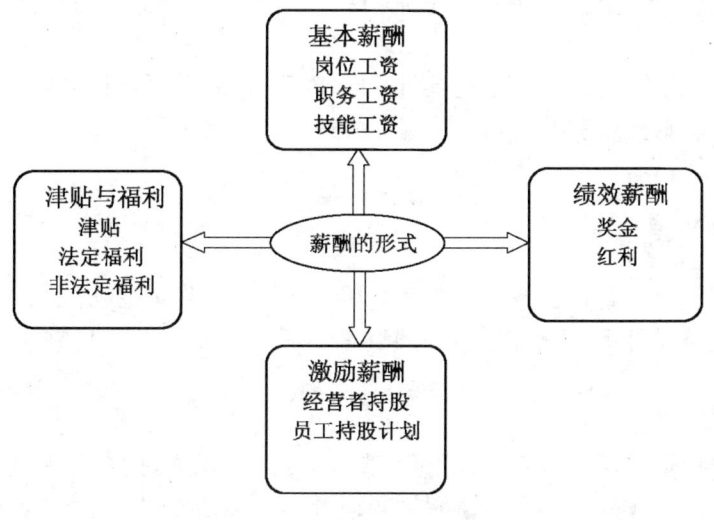

图 8-2　薪酬的形式

（二）绩效薪酬

绩效薪酬主要是指对员工超额工作部分或工作业绩突出部分所支付的奖励性报酬，支付的依据主要是工作业绩和劳动效率，具有较强的短期激励作用，常以奖金、红利等形式来表现。在实际中，由于绩效的定量难以操作，所以除了计件工资和佣金以外，更多的是依据员工绩效而增发的奖励性工资。

（三）激励薪酬

激励薪酬又称为可变薪酬，是指提前将收益分配方案明确告知员工的方法。激励薪酬也与业绩直接挂钩，用于衡量业绩的标准有成本节约、产品数量、产品质量、投资收益、利润增加等。激励薪酬有短期的，也有长期的。短期的激励薪酬可以表现得很具体，长期的激励薪酬则是对员工长期努力实施奖励，实施的目的是使员工能够注重组织的长期目标，常以经营者持股、员工持股计划等形式来表现。

虽然激励薪酬和绩效薪酬对雇员的业绩都有影响，但两者有三点不同：第一，激励薪酬以支付薪酬的方式影响员工将来的行为，而绩效薪酬则重于对过去工作的认可，即时间不同；第二，激励薪酬制度在实际业绩达到之前已确定，而绩效薪酬往往不会提前被雇员知晓；第三，激励薪酬是一次性支出，对劳动力成本没有永久影响，业绩下降时，激励薪酬也会自动下降，而绩效薪酬通常会加到基本薪酬上去，是永久的增加。

（四）津贴与福利

津贴与福利是一种源于员工组织成员身份的福利性报酬，通常不与员工的劳动能力和提供的劳动量相关，它起到一种保障作用。津贴是指因工资难以全面、准确反映的劳动条件、劳动环境、社会评价等因素对员工造成某种不利影响或者保证员工工资水平不受物价影响而支付给员工的一种补偿。人们常把与工作相联系的补偿叫津贴，如高温费、出差补助等；把与生活相联系的补偿叫补贴，如误餐费、住房补贴等。福利是指一种补充性薪金，但往往不以货币形式直接支付，而多以实物或服务的形式支付，如子女教育津贴、带薪休假、廉价住房等。企业福利在改善员工满意度方面起着重要的调节作用。

不同的薪酬形式发挥的作用也有所不同,在设计薪酬结构时必须要进行有效组合。一方面选择薪酬形式要和行业内同等规模公司进行比较分析;同时,还需要结合公司自身的管理特点进行有针对性的设计。

四、薪酬的职能

薪酬的职能是指薪酬在企业生产经营活动中客观上发挥的功能和作用。在我国社会主义市场经济条件下,薪酬作为员工个人及家庭收入的主要支付方式,具有以下几个职能。

(一) 分配职能

薪酬的分配职能是指员工个人消费资料的分配主要通过薪酬,尤其是以货币为表现形式的薪酬这一媒介来实现。薪酬是劳动者提高生活水平、改善生活质量的主要来源。个人消费资料的分配要以劳动为尺度,劳动报酬的取得要通过薪酬,并且主要以货币性薪酬来实现。货币是一般等价物,这部分薪酬采用货币形式,也就具有了货币一般等价物的性质。一方面,它提供了价值尺度,可以对各种劳动进行衡量和比较,同时相应地提供了劳动者消费尺度;另一方面,它提供了交换手段,通过货币这一交换媒介,以货币的形式提供劳动报酬,又到市场上用劳动报酬的表现形式——货币购买个人消费品,从而实现一种劳动和其他劳动的交换。可见,劳动报酬只有主要采用货币的形式,才能适应人们的收入有高有低、人们的消费需求各种各样的要求。

(二) 激励职能

在社会主义制度下,劳动是主要的谋生手段,物质利益仍然是人们所追求的目标。此外,在现代社会里,人们的收入高低不仅决定了物质文化生活条件的好坏,也是个人社会地位的一个重要因素和全面满足生理需求、心理需求、社会需求的经济基础。而员工的收入主要来自薪酬。薪酬的多少直接影响他们的生活水平、社会地位和需求的满足程度。薪酬是企业人力资源管理的重要工具,是员工工作绩效的评价结果,薪酬是以劳动质量与数量来计付的,员工为了推进个人薪酬的不断增长,必然会加强学习,努力改进技术和工作方法,从而也必然促进他们积极劳动,并且努力提高自身劳动力素质以提供高质量、高效率的劳动,这就决定了薪酬具有激励职能。员工追求物质利益最大化,也就变成追求薪酬最大化,使薪酬起到激励员工劳动积极性、促进劳动生产率提高、经济发展和社会进步的作用。

同时,薪酬支付也对企业提高经营管理水平起到激励作用。在劳动力市场中,劳动者一般选择经济效益好,薪酬水平高,可以实现长期自我发展的企业去工作。这样,必然会对企业产生压力,鞭策和推动企业努力提高管理水平,增强自身凝聚力和吸引力,吸引并留住优秀人才,以使企业持续发展。否则,企业就无法吸引和留住人才,在竞争中就要处于劣势地位。

(三) 补偿职能

劳动者在劳动过程中脑力与体力的消耗必须得到补偿,劳动力才能得以恢复,劳才能继续。员工提供劳动得到薪酬,通过薪酬取得消费资料,保证了劳动力的生产和再生产。薪酬的这一补偿职能,前提是劳动。只有进行劳动才能按消耗的劳动量进行补偿,多劳多补偿,少劳少补偿,不劳不补偿。

(四) 配置职能

薪酬对人力资源的配置作用十分明显。在劳动力市场中,根据市场内部各类劳动者的供求关系和劳动能力的相对关系,对劳动者确定各不相同的薪酬。稀缺的高水平、高素质的劳动者薪酬相对较高,大量的能力和素质较低的劳动者薪酬则相对较低,这样使各类劳动者可以与适合他们能力水平的工作岗位进行合理配置,这种配置可以促进人力资源合理、充分地利用。

(五) 调节职能

薪酬的调节职能是通过不同部门、不同地区、不同企业、不同职业和不同岗位之间员工的薪酬比例关系来实现的。同素质劳动者在不同部门、地区、企业、职业和岗位之间存在着薪酬差别。为实现自身收入的提高,员工会从薪酬较低的部门、地区、企业、职业和岗位,流动到薪酬相对较高的部门、地区、企业、职业和岗位,一方面,这样就促进劳动力过剩的低薪酬部门、地区、企业、职业和岗位,由于劳动力的转出,而实现与资本等其他生产要素更优化的配置结构,使其生产效率提高,进而提高薪酬水平;另一方面,使劳动力相对短缺的高薪酬部门、地区、企业、职业和岗位,由于劳动力的转入,实现资源配置趋于合理,促进经济进一步发展。

五、薪酬管理的含义

所谓薪酬管理,是指一个组织针对所有员工所提供的服务来确定他们应当得到的报酬总额以及报酬结构和报酬形式的一个过程。在这个过程中,企业就薪酬水平、薪酬体系、薪酬结构、薪酬构成以及特殊员工群体的薪酬作出决策。同时,作为一种持续的组织过程,企业还要持续不断地制定薪酬计划,拟定薪酬预算,就薪酬管理问题与员工进行沟通,同时对薪酬系统的有效性作出评价而后不断予以完善。

薪酬管理对几乎任何一个组织来说都是一个比较棘手的问题,主要是因为企业的薪酬管理系统一般要同时达到公平性、有效性和合法性三大目标。企业经营对薪酬管理的要求越来越高,但就薪酬管理来讲,受到的限制因素却也越来越多,除了基本的企业经济承受能力、政府法律法规外,还涉及企业不同时期的战略、内部人才定位、外部人才市场以及行业竞争者的薪酬策略等因素。

六、薪酬管理的特殊性

薪酬管理比起人力资源管理中的其他工作而言,有一定的特殊性,具体表现在以下三个方面。

(一) 敏感性

薪酬管理是人力资源管理中最敏感的部分,因为它牵扯到公司每一位员工的切身利益。特别是在人们的生存质量还不是很高的情况下,薪酬直接影响他们的生活水平;另外,薪酬是员工在公司工作能力和水平的直接体现,员工往往通过薪酬水平来衡量自己在公司中的地位。所以每一位员工对薪酬问题都会很敏感。

(二) 特权性

薪酬管理是员工参与最少的人力资源管理项目,它几乎是公司老板的一个特权。老板,包括企业管理者认为员工参与薪酬管理会使公司管理增加矛盾,并影响投资者的利益。所以,员工对于公司薪酬管理的过程几乎一无所知。

(三) 特殊性

由于敏感性和特权性,导致每个公司的薪酬管理差别会很大。另外,由于薪酬管理本身就有很多不同的管理类型,如岗位工资型、技能工资型、资历工资型、绩效工资型等,所以,不同公司之间的薪酬管理几乎没有参考性。

七、薪酬管理的内容

(一) 薪酬的目标管理

薪酬的目标管理即薪酬应该怎样支持企业的战略,又该如何满足员工的需要。

(二) 薪酬的水平管理

薪酬的水平管理即薪酬要满足内部一致性和外部竞争性的要求,并根据员工绩效、能力特征和行为态度进行动态调整,包括确定管理团队、技术团队和营销团队薪酬水平,确定跨国公司各子公司和外派员工的薪酬水平,确定稀缺人才的薪酬水平以及确定与竞争对手相比的薪酬水平。

(三) 薪酬的体系管理

薪酬的体系管理不仅包括基础工资、绩效工资、期权期股的管理,还包括如何给员工提供个人成长、工作成就感、良好的职业预期和就业能力的管理。

(四) 薪酬的结构管理

薪酬的结构管理即正确划分合理的薪级和薪等,正确确定合理的级差和等差,还包括如何适应组织结构扁平化和员工岗位大规模轮换的需要,合理地确定工资宽带。

(五) 薪酬的制度管理

薪酬的制度管理即薪酬决策应在多大程度上向所有员工公开和透明化,以及谁负责设计和管理薪酬制度,薪酬管理的预算、审计和控制体系又该如何建立和设计。

第二节 岗 位 评 价

在一个企业中,岗位名称很多,人们常常需要确定一个岗位的价值,比如想知道一个财务人员与一名营销人员相比,究竟谁对企业的价值更大,谁应该获得更好的报酬。为了协调各类岗位之间的关系,进行科学规范的管理,就必须进行岗位评价,使岗位级别明确。通过评价,可以明确各个岗位的门类、系统、等级的高低,使工作性质、工作职责一致,把工作上所需资格条件相当的岗位都归于同一等级,这样就能保证企业对员工进行招聘、考核、晋升、奖惩等管理时,具有统一的尺度和标准。

一、岗位评价的内涵

岗位评价,又称职位评估或岗位测评,是指在岗位分析的基础上,对岗位的责任大小、工作强度、所需资格条件等特性进行评价,以确定岗位相对价值的过程。它有三大特点:第一是"对事不对人",即岗位评价的对象是企业中客观存在的岗位,而不是任职者;第二,岗位评价衡量的是岗位的相对价值,而不是绝对价值,岗位评价是根据预先规定的衡量标准,对岗位的主要影响指标逐一进行测定、评比、估价,由此得出各个岗位的量值,使岗位之间有对比的基础;第三,岗位评价是先对性质相同的岗位进行评判,然后根据评定结果再划分出不同的等级。

岗位评价可以使员工与员工之间、管理者与员工之间对报酬的看法趋于一致和满意,各类工作与企业对应的报酬相适应,使企业内部建立一些连续的等级,从而使员工明确自己的职业发展和晋升途径,便于员工理解企业的价值标准,引导员工向更高的效率发展。

另外,岗位评价是岗位工资的重要基础,可以更好地体现同工同酬和按劳分配的原则。虽然有人认为网络时代的企业组织变化越来越快,企业内部的组织结构、岗位构成也在不断发生变化,所以岗位评价和以岗位为基础的付酬方式不合时宜,应代之以以技能为基础的付酬方式,以能力为基础的付酬方式,或以绩效为基础的付酬方式。但从实践看,目前最常见的薪酬形式仍然是结构工资制。它包括基本工资、岗位工资、工龄工资、学历工资和绩效工资等。岗位工资是其中的重要组成部分,也是技术难度最大的部分。因此,岗位评价依然有它存在的价值。如果在设计薪酬体系时,把岗位评价与技能评价、绩效评价有效地结合使用,就可以取得更好的效果。

二、岗位评价的原则

岗位评价是一项技术性强、涉及面广、工作量大的活动。也就是说这项活动不仅需要大量的人力、物力和财力,而且还要触及许多学科的专业技术知识,牵涉很多的部门和单位。为了保证各项实施工作的顺利开展,提高岗位评价的科学性、合理性和可靠性,在组织实施中应该注意遵守以下原则。

(一)系统原则

所谓系统,就是由相互作用和相互依赖的若干既有区别又相互依存的要素构成的具有特定功能的有机整体。其中各个要素也可以构成子系统,而子系统本身又从属于一个更大的系统。系统的基本特征:整体性、目的性、相关性、环境适应性。

(二)实用性原则

环境评价还必须从目前企业生产和管理的实际出发,选择能促进企业生产和管理工作发展的因素评级因素。尤其要选择目前企业劳动管理基础工作需要的评价因素,使评价结果能直接应用于企业劳动管理实践中,特别是企业劳动组织、工资、福利、劳动保护等基础管理工作,以提高岗位评价的应用价值。

(三)标准化原则

标准化是现代科学管理的重要手段,是现代企业劳动人事管理的基础,也是国家的一项重要技术经济政策。标准化的作用在于它能统一技术要求,保证工作质量,提高工作效率和减少劳动成本。显然,为了保证评价工作的规范化和评价结果的可比性,提高评价工作的科学性和工作效率,岗位评价也必须采用标准化。

岗位评级的标准化就是衡量劳动者所耗费的劳动的大小的依据以及岗位评价的技术方法以特定的程序或形式作出统一规定,在规定范围内,作为评价工作中共同遵守的准则和依据。岗位评价的标准化具体表现在评价指标的统一性、各评价指标的统一评价标准、评价技术方法的统一规定和数据处理的统一程序等方面。

(四)能级对应原则

在管理系统中,各种管理功能是不相同的。根据管理的功能把管理系统分成级别,把相应的管理内容和管理者分配到相应的级别中去,各占其位,各显其能,这就是管理的能级对应原则。一个岗位能级的大小,是由它在组织中的工作性质、繁简难易、责任大小、任务轻重等因素所决定的。功能大的岗位,能级就高;反之就低。各种岗位有不同的能级,人也有各种不同的才能。现代科学化管理必须使具有相应才能的人得以处于相应的能级岗位,这就叫做人尽其才,各尽所能。

一般来说,一个组织或单位中,管理能级层次必须具有稳定的组织形态。稳定的管理结构应是正三角形。对于任何一个完整的管理系统而言,管理三角形一般可分为四个层次:决策层、管理层、执行层和操作层。这四个层次不仅使命不同,而且标志着四大能级差异。同时,不同能级对应有不同的权力、物质利益和精神荣誉,而且这种对应是一种动态的能级对应。只有这样,才能获得最佳的管理效率和效益。

(五)优化原则

所谓优化,就是按照规定的目的,在一定的约束条件下,寻求最佳方案。上至国家、民族,下至企业、个人都要讲究最优化发展。企业在现有的社会环境中生存,都会有自己的发展条件,只要充分利用各自的条件发展自己,每个工作岗位,每个人都会得到应有的最优化发展,整个企业也将会得到最佳的发展。因此,优化的原则不但要体现在岗位评价各项工作环节上,还要反映在岗位评价的具体方法和步骤上,甚至落实到每个人身上。

三、岗位评价的主要方法

岗位评价可用的方法既有定性的比较方法,也有定量的比较方法,但无论使用哪一种方法都必须注意:岗位评价作为一个判定过程,必须有不同层次的管理人员及员工的参与,并在专家的协助下完成任务。岗位评价常用的方法:排序法、分类法、因素比较法和要素计点法。

(一)排序法

排序法是指依据事先确定的岗位评价要素,按照一定的标准对各个岗位的相对价值进行整体比较,最终根据各个岗位的相对价值从高到低进行顺序排列的一种岗位评价方法。排序法是企业中最常用,也是最简单的一种岗位评价方法。

这种方法常常应用于组织结构稳定,人员规模较小的公司。当公司从节约时间和成本角度考虑时,排序法是岗位评价的备选方法之一。

1. 排序法的种类及实施步骤

企业中常用的排序法有三种,分别是简单排序法、交替排序法和配比排序法。各种方法的实施步骤介绍如下。

1) 简单排序法

简单排序法也称为直接排序法,是指由岗位评价人员依据对企业各项工作的认识与了解,根据自己主观经验对岗位相对价值进行判断并由高至低排列岗位顺序的方法。简单排序法的步骤如下:

第一,组建岗位评价小组。选择了解企业工作和业务流程且熟悉被评价岗位的人员组成岗位评价小组,做好评价表单设计等准备工作。

第二,选择评价因素,确定评价标准。根据被评价岗位的工作性质,选择评价因素,确定评价标准。一般常用的评价因素和标准包括:工作复杂程度、工作量大小和岗位贡献大小等。

第三,收集分析资料。收集被评价岗位的岗位说明书以及相关资料和数据,提前了解岗位情况。

第四,评价汇总排序。根据岗位评价因素和标准对被评价岗位逐一进行评判,汇总岗位评价人员的评价结果,按照评价分数的均值确定被评价岗位的最终排序。简单排序法示例如表 8-1 所示,排序 5 岗位价值最高。

表 8-1　　　　　　　　　　简单排序法示例

岗位代码	A-001	A-002	A-003	A-004	A-005
评价人 1	1	3	2	5	4
评价人 2	2	3	5	4	1
评价人 3	2	5	4	3	1
评价人 4	3	2	5	1	4
评价人 5	4	1	2	5	3
合计	12	14	21	15	13
均值	2.4	2.8	4.2	3	2.6
排序	1	3	5	4	2

在实际应用中,企业为保证简单排序法的准确性和可靠性,可以要求岗位评价人员对被评价岗位进行多维度评价,常用评价维度包括:岗位责任,知识、技能、工作量和工作环境等。如果需要,企业还可以对评价维度中的各项指标进行权重划分。

2) 交替排序法

交替排序法也称为两极排序法,它是指将所有被评价岗位按照衡量指标依次两两选择最重要岗位和最不重要岗位,分别编号,最终完成岗位排序的方法。具体步骤如下:

以某公司管理岗位排序为例,共有 9 个岗位分别为 A~I。

第一,按照衡量指标从 9 个岗位中选择最重要和最不重要的岗位分别放置在首位和末尾，如表 8-2 所示。

表 8-2　　　　　　　　　　　　交替排序法示例

岗位代码	C①	E②	G③	F④	B⑤	D④	I③	H②	A①
岗位排序	1	2	3	4	5	6	7	8	9

注：圈码表示选择的先后顺序。

第二，岗位代码 C 最重要，排序为 1；A 最不重要，排序为 9。将余下的 7 个岗位按照上述方法进行排列。以此类推，完成所有岗位的排列。

第三，获得最终所有岗位的排序。

3）配比排序法

配比排序法也称为两两比较法，这种方法先将每个岗位按照评价要素与其他岗位进行一一对比，如表 8-3 所示。

表 8-3　　　　　　　　　　配比排序法（岗位责任要素）示例

岗位代码	A-001	A-002	A-003	A-004	A-005	A-006	排序
A-001	0	√	√	√	√	√	6
A-002	×	0	√	√	×	√	4
A-003	×	×	0	×	×	√	2
A-004	×	×	√	0	×	√	3
A-005	×	√	√	√	0	√	5
A-006	×	×	×	×	×	0	1
汇总	−5	−1	+3	+1	−3	+5	

注：表 8-3 纵列岗位与横行岗位对比，以横行岗位为对比基础，如比本岗位（A-001 岗位）责任大（高或重）者画"√"，反之画"×"。

依次对各个评价要素进行配比排序，将各评价要素的评价结果整理汇总，获得最终岗位排序，排序 1 岗位价值最高。配比排序汇总统计如表 8-4 所示。

表 8-4　　　　　　　　　　　　配比排序汇总统计

岗位评价要素	A-001	A-002	A-003	A-004	A-005	A-006
岗位责任	6	4	2	3	5	1
知识	5	6		2	4	3
技能	6	5	4	2	3	1
工作量	5	4	6	3	2	1
劳动环境	5	6	1	4	3	2
汇总	27	25	14	13	18	8
最终排序	6	5	3	2	4	1

配比排序法将每个岗位两两进行比较,在被评价岗位数量不多时,该方法简便易行,能够快速完成岗位评价工作。如果岗位数量过多,成对配比的数量将会非常大,因此,这种方法更适合于较少岗位数量的评价。

2. 排序法的优缺点

排序法的优点:①简单,易操作,省时省力;②适用于企业规模小,岗位数量较少的情况;③适用于新设立岗位与现有岗位的比较与排序。

排序法的缺点:①缺乏评价标准,评价过程是根据评价人员的工作经验和主观感觉决定的,导致评价结果不准确,弹性较大;②无法确定岗位之间的相对价值,无法量化区分岗位价值大小和差异大小,因此无法据此确定薪酬的具体等级;③排序法必须由熟悉企业工作,熟悉被评价岗位的人员进行评价,评价人员需要对岗位工作有详尽的了解,选择岗位评价人员难度较大。

(二) 分类法

分类法也称归类法或归级法,它是指在岗位分析的基础上,按岗位的工作性质、特征、繁简难易程度、工作责任大小和岗位任职者需具备的任职条件等,对企业全部岗位进行类别和层级的划分,即事先确定岗位类别和等级标准,然后根据岗位工作职责与确定的岗位类别和等级标准进行配比归类的一种岗位评价方法。

这种方法的核心思想是:给每一类岗位确定一个价值范围,对同一类岗位按照要素进行评价和排列,从而确定每个岗位不同的岗位价值。

1. 分类法的实施步骤

1) 进行岗位分析

岗位分析是岗位评价的基础,在采用岗位分类法对岗位进行评价前,企业需要由专业人员组成岗位分析与评价小组,收集岗位工作资料、信息和相关数据,进行岗位分析并完成岗位说明书的撰写或修订工作,为岗位分类法的实施做好准备。

2) 进行岗位分类

按照企业生产经营活动中各岗位的工作范围、职能特点或功能特征,将全部岗位分为若干大类,比如管理类、市场营销类、技术研发类、专业支持类以及运营保障类等。在划分大类的基础上,进一步根据岗位工作的性质和特征将岗位细分为若干子类,子类的划分没有明确的规定,完全按照企业的实际需要,一般情况下可以分为5~6个子类,最后,根据每一子类岗位工作的显著特征,将岗位再次细分为若干小类。

3) 建立岗位等级结构和等级标准

在运用岗位分类法开展岗位评价时,最重要的工作是建立岗位等级结构和等级标准,形成一个岗位等级体系。岗位等级体系的建立包括以下内容:

第一,岗位等级数量。岗位等级数量与企业的组织规模、组织结构、岗位功能、工作性质等密切相关,具体的数量没有特别的限制或要求,不同的企业应根据实际需要选择设定,岗位等级数量只要便于岗位评价工作的实施,能有效区分岗位价值即可。

第二,岗位等级标准。岗位等级标准是区分工作重要性,进行岗位评价的核心内容。对每一个等级的定义和描述都要依据企业选定的要素进行,形成岗位等级标准。这些要素用来评价每一岗位的重要程度和相对价值,要素包括工作的复杂程度、工作数量要求、工作经验或工作年限、所需知识和技能等。表8-5是某企业销售类岗位的等级结构和标准。

表8-5　　　　　　　　　　某企业销售类岗位的等级结构和标准

岗位名称	岗位等级	岗位等级描述
见习销售代表	1	协助销售代表完成销售订单,包括客户拜访、签约、交货、汇款和售后服务等工作;在销售代表指导的情况下,完成客户关系的维护与业务洽谈等工作
销售代表	2	担任见习销售代表岗位满1年,可以独立开展某一地域内的销售业务,向高级销售代表定期汇报业务进展
高级销售代表	3	担任销售代表岗位满3年,可以独立负责某区域内的销售业务,向销售经理定期汇报业务进展
销售经理	4	担任高级销售代表满2年,负责管理某区域的整体销售业务工作,定期向销售总监汇报业务进展
销售总监	5	担任销售经理满5年,负责全国范围内产品销售和市场拓展工作,在公司主管副总裁的领导下制定公司销售策略、产品价格体系等,确保公司年度销售目标的实现

4）实施岗位评价

在岗位等级结构和等级标准确定后,将岗位说明书与岗位等级标准一一进行比较,将被评价岗位置于相应的级别,通过测评和微调,最终评定出企业不同类别的岗位价值,形成等级结构。

2. 分类法的优缺点

分类法的优点:①分类法适用于大型组织对大量岗位进行评价;②分类法适用于岗位性质大致类似,可进行明确分类的岗位;③分类法易理解,操作简单,所需时间、人员和成本都较小;④分类法灵活性较强,在发生岗位调整或新增设岗位时可以迅速将岗位进行归类;⑤分类法由于事先设定了岗位等级结构和标准,基本可以明确反映出企业的组织结构和管理关系现状。

分类法的缺点:①岗位等级数量、等级标准的划分和描述有难度,特别是对于要素的选择至关重要,要素选择不合理,岗位等级数量和标准的划分和描述将不准确,最终影响岗位评价的合理性和准确性;②分类法对岗位相对价值的评级缺少明确的量化关系,只能将岗位归入某一类别和等级,在对接薪酬体系,确定岗位职等职级时比较困难;③分类法不适用于小型企业和业务经常发生变化的企业,也不适用于岗位工作内容频繁变化的岗位。

（三）因素比较法

因素比较法是指通过选择多种与薪酬相关的因素并按照所选择的因素分别对岗位进行排序的一种岗位评价方法。

在某种程度上,因素比较法是排序法的改良或细化,它们的主要区别在于,排序法将每一个岗位都作为一个整体进行比较、排序,而因素分析法需要事先确定多种影响薪酬分配的因素,按照薪酬因素分别对岗位进行排序,每种薪酬因素都设置具体的薪酬数额,在完成所有岗位的排序后,将所有岗位对应的薪酬因素所设置的薪酬数额相加作为本岗位的薪酬,最终完成岗位排序、岗位评价和薪酬等级评定的工作。因素比较法是一种量化的岗位评价技术。

1. 因素比较法的实施步骤

因素比较法是根据选择的薪酬因素对标准岗位进行认定,把其他岗位与标准岗位进行对比并评价岗位相对价值的方法。其实施步骤包括如下几个方面:

(1) 进行岗位分析,完善岗位说明书。在使用因素比较法进行岗位评价前,企业首先需要收集全部岗位的工作信息和相关数据等资料,认真进行岗位分析工作,并据此编制或完善岗位说明书。岗位说明书中的工作性质、工作特征、工作职责与权限以及岗位任职条件等都可能成为筛选薪酬因素的来源,常见的薪酬因素包括:工作性质、岗位职责、工作责任、工作难易复杂程度、工作技能、心理要求、工作经验、劳动环境和职业病等。

(2) 选择标准岗位。为方便不同类别岗位的比较,需要在每一类岗位中选择出关键性的岗位作为标准岗位,标准岗位的数量根据企业规模、业务特征而定,所选择的标准岗位通常是企业中普遍存在,岗位职责和工作内容相对稳定,其报酬水平被大多数人认为是公平合理的,标准岗位的薪酬水平将作为评价其他岗位的基础。

(3) 选择薪酬因素。从所选择的所有标准岗位中筛选提炼出若干共同的薪酬因素,在实际工作中,所筛选出来的薪酬因素应尽量能够覆盖所有的岗位。

(4) 薪酬要素排序。对所选择的薪酬要素按照重要程度进行顺次排序,其方法可以参照岗位排序法。

(5) 按薪酬因素分配薪酬。将标准岗位的薪酬总额按照选定的薪酬因素进行分解,确保各薪酬因素所分配薪酬数额的合理性。

(6) 实施岗位评价。将被评价岗位在每个薪酬因素上与同类别的标准岗位进行比较,排列顺序并确定被评价岗位在每个薪酬因素上的薪酬数额,将被评价岗位在各个薪酬要素上的薪酬数额相加,得到被评价岗位的薪酬总额。

例如:某公司采用因素比较法进行岗位评价,薪酬因素共有5项,分别是脑力劳动、体力劳动、司龄、岗位任职条件和工作技能。岗位A、B、C是选择出来的标准岗位,X、Y是被评价岗位。首先将岗位A、B、C按照5个薪酬要素进行排序,再将岗位X、Y分别与标准岗位比较,得出最终结果。因素比较法的应用如表8-6所示。

表8-6　　　　　　　　　　　　因素比较法应用

薪酬＼因素	脑力劳动	体力劳动	司龄	岗位任职条件	工作技能
200元/月	A	Y	C		
400元/月		A	Y	B	X
600元/月	X	X		X	A
800元/月			A		
1 000元/月	B			C	

(续表)

因素 薪酬	脑力劳动	体力劳动	司龄	岗位任职条件	工作技能
1 200 元/月		C			
1 400 元/月			X		B
1 600 元/月	C	B	B	Y	
1 800 元/月				A	C
2 000 元/月	Y				Y

标准岗位 A 的对应薪酬为 3 800 元/月；标准岗位 B 的对应薪酬为 6 000 元/月；标准岗位 C 的对应薪酬为 5 800 元/月；将岗位 X、Y 分别和标准岗位 A、B、C 进行比较，得到 X 和 Y 的薪酬总额如下：

被评价岗位 X 的薪酬总额为：600＋600＋1 400＋600＋400＝3 600（元/月）

被评价岗位 Y 的薪酬总额为：2 000＋200＋400＋1 600＋2 000＝6 200（元/月）

2. 因素比较法的优缺点

因素比较法的优点：①评价结果公正。由于所选择的薪酬因素对所有岗位具有共性，且每项薪酬因素都会将被评价岗位和标准岗位一一比对，增加了岗位评价过程的客观性和透明性。②工作量小，耗费时间少。将被评价岗位逐一与标准岗位按照薪酬因素对比，省时、省力、方便，因此工作量相对较小。

因素比较法的缺点：①各个薪酬因素的选择，特别是各个薪酬因素的排序完全是由评价人员主观判断得来，有可能导致最终整体评价结果的不准确；②由于市场上薪酬水平的动态变化，标准岗位的薪酬总额需要及时进行调整，以免整体评价结果与市场上类似岗位薪酬水平相比出现较大偏差；③评价过程涉及明确的薪酬数值，由于与员工利益密切相关，在评价过程中难免存在人为因素，为避免这一因素带来的负面影响，可以将薪酬数额换算为分值替代。

（四）要素计点法

要素计点法是指选取若干关键性的薪酬因素，并对每个因素的不同水平进行界定，同时给各个水平赋予一定的分值，这个分值也称作"点数"，然后按照这些关键的薪酬因素对岗位进行评价，得到每个岗位的总点数，以此决定岗位的薪酬水平的一种岗位评价方法。

1. 要素计点法的实施步骤

第一步，确定要评价的岗位系列。由于不同部门的岗位差别很大，通常使用多种点值评定方案来评价企业中的所有岗位。

第二步，收集岗位信息。

第三步，确定岗位的评价要素。不同类型的岗位有不同的评价要素，典型的评价要素主要有智能、责任、体能和工作环境等。

第四步，为各个评价要素下定义并划分等级。应以最通俗的文字为每个评价要素下一个定义。应视各因素的复杂程度规定合适的等级，一般以 4～8 级为宜。表 8-7 就是一个岗位知识经验标准分级表。

表 8-7　　　　　　　　　　　岗位知识经验分级标准表

等级	分　级　定　义
1	具备一般知识即可胜任的岗位
2	需初中文化程度，初级工水平，并有一定经验才能胜任的岗位
3	需初中文化程度，中级工水平的岗位
4	需初中文化程度，中级工水平，并有一定经验才能胜任的岗位
5	需初中文化程度，高级工水平才能胜任的岗位
6	需高初中文化程度，高级工水平，并有一定经验才能胜任的岗位
7	需高中文化程度，高级工水平，并受过技术培训的岗位

第五步，确定要素的相对价值，即确定要素的权重。对于不同的岗位系列，要素的重要性不同。表 8-8 即为岗位评价标准表示例。

表 8-8　　　　　　　　　　　岗位评价标准表

要素	配点	权重	因素	一级	二级	三级	四级	五级
劳动复杂程度	390	39%	1. 学历	15	30	45	60	—
			2. 经验	16	32	48	64	80
			3-1. 专业技术水平	16	32	48	64	80
			3-2. 技能水平	14	28	42	56	70
			4. 创造性	10	20	30	40	50
			5. 岗位空缺替代难度	10	20	30	40	50
劳动责任	360	36%	6. 经济效益责任	24	40	60	80	100
			7. 服务责任	16	32	48	64	80
			8. 安全生产责任	14	29	42	56	70
			9. 精神文明建设责任	15	30	45	60	—
			10. 指导监督、协调沟通责任	10	20	30	40	50
劳动强度	200	20%	11. 脑力强度	12	24	36	48	60
			12. 体力强度	10	20	30	40	—
			13. 工作负荷率	10	20	30	40	50
			14. 心理压力	10	20	30	40	50
劳动环境	50	5%	15. 工作场所	5	10	15	20	25
			16. 危险性	5	10	15	20	25
合计	1 000	100%						

第六步,将岗位评价的总点数分为若干等级,并将相同性质的岗位归入一定等级。表 8-9 为该企业岗位评价结果分级标准。

表 8-9   某企业岗位评价结果分级标准

级别	点值	级别	点值	级别	点值	级别	点值
A	800 以下	E	1 101～1 200	I	1 501～1 600	M	1 901～2 000
B	800～900	F	1 201～1 300	J	1 601～1 700	N	2 001～2 100
C	901～1 000	G	1 301～1 400	K	1 701～1 800	O	2 101～2 200
D	1 001～1 100	H	1 401～1 500	L	1 801～1 900	P	2 201～2 300

2. 要素计点法的优缺点

要素计点法的优缺点及适用情况见表 8-10。

表 8-10   要素计点法优缺点及适用情况

优点	缺点	适用情况
能够量化,可以避免主观因素对评价工作的影响;可以根据情况对要素和权重进行调整;易于理解接受	要素的选择及权重的分配带有主观性;方法的设计比较复杂;对企业的管理水平要求较高;工作量大,较为费时费力,成本相对较高	适用于生产过程复杂、岗位类别数目较多、对精度要求较高的大中型企业

四、岗位评价的流程

岗位评价的流程可以分为五个阶段。其中,岗位描述是基础,从岗位描述出发,确定企业中各个岗位的级别和结构,选择恰当的岗位评价要素,进行岗位评价并最终对应到企业中进行一致性的核查以决定岗位的职责等。

(一)岗位描述

岗位评价的基础是岗位描述。岗位描述确定了被评价岗位汇报的直接主管、工作内容和目的、主要职责、管理权限和任职资格。岗位评价必须基于岗位描述中的有关信息,并且结合对岗位工作的了解,才能对岗位进行正确的评价。岗位评价的流程如图 8-3 所示。

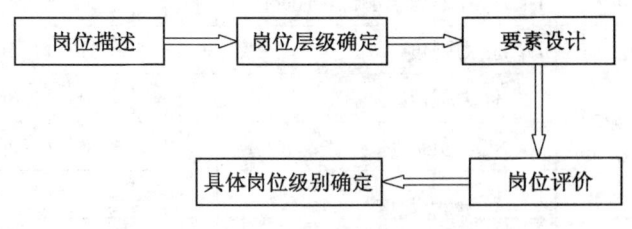

图 8-3   岗位评价的流程

(二)岗位层级确定

以岗位描述为基础,接下来要进行岗位层级的确定。企业中包含不同层次的岗位级别,岗位级别是对企业中岗位相对价值的一种区分。不同的级别对应不同的岗位任职要求,其对企业的影响程度也有大有小。

(三)要素设计

确定岗位层级后即进入岗位评价的实施阶段,要确定各个岗位的要素。岗位评价的要素分析法是运用非常广泛的,也是非常重要的。要素分析法是指在企业中确定一些普遍存在的要素,这些要素与评估企业内的岗位相对价值有着直接联系,通过这些要素对岗位进行价值评估。每个评估要素都分成不同的层次,各个层次对应不同的岗位级别。

(四)岗位评价

确定好岗位评价的要素后,企业应该组织一个专门的评估小组作为具有独立性的项目团队开展岗位评价工作。评估小组基于岗位描述,对应各个评估要素不同层次的描述进行评分,加总后得出被评估岗位的总分。

(五)具体岗位级别的确定

岗位评价的得分对应一个相应的岗位级别,在完成岗位评价工作后,应当由相关负责人对各个岗位所对应的级别进行综合性的回顾和调整,以避免主观评定中不合理现象的产生。

第三节 薪酬调查

薪酬制度的内部公平性主要是通过岗位评价来实现的,对外竞争性主要是通过外部薪酬调查,掌握市场薪资水平并结合本企业实际情况来实现的。

一、薪酬调查的含义

薪酬调查是指企业应用各种手段,搜集薪酬管理、薪酬设计所需宏观经济、区域、行业(包括竞争对手)以及企业内部有关信息,为企业制定薪酬策略、进行薪酬设计和薪酬调整提供依据的过程。

(一)薪酬调查的内容

薪酬调查包括以下几方面的内容:

(1)国家宏观经济政策及国民经济发展有关信息,包括国家财政政策、货币政策、消费者物价指标(CPI)、国民生产总值增长率等,这些信息对企业制定和调整薪酬政策都具有非常重要的作用。

(2)区域内同行业企业尤其是竞争对手的薪酬策略、薪酬水平、薪酬结构、薪酬构成以及变化情况,如果区域内没有同行业企业,可参照其他区域同行业企业。

(3)区域内同行业典型岗位市场薪酬数据,如果没有相应数据,可以调查区域内相关行业的薪酬数据,或者其他地区同行业的薪酬数据。

(4)上市公司有关薪酬数据调查分析,分析同行业上市公司员工薪酬水平,尤其是高层管理人员薪酬水平。

(5)企业薪酬管理现状调查,调查员工对企业目前薪酬管理方面的意见和建议,了解员工对薪酬体系的哪些方面不满,从而为薪酬设计提供基础信息。

(二)薪酬调查的作用

1. 为企业薪酬设计和调整提供依据

公司需要对员工的薪酬定期进行调整,进行调整的主要依据之一就是人力资源市场价格情况,掌握区域、行业的薪酬水平,对企业薪酬设计和薪酬调整具有非常重要的意义。通过绘制市场薪酬线,将典型岗位市场薪酬与企业内部岗位价值建立联系,从而对其他岗位薪酬的确定具有指导意义。

2. 为企业薪酬结构设计和调整提供依据

薪酬结构反映薪酬内部的差异性,掌握外部人力资源市场价格对企业薪酬等级数目以及薪酬等级差别的确定具有重要作用。薪酬结构设计可以解决内部一致性问题。

3. 为企业薪酬构成设计和调整提供依据

不同的薪酬元素具有不同的作用,掌握区域、行业的薪酬特点,能使薪酬设计和调整更符合员工需求,在使员工满意的前提下,增强薪酬激励效应。

4. 评估竞争对手的人力资源成本

在市场经济中,了解竞争对手的产品定价是非常重要的,了解竞争对手的薪酬水平,估算对手的劳动力成本,这对企业制定有针对性的竞争策略具有非常重要的作用。

5. 检验岗位评价结果

薪酬调查还可以检验公司岗位评价的准确性,通过对典型岗位薪酬水平与岗位评价分数的回归分析,如果某些岗位偏离市场薪酬线太远,那么可能对这个岗位的评价有失公允,则需重新审视评价过程,修正评价结果。

二、薪酬调查方法

企业可以从多种渠道获得外部薪酬数据的有关信息,常见的方法有如下五种。

(一)外部公开信息查询

企业可以查看政府及有关人力资源机构定期发布的人力资源有关数据,包括岗位供求信息、岗位薪酬水平、毕业生薪酬、行业薪酬、区域薪酬数据,也可以查看上市公司高管薪酬数据,这些薪酬数据对公司薪酬政策及薪酬水平的制定有参考意义。

(二)企业合作式相互调查

同行业企业之间建立合作关系,共享薪酬数据有关资料信息,同时可以共同开展薪酬调查活动,这样可以节约成本,相互受益。

(三)招聘问卷调查及面谈期望薪酬

一般情况下,这个信息的准确度还是比较高的,因为大多数应聘者对行业内该岗位薪酬水平是有了解的,同时也会非常慎重地提出薪酬要求。如果企业经常因为薪酬原因不能招聘到最优秀的员工,那么说明企业提供的薪酬水平的确没有竞争力。

(四)聘请专业的市场调查公司

可以委托专业市场调查公司来进行,这种方法数据准确,但成本高。

(五)外部数据购买

向专业薪酬服务机构购买有关薪酬数据。很多市场调查公司、咨询公司都有自己的薪酬数据库,薪酬数据库往往按区域、行业、岗位、时间编排,可以查询任意区域、任何行业、任何岗位有关薪酬数据以及变化趋势数据。

三、薪酬调查过程

薪酬调查过程包括确定薪酬调查目的、确定调查范围、选择调查方式、薪酬数据筛选修正、薪酬数据分析处理以及撰写薪酬调查分析报告等几个环节。

(一)明确薪酬调查目的

要根据薪酬调查的目的制定具体的薪酬调查计划,通常,薪酬调查可以用于薪酬整体水平的调整、薪酬结构的调整、薪酬构成的调整、薪酬支付政策的调整以及薪酬晋级政策的调整等方面,针对不同的目的,薪酬调查应该有所侧重。

(二)确定调查范围

根据调查的目的,有针对性地确定调查范围。调查范围包括调查岗位、调查内容两个方面。

1. 典型岗位选择

在市场薪酬调查中,典型岗位市场薪酬调查是最重要的方面。典型岗位就是组织中能够直接与外部市场薪酬状况进行比较的岗位,原则上不应选择过多,否则会增加薪酬调查的成本。

一般情况下,企业不同序列、层级岗位选择1~2个典型岗位即可。典型岗位一般分为两类:一类是体现行业特点的岗位,如机械制造企业的机械工程师;另一类是不同行业通用的岗位,如会计、总经理等。

2. 薪酬调查内容

典型岗位薪酬调查内容包括组织基本信息、岗位信息两部分。

组织基本信息包括企业名称、所在区域、所属行业、组织规模、组织结构及财务状况等方面。

岗位信息包括岗位职责、任职资格、任职者经验资历、薪酬数据(固定工资、绩效工资、奖金、福利)以及最新薪酬变动情况。

(三)选择调查方式

根据确定的调查岗位和调查内容,选择合适的调查方式,获得真实、有效的样本数据。需要注意的是,每个岗位需要选择若干个调查对象,一般情况下,每个岗位超过20个以上的数据才会有统计意义。

在选择调查对象时,首先选择区域内同行业有关数据,如果区域内同行业数据不足,那么可以对其他区域或其他行业有关数据进行调查。

(四)薪酬数据筛选修正

外部薪酬数据调查完成后,就要对薪酬数据进行检验分析,核对岗位匹配程度,判断调查对象的岗位职责是否与本公司的相匹配,如果岗位职责差别太大,即使岗位名称相同,也应当作无效样本剔除。

对于岗位职责比较匹配的数据,还应进行区域匹配、行业匹配及任职资格匹配分析,对薪酬数据进行修正。根据匹配情况,修正系数取1.2、1.1、1、0.9和0.8。下面以行业匹配为例进行说明,其他匹配同理进行。

如果调查区域薪酬水平明显低于企业所在地,修正系数取1.2;如果调查区域薪酬水平稍微低于企业所在地,修正系数取1.1;如果调查区域薪酬水平与企业所在地基本持平,修正系数取1;如果调查区域薪酬水平稍微高于企业所在地,修正系数取0.9;如果调查区域薪酬水平明显高于企业所在地,修正系数取0.8。

(五)薪酬数据分析处理

按上述方法将数据进行修正后,每个典型岗位薪酬对应一系列数据,将这些数据从高到低排序,找出典型岗位对应的25%分位、50%分位、75%分位的薪酬数据,如表8-11所示。

表8-11 市场薪酬调查数据

岗位	初级设计师	中级设计师	高级设计师	资深设计师
数据1	1 800	2 500	3 300	4 800
数据2	2 000	2 600	3 200	5 000
数据3	1 600	2 400	3 500	5 600
数据4	1 700	3 000	3 800	3 900
数据5	1 900	2 100	3 000	4 900
数据6	2 600	1 900	2 900	5 000
数据7	1 900	1 700	3 100	5 500
数据8	1 700	3 200	3 600	6 000
数据9	2 300	2 500	3 000	3 900
数据10	2 200	2 600	2 800	4 400
25%分位数据	1 700	2 000	2 950	4 150
50%分位数据	1 900	2 500	3 150	4 950
75%分位数据	2 250	2 800	3 550	5 800

(六)撰写薪酬调查分析报告

薪酬调查分析报告包括的内容主要有:薪酬调查的组织实施情况分析、薪酬数据分析、政策分析、趋势分析、企业薪酬状况与市场对比分析以及薪酬水平或制度调整建议。

第四节 基本薪酬制度

一、基本薪酬制度的含义

基本薪酬制度又称为薪酬等级制度,是指根据劳动的复杂程度、繁重程度、责任大小、劳动条件等因素划分劳动等级,按劳动等级规定薪酬标准的准则和方法。

要准确理解基本薪酬制度,以下四点需要注意:①薪酬都是分等级的,基本薪酬制度是就薪酬应如何划分等级所制定的规范;②划分薪酬等级的依据是各种不同劳动所共同具有的基本因素,即劳动的复杂程度、繁重程度、责任大小、劳动条件的差异;③根据对不同劳动因素的分析比较,对劳动者的劳动划分高低不同的劳动等级;④根据劳动者从事的劳动等级,给劳动者规定相应的薪酬等级和薪酬标准。

二、基本薪酬制度的分类

按照确定劳动者薪酬等级依据的不同,现行的基本薪酬制度可归结为五种类型,如表8-12所示。

表8-12　　　　　　　　　　　基本薪酬制度的分类

类型	分配原则	特点	常见形式	优点	缺点
年资型	根据年龄、工龄、学历和经历确定薪酬	薪酬与工龄同步增长	日本式年功薪酬制	能稳定员工队伍,增强员工安全感和忠诚度	论资排辈,不利于调动员工的积极性
职能型	根据工作能力确定薪酬	因人而异,技高薪提	我国传统的技术人员八级薪酬制	鼓励员工学习技术,有利于人才队伍建设	薪酬与绩效和责任没有关系,导致员工对工作的挑拣
职位型	根据与职位相关的不同因素确定薪酬	一职一薪,薪随职变	美国企业在战后发明的职位薪酬制、年薪制等	鼓励员工争挑重担,承担责任	鼓励涉及面受职位多少限制,薪酬没有体现劳动者能力的差别
绩效型	根据员工近期绩效确定薪酬	与绩效直接挂钩,薪酬随绩效浮动	计件薪酬制、销售提成制	激励效果明显	易助长员工短期行为,不利于提高员工技能和素质,不适合合作性强的复杂性工作
复合型	综合考虑员工的年资、能力、职位和绩效来确定薪酬	由基本薪酬、年资薪酬、职能薪酬、职位薪酬、绩效薪酬和各种补贴、津贴构成	结构薪酬制、薪点薪酬制	综合考虑员工对企业所能付出的劳动,易产生公平感,有较好的激励作用	设计和总体实施都比较麻烦

(一) 年资型基本薪酬制度

在这种类型的基本薪酬制度中,确定劳动者薪酬等级的主要依据是年龄和连续工龄。日本企业传统的薪酬制度便属于这种类型。其具体做法是:员工的基本薪酬的主要部分随着员工年龄和在本企业的工龄的增加而增加,增加的标准是预先规定的年资薪酬序列表。典型的年资型基本薪酬制度体系见表8-13。

表 8-13　　　　　　　　　年资型基本薪酬制度体系

确定薪酬的因素	具体体现项目	薪酬项目	各项目的比重
生活费	年　龄	本人薪酬	50%
		眷属薪酬	10%
		地域薪酬	5%
年　资	连续服务年限	年功薪酬	15%
能　力	能力评估	能力薪酬	20%
职　务	职务等级		
成　果	工作业绩		

注：表中"各项目的比重"仅用于说明各影响因素在确定薪酬中的作用大小。

年资型基本薪酬制度的出发点是：员工的年龄越大，工龄越长，技术熟练程度也就越高，对企业的贡献也就越大，因而薪酬也就越高。其基本特点是：①基本薪酬主要由年龄、工龄、学历等因素决定，与劳动质量没有直接关系；②薪酬标准由企业自定，每年随员工生活费用、物价和企业的支付能力变动；③考虑到员工的衣食住行等方面的需要，在基本薪酬之外，还相应地设立奖金、津贴和补贴，并且在考虑员工本人的生活需要之外，还适当考虑员工家属的生活需要；④基本薪酬是计算退休金和奖金的依据。

（二）职能型基本薪酬制度

在职能型基本薪酬制度下，确定劳动者薪酬等级的主要依据是按照技术等级标准或业务等级标准评估确定的技术等级或业务等级，其核心薪酬因素是员工的能力。这是一种能力型的基本薪酬制度，其典型体系见表 8-14。

表 8-14　　　　　　　　　职能型基本薪酬制度体系

确定薪酬的因素	具体体现项目	薪酬项目	各项目的比重
生活费	年　龄	眷属薪酬及其他	3%
年　资	连续服务年限	职务基本薪酬	95%
能　力	能力评估		
职　务	职务等级	职务津贴	1%
成　果	工作业绩	工作津贴	1%

职能型基本薪酬制度的优点是：①以劳动者的业务技术水平或个人的特质为基础确定薪酬结构，以个人的能力水平确定薪酬等级，解决了因没有高等职位而使高能力者利益受到影响的问题；②按能力确定薪酬，可以保证人事安排的灵活性。

但当员工所从事的工作的难度和重要性与其能力不相称时，这种薪酬制度就难以实现同工同酬的原则。

（三）职位型基本薪酬制度

职位型基本薪酬制度是战后以美国为代表的西方工业化市场经济国家广泛采用的一种薪酬制度，其决定薪酬等级的唯一依据是所任职的职位，不以任何个人的特质为转移。其典型体系见表8-15。

表8-15　　　　　　　职位型基本薪酬制度体系

确定薪酬的因素	具体体现项目	薪酬项目	各项目的比重
生活费	年　龄	眷属薪酬及其他	5%
年　资	连续服务年限	年功薪酬	5%
能　力	能力评估	职位薪酬	85%
职　务	职务等级		
成　果	工作业绩	能力薪酬	5%

职位型基本薪酬制度的优点是：①以实际工作内容为基础确定薪酬结构，以劳动者所从事工作的难度和重要性确定薪酬等级，实现同工同酬；②完全撇开个人的资历，而资历的价值只能在安排工作时得到相应的体现；③职位职责清晰，将责、权、利有机地结合起来。

（四）绩效型基本薪酬制度

绩效型基本薪酬制度是一种主要依据员工工作业绩来确定薪酬等级的特殊基本薪酬制度，其核心薪酬因素是工作业绩。企业通常只制定以工作业绩为依据的提成率标准，即员工在业绩达到什么水平的前提下，按多少比率提成，而没有具体的薪酬等级细目。有的企业在提成率之前还加一个基本薪酬作为员工基本生活的保障。其典型体系见表8-16。

表8-16　　　　　　　绩效型基本薪酬制度体系

确定薪酬的因素	具体体现项目	薪酬项目	各项目的比重
生活费	年　龄	基本薪酬	0~10%
年　资	连续服务年限		
能　力	能力评估	业绩薪酬	90%~100%
职　务	职务等级		
成　果	工作业绩		

绩效型基本薪酬制度的优点是：①员工按事先制定的标准和工作业绩获取薪酬，薪酬的多少直接跟业绩相联系；②没有复杂的薪酬等级制度和计算依据，操作较为简便。

但当提供给员工的工作条件或环境有差异时，怎样通过提成率标准来调节薪酬通常是企业面临的一道难题，而且努力做到从事相关职位的机会均等也是绩效型基本薪酬制度得以有效贯彻的关键。

（五）复合型基本薪酬制度

复合型基本薪酬制度是将不同薪酬单元组合而成的一种基本薪酬制度，其核心薪酬因素取决于薪酬作用的目的。在这种薪酬制度下，员工的基本薪酬通常由发挥不同作用的若干薪酬单元共同组成。例如，在结构薪酬制中，员工的基本薪酬通常包括起保障作用的基本薪酬、明确员工工作资历的工龄薪酬、认可员工学历层次的学历薪酬、反映员工工作业绩的绩效薪酬和体现员工工作职位差异要求的职位薪酬。其典型体系见表8-17。

表8-17　　　　　　　　　　复合型基本薪酬制度体系

确定薪酬的因素	具体体现项目	薪酬项目	各项目的比重
生活费	年　龄	基本薪酬	5%
年　资	连续服务年限	年功薪酬	5%
能　力	能力评估	职位薪酬	80%
职　务	职务等级		
成　果	工作业绩	业绩薪酬	10%

复合型基本薪酬制度的优点是：①功能全面，不同的薪酬单元可以反映员工不同方面的实际情况；②既反映了工作职位的要求，又体现了员工的客观工作结果，还能兼顾员工知识、能力方面的因素。

三、宽带薪酬

随着知识经济时代的到来，传统的薪酬制度表现出与现代企业战略和组织发展不相适应的问题。为适应变化的环境，一种新型的薪酬制度——宽带薪酬正在逐渐被导入企业，为企业发展提供了一种崭新的薪酬管理理念。

（一）宽带薪酬的含义

宽带薪酬，实际上是一种新型的薪酬结构设计方式，它是对传统上那种带有大量等级层次的垂直型薪酬结构的一种改进或替代。根据美国薪酬管理学会的定义，宽带型薪酬就是对多个薪酬等级以及薪酬变动范围进行重新组合，从而变成只有相对较少的薪酬等级以及相应的较宽薪酬变动范围。一种典型的宽带型薪酬结构可能只有不超过4个等级的薪酬级别，每个薪酬等级的最高值与最低值之间的区间变动比率则可能达到200%~300%，而在传统薪酬结构中，区间的变动比率通常只有0~40%。

它最大的特点是压缩级别，将原来十几个甚至二十、三十个级别压缩成几个级别，并将每个级别对应的薪酬范围拉大，从而形成一个新的薪酬管理系统及操作流程，以便适应当时新的竞争环境和业务发展需要。

（二）实施宽带薪酬的意义

宽带薪酬虽然对员工的晋升激励存在下降的问题，但是它却通过将薪酬与员工的能力和绩效表现紧密结合来更为灵活地对员工进行激励，使得整体业绩得以提升。在宽带薪酬中，上级对有稳定突出业绩表现的下级员工可以拥有较大的加薪影响力。此外，宽带薪酬不仅通过弱化头衔、等级、过于具体的职位描述以及单一的向上流动方式向员工传递一种个人绩效文化，而且还通过弱化员工之间的晋升竞争而更多地强调员工们之间的合作和知识共享、共同进步，以此来帮助企业培育积极的团队绩效文化，而这对于企业整体业绩的提升无疑是非常重要的一种力量。

1. 部门经理加大人力资源管理职责

实行宽带薪酬,同一薪酬宽带中,薪酬区间的最高值和最低值之间的变动比率至少有100％,对于员工薪酬水平的界定留有很大空间,部门经理可以对下属的薪酬定位提出更多的意见和建议。

2. 员工职业生涯得以发展

在传统的薪酬制度下,薪酬增长往往取决于个人职务的提升而不是能力的提高。而在宽带薪酬制度下,即使是在同一个薪酬宽带内,企业为员工所提供的薪酬变动范围也会比员工在原来的四个甚至更多的薪酬等级中可能获得的薪酬范围还要大,员工只要注意发展企业所需要的技术和能力就可以获得相应的报酬。这有利于员工专注自己所喜欢的事情,从而能更好地发展自己的事业。

3. 薪酬变动市场化

宽带薪酬是以市场为导向的,它使员工从注重内部公平转向更为注重个人发展以及自身在外部劳动力市场上的价值。在宽带薪酬中,薪酬水平是以市场薪酬调查的数据以及企业的薪酬定位为基础确定的,因此,薪酬水平的定期审查与调整使企业更能把握其在市场上的竞争力,同时也有利于企业做好相应的薪酬成本控制工作。

4. 职位轮换更加便捷

在传统的等级薪酬体系中,同一职位级别的变动并不能带来薪酬水平的变化,但是这种变化使得员工不得不学习新的东西,从而使工作的难度增加,这样,员工不愿意接受职位的同级轮换。而宽带薪酬由于减少了薪酬等级数量,将过去处于不同薪酬等级之中的大量职位纳入现在的同一薪酬等级当中,这样,在对员工进行横向甚至向下调动时所遇到的阻力就小多了。同时员工更乐意通过相关职能领域的职务轮换来提升自身能力,以此来获得更大的回报。

5. 扁平型组织适合采用

20世纪90年代以后企业界兴起了一场以扁平型组织取代官僚层级型组织的运动,宽带薪酬的最大特点就是打破了传统薪酬结构所维护和强化的那种严格的等级制,有利于企业提高效率以及创造参与型和学习型的企业文化,同时有助于企业保持自身组织结构的灵活性和有效适应外部环境的能力。

(三) 宽带薪酬的局限

1. 对绩效管理要求更高

由于宽带薪酬的评估主要依据员工对公司的贡献大小,绩效管理就成为公司管理的重要方面,如果绩效管理做不到位,员工工资浮动大起大落,会给员工的心理造成极强的不稳定感,从而对公司缺少归属感。同时,如果绩效管理不到位,员工薪酬水平下跌,而员工又自认为自己工作卖力,则会使他对管理的公正性、公平性、合理性产生猜忌、怀疑等不健康情绪,极容易造成公司内部人际关系的紧张。

2. 员工晋升更难

宽带薪酬设计的推广,会使得晋升成为一个比较困难的事情。员工一生可能就只在一个职级里面移动,而不会晋升到另外一个职级。这将是一件令很多员工感到沮丧的事情。

3. 宽带薪酬适用范围有限

它在那种新型的"无边界"组织以及强调专业化程度、多职能工作、跨部门流程、技能工种的团队型组织中非常有用。因为这种组织要保持生产率并且通过变革来保持高度的竞争力,它们希望通过一种更具有综合性的方法,将薪酬与新技能的掌握、能力的提高、更为宽泛角色的承担以及最终的绩效联系在一起,同时还要有利于员工的成长和多种职业轨道的开发,宽带薪酬的设计思路恰恰与这种组织的上述需求相吻合。

第五节 薪酬方案设计

企业为何留不住人才?离职率为何居高不下?解决这些问题的答案就是薪酬方案设计。

一、销售人员的薪酬方案设计

人才是一个企业的宝贵财富,销售人员更是宝中之宝,其工作质量的好坏、工作效率的高低直接关系到企业的整体利润水平的高低。为吸引、留住足够数量的销售人员,企业必须制定一个具有吸引力的薪酬方案。纯佣金制、纯薪金制和两者结合的混合制薪酬模型是当前中外企业采用最多、最久的销售人员薪酬模型,它们也确实发挥了良好的作用。但在有的单位,这些薪酬模型也往往会失去效果。

结合销售人员的特点以及决定销售人员薪酬的关键因素,常见的销售人员的薪酬模型如表8-18所示。

表8-18 销售人员薪酬模型

薪酬模型	底薪	业务提成	奖金	福利
纯基本工资制	A	0	0	V
基本工资+奖金制	A	0	B	V
基本工资+业务提成制	A	N%×业务量	0	V
基本工资+业务提成+奖金制	A	N%×业务量	B	V
纯业务提成制	0	N%×业务量	0	V

这五种薪酬模型各有优缺点,企业应结合行业特点及企业自身的实际情况采用最合适的薪酬模型。总之,销售人员薪酬模型设计的关键是实施以业绩为主的薪酬模型,要求企业的业绩管理基础非常牢靠。有一条线应建设得比较完善,那就是目标线,即销售人员任务明确,目标分解合理。其中,业绩目标和任务标准的确定是关键环节。如果不能合理地、实事求是地确定业绩目标和任务标准,员工的努力没有明确的方向或根本实现不了设定的目标,那么对员工的激励作用就会大打折扣。

二、管理人员的薪酬方案设计

管理人员作为企业的重要组成部分,他们的工作不仅会直接作用于企业的经营方向和生产营销策略,其自身的工作作风和领导风格也会对企业的工作氛围、人际关系等产生举足轻重的影响。所以,与其他员工群体相比,管理层薪酬管理就成了企业薪酬管理中最为重要的一个。管理人员受激励水平的高低会直接影响企业的经营绩效和员工的工作满意度的高低,进而影响企业竞争力的大小。

诸如企业规模、企业所处行业、企业生命周期、企业治理结构、企业业绩、管理人员行为成本、管理人员职业机会成本、管理人员需要与偏好、管理人员任期及其来源等因素都会影响管理人员的薪酬。企业在设计管理人员薪酬时需要考虑上述因素。

管理人员的薪酬主要由基本薪酬、奖金(可分为短期奖金和长期奖金)以及福利三部分组成。基本薪酬一般会占薪酬总额的1/3或2/3,具体情况取决于管理人员在组织结构中的位置,位置越靠近上层,则基本薪酬在薪酬总额中所占的比例越低。管理人员的薪酬大体可由下式表明:

$$总体薪酬 = 基本薪酬 + 津贴 + 风险收入(效益收入 + 奖金) + 养老金计划$$

三、专业技术人员的薪酬方案设计

专业技术人员一般是指利用既有的知识和经验来从事解决企业生产和经营活动中的各种技术或管理问题,帮助企业达成经营目标的活动的人员。越来越多的企业认识到,吸引和留住拥有智力资本的专业技术人员是企业培育核心竞争力、获取竞争优势的关键环节,而薪酬管理作为一种吸引和留住专业技术人员的重要手段,也越来越引起企业管理者的广泛关注。

根据专业技术人员的特点,可以将其分为三个层次:辅助层、中坚层和核心层。为不同层次的人员设计不同的薪酬方案,才能起到非常大的激励作用。

不同层次专业技术人员的薪酬大体可以由下式表明:

$$辅助层总体薪酬 = 基本工资 + 加班工资 + 各种补贴 + 特殊贡献工资 + 晋升机会$$

$$中坚层总体薪酬 = 基本工资 + 加班工资 + 各种补贴 + 项目工资 + 特殊贡献工资 + 晋升机会 + 技术股份$$

$$核心层总体薪酬 = 基本工资 + 加班工资 + 各种补贴 + 项目工资 + 特殊贡献工资 + 股权$$

思考与练习

一、基本概念

薪酬管理　岗位评价　薪酬调查　基本薪酬制度　宽带薪酬

二、单项选择题

1. 依据事先确定的岗位评价要素,按照一定的标准对各个岗位的相对价值进行整体比较,最终根据各个岗位的相对价值从高到低进行顺序排列,这种岗位评价的方法是(　　)。

   A. 排序法　　　B. 分类法　　　C. 要素计点法　　　D. 因素比较法

2. 确定劳动者薪酬等级的主要依据是按照技术等级标准或业务等级标准评估确定的技术等级或业务等级,其核心薪酬因素是员工的能力,这种薪酬制度是(　　)。
   A. 职位型基本薪酬制度　　　　　　B. 绩效型基本薪酬制度
   C. 职能型基本薪酬制度　　　　　　D. 年资型基本薪酬制度
3. 在传统的薪酬制度下,薪酬增长往往取决于个人职务的提升而不是能力提高。而在(　　)制度下,即使是在同一个薪酬宽带内,企业为员工所提供的薪酬变动范围也会比员工在原来的四个甚至更多的薪酬等级中可能获得的薪酬范围还要大,员工只要注意发展企业所需要的技术和能力就可以获得相应的报酬。
   A. 绩效薪酬　　　B. 宽带薪酬　　　C. 标准薪酬　　　D. 固定薪酬
4. 管理人员的薪酬大体可由下式(　　)表明。
   A. 总体薪酬＝基本薪酬＋津贴＋风险收入(效益收入＋奖金)＋养老金计划
   B. 总体薪酬＝基本工资＋业务提成＋奖金制
   C. 总体薪酬＝基本工资＋加班工资＋各种补贴＋特殊贡献工资＋晋升机会
   D. 总体薪酬＝基本工资＋加班工资＋各种补贴＋项目工资＋特殊贡献工资＋股权
5. 下列关于企业薪酬管理原则的说法中,不正确的是(　　)。
   A. 分配结果均等　　　　　　　　　B. 对外有竞争力
   C. 对内分配公正　　　　　　　　　D. 适当拉开薪酬差距

三、判断题

1. 以能力为导向的薪酬结构适用于技术负责程度高、熟练程度差别大的企业。(　　)
2. 任职资格越高的职位,薪酬等级也就越高,薪酬变化比率也会随之增加。(　　)
3. 分类法是在岗位分析基础上,按岗位的工作性质、特征、繁简难易程度、工作责任大小和岗位任职者需具备的任职条件等,对企业全部岗位进行类别和层级的划分,然后根据岗位工作职责与确定的岗位类别和等级标准进行配比归类的一种岗位评价方法。(　　)
4. 要素计点法是指在企业中确定一些普遍存在的要素,这些要素与评估企业内的岗位相对价值有着直接联系,通过这些要素对岗位进行价值评估。(　　)
5. 薪酬结构反映着薪酬内部差异性,掌握外部人力资源市场价格对企业薪酬等级数目以及薪酬等级差别的确定具有重要作用。(　　)

四、简答题

1. 简述薪酬的基本形式。
2. 进行岗位评价应遵循哪些原则?
3. 列举基本薪酬制度的主要类型。
4. 简述薪酬调查的基本流程。
5. 阐述宽带薪酬的优缺点。

第九章 员工福利管理

【知识目标】
- 理解员工福利的含义及分类
- 了解员工福利制度的设计及管理

【技能目标】
- 能够根据企业实际情况设计员工福利制度

引入案例

核心员工个性化的福利方案

某跨国公司的中国分公司，在全国多个城市设有分支机构。这些分支机构的负责人已成为中国分公司重要的本地中高级管理人员，是该跨国公司在中国发展业务的核心员工。为了贯彻总公司的战略意图，这些中高级管理人员的大多数是从内部培养和提拔而来。随着世界经济的发展，竞争的加剧，这些核心管理员工正成为许多公司猎取的目标。

为防止这些员工流失，跨国公司保持这些员工的薪水在同行里具有较高的竞争力的同时，在福利待遇方面也加大对核心员工的吸引力，如培训、保险等，为企业吸引和留住优秀人才发挥了积极的意义。

更重要的是，总公司下定决心为每一个核心员工制定更有针对性的保留方案。

总公司认为，每个企业发展阶段不同、战略选择不同，行业特点也不同，这些决定了每个企业的核心员工也不同。对于核心员工一定要认真分析和研究实际情况，制定针对性强、切实有效的个性化的管理模式。

经过一番细致调查，工作人员发现大多数核心员工年龄约为30岁左右，大多处于准备结婚或刚刚结婚的人生阶段，这个阶段生活的最大需求是住房。因此决定员工保留方案将围绕住房来设计。

解决住房有很多种方式。但是因为公司的分支机构分散在全国多个城市，决定以购房津贴的形式随月工资发放。

采用这种方式发放购房津贴，要首先明确以下几个问题：购房津贴金额数量、发放时间、发放期限等。在进行保留方案的具体设计工作中，首先设计目标住房的标准，即面积在120平方米左右的多层单元套房，位于距离市中心30分钟车程的地段，并按照这些标准在全国不同城市收集商品房的价格信息。同时，统计不同城市中高级员工的现金收入，并和所在城市的房价进行分析比较，由此得到以下假设：以公司发放薪水来计算，作为主管服务3年、部门经理服务2年后，其个人积蓄足以支付购房的首期款项。接下来以10年分期付款计算，月供楼的金额由个人节余和公司津贴共同承担。公司津贴平均占员工月工资的25%左右；10年按揭期结束，入住时需一次性缴纳一笔尾款，同时需要装修费用，两项相加基本相当于一个员工的年收入额。

根据以上分析数据，在所增加的预算得到批准的情况下，可以制定核心员工保留方案如下：作为主管服务满3年、部门经理服务满2年，则可以向公司申请购房津贴；购房津贴为员工月工资的20%，每月随工资发放；由申请之日起，可连续享受10年；10年结束时，员工可一次性获得相当于其当年年收入额的入住补贴。

这个方案具有较大的吸引力，预期可以较稳定地保留大部分核心员工10多年，而后他们将步入中年，届时流失率将大大降低。

（资料来源：http://www.glzy8.com）

讨论：

(1) 该公司是如何围绕核心员工进行福利设计的？

（2）分析该公司的福利方案在留住核心员工方面能够发挥怎样的作用？

员工福利是企业内部为了管理好、解决好内部人的问题而使用的一种管理手段,而且目前这种手段已越来越成为企业"留才"方案的重要组成部分。上海贝尔有限公司总裁谢贝尔曾说:"深得人心的福利,比高薪更能有效地激励员工。"员工福利与薪酬一起共同构成了一个企业平等的、具有竞争性的薪酬体系。它在降低劳动力成本、提高员工工作积极性、降低离职率、增强员工凝聚力等方面有着其他管理方式无法替代的作用。

第一节　员工福利概述

一、员工福利的内涵

员工福利是一个综合性的概念。它的主要含义是企业在雇佣关系的基础上,依据国家的强制性法令及相关规定,根据企业自身的支付能力,以非货币工资和延期支付形式为主向员工提供的各种用以改善其本人和家庭生活质量的补充性报酬与服务。员工福利广义的内容是指,由用人单位(雇主)举办的,所属员工(雇员)及其家属按一定的条件享有薪资以外的任何财务给付、实物或劳务;狭义内容涉及用人单位(雇主)对所属员工发生退休、离职、病休、病假、身故、工伤、失业等收入中断期间的收入补偿,或者医疗、康复费用的补偿等。

员工福利具有补偿性、均等性、集体性、多样性和人性化的特点。

（1）补偿性。企业员工福利是对劳动者为企业提供劳动的一种物质性补偿,等同于员工工资收入的一种补充形式,是额外的保障。

（2）均等性。企业内履行了劳动义务的员工,都可以平均地享受企业的各种福利,而且只要是在规定的范围内,所有都是平均的,不存在倾斜性。

（3）集体性。企业兴办各种集体福利事业,员工集体消费或共同使用共同物品等是企业员工福利的主体形式,也是企业员工福利的一个重要特征,体现了它是一起进行的,不存在单一进行的特例。

（4）多样性。企业员工福利的给付形式多种多样,包括现金、实物、带薪休假以及各种服务,而且可以采用多种组合方式,要比其他形式的报酬更为复杂,更加难以计算和衡量,最常用的方式是实物给付形式,并且具有延期支付的特点,这与基本薪酬差异较大,这样才会把各种公司人性化的色彩带进来。

（5）人性化。企业员工福利采用何种形式,都是贴近员工生活的,都是员工在生活与工作中最需补助的,很贴近员工本身的需求。

二、员工福利的种类

根据福利的享受对象、性质和表现形式的不同,可以相应地把福利划分为以下不同的类型。

（一）集体福利和个人福利

1. 集体福利

集体福利是企业举办或者通过社会服务机构举办的供员工集体享用的福利性设施和服务，是主要的员工福利形式，包括以下几个方面。

1）住宅

免费的单身宿舍、夜班宿舍、廉价出租或出售给本企业员工的公房、提供购房低息或无息贷款等。

2）集体生活设施和服务

其具体包括员工食堂、托幼设施、卫生设施及医疗保健、文娱体育设施、集体交通工具等，这些设施对本企业员工提供免费或低费的服务。目前在许多企业中，提供免费工作餐、班车、年度休假制度等具有集体福利的性质。

3）享受休假及旅游待遇

传统的企业集体福利主要是满足员工的一些基本生活需求，现代企业集体福利已经包括一些高层次的福利项目。例如，文化娱乐、旅游观光及假日休养等。带薪休假是一些发达国家企业员工的法定福利项目，一般在一周以上，并随着员工为企业服务年限的增加而延长假期。目前，我国一些企业已经开始实行这一制度。

2. 个人福利

个人福利主要是指员工福利基金开支的、以货币形式直接支付给员工个人的福利补贴，是员工福利的非主要形式。其主要内容包括：两地分居的员工享受探亲假期、工资补贴和旅费补贴等待遇、上下班交通补贴、冬季宿舍取暖补贴、生活困难补贴、生活消费品价格补贴、婚丧假和年休假工资等。

员工个人福利从法律意义上讲，只具有任意性规范的性质，即这些规定如果在集体合同、内部劳动规则和劳动合同中规定，就具有约束力，否则没有法律效力，主要由员工和企业协商决定。

（二）法定福利和自主福利

1. 法定福利

法定福利又称为基本福利，是指按照国家法律、法规和政策规定必须发生的福利项目，其特点是只要企业建立并存在，就有义务和责任且必须按照国家统一规定的福利项目和支付标准支付，不受企业所有制性质、经济效益和支付能力的影响。其具体包括：

（1）社会保险，包括养老保险、医疗保险、失业保险、生育保险、工伤保险以及残病、伤残、遗属三种津贴。

（2）法定带薪假期，企业员工全年法定节假日11天为带薪假期。

（3）特殊情况下的工资支付，是指属于社会保险，如病假工资或疾病救济费（疾病津贴）、产假工资（生育津贴）之外的特殊情况下的工资支付，如婚假、丧假工资，探亲假工资等。

（4）工资性津贴，包括上下班交通费补贴、洗理费、书报费等。

（5）工资总额外补贴项目，如计划生育独生子女补贴、高温降暑补贴等。

2. 自主福利

自主福利是指在国家法定的基本福利之外,由企业自定的福利项目。企业根据自身的经济效益和经营战略目标,以及企业的经营理念和文化确定自主福利项目。这类项目繁多,常见的有:交通补贴、房租补贴、免费工作餐、女工卫生费、通信补助、员工生活困难补助、财产保险、人寿保险、心理咨询、贷款担保、搬家补助、子女医疗费补助等。

(三) 经济性福利和非经济性福利

1. 经济性福利

经济性福利是指货币或实物形式的福利,这些福利直接发生经济成本。

2. 非经济性福利

非经济性福利表现为服务或员工工作环境的改善,不涉及金钱实物,旨在全面改善员工的工作生活质量。这类福利的形式包括:咨询性服务,如免费提供法律咨询和员工心理健康咨询;保护性服务,如平等就业权利保护、隐私权保护;工作环境保护,如实行弹性工作时间、缩短工作时间、员工参与民主化管理等。

第二节 员工福利制度的设计与管理

一、员工福利制度设计

(一) 员工福利制度设计的原则

福利作为激励员工、保持企业竞争优势、吸引员工的重要方式,有助于企业相关战略目标的实现。但企业设计福利制度时应遵循以下原则。

1. 合理化

企业对福利项目的设立或废止应实行科学管理,以员工的需求为依据,采取与之相适应的措施。

2. 计划性

员工福利往往需要大量资金,而且员工已有的福利也难以缩小或废除,因此,企业在建立福利设施与确定福利项目时应具有战略观点,有计划地实施与管理。

3. 社会性

社会性,一是指企业必须遵循国家和地区政府有关福利的要求;二是指企业在建立福利与服务时应考虑与社会的关系,使企业福利成为社会福利的一种补充,承担社会责任,并扩大企业的社会效应。

(二) 员工福利制度设计的步骤

同其他的薪酬制度一样,企业设计合理的福利制度,应该遵循以下步骤。

1. 明确福利目标

设立福利制度应建立特定的目标,此目标必须符合企业长远目标、满足员工的需求、符合企业的报酬政策,要考虑员工的眼前需要与长远需要,能激励大部分员工,企业能负担得起,符合当地政府的法规政策等。

2. 福利调查与基准的确定

企业要设计出具有竞争力的福利制度,一个重要的工作就是要了解企业竞争对手的情况。通过各种有利的途径和方法,对竞争对手的福利计划组合、福利标准等情况进行调查,以确定企业的福利制度。

3. 福利基金的筹集

员工的福利基金是企业依法筹集的、专门用于员工福利支出的资金。管理者在进行福利设计时,必须确定基金的来源渠道。一般有三种筹集渠道:按法规从企业财产和收入中提取、企业自筹、向员工个人征收等。

4. 福利成本核算与控制

这是福利制度设计中的重要部分。人力资源主管应会同财务人员花费较多的时间和精力进行企业福利的成本核算。主要涉及以下几个方面:通过销售量与利润估算出最高的、可能支出的总福利费用;与外部福利标准进行比较,尤其是与竞争对手的福利标准进行比较;做出主要福利项目的预算;确定每一个员工每年的福利项目成本;制定相应的福利项目成本计划;尽可能在满足福利目标的前提下降低成本。

5. 福利的组织与实施

在组织与实施员工福利的过程中,应做好以下工作:一是做好福利沟通工作,了解员工的福利需要,向员工解释清楚企业的福利政策、目的等内容;二是进行员工的福利调查,主要了解员工在一个财政年度内享受了哪些福利项目,各占多少比例,满意程度如何;三是组织实施福利计划,这是最关键的一步。

(三) 员工福利项目的确定

员工福利项目种类繁多,其中法定的福利项目组织无权决定,必须按照法律规定执行,其他福利项目均由组织自行确定。

员工福利项目的确定会受到组织内部和外部各种因素的影响,如组织的规模和性质、雇主或经营者的偏好、组织的薪酬策略和支付能力、工会的态度与实力、员工的需求偏好、竞争对手提供的福利项目等。

在面临各种各样福利项目的选择时,坚持从组织目标和现实条件出发,坚持从满足员工的实际需求出发,坚持福利效用最大化与福利方案的科学论证和可行性研究,在员工中进行全面福利需求调查,这应当成为福利项目确定的一般原则和方法。

二、弹性福利计划[①]

所谓弹性福利计划就是在固定的福利费用预算内,企业针对不同层次员工的个性化福利保障需求,有针对性地设计和实施多样化的福利项目供员工选择,使每个员工的福利保障需求得到最大满足的福利项目组合。企业福利可分为法定福利和自主福利两大类,法定福利费用企业必须按国家规定缴纳,基本没有自行调整的空间。自主福利是企业在法定福利的基础上根据企业的特点和发展战略自行设计和实行的补充福利项目,它具有比较大的弹性空间,也是企业在设计员工总体薪酬计划时考虑的重点内容。

---

① 陈汉文:《弹性福利——企业员工福利设计的新趋势》,《HR论坛》2007年第4期。

自主福利最初是经济效益好的企业用来增加员工非现金收入的一种手段,此后逐步演变成企业进行福利项目差别化,并以此吸引和保留核心员工的工具,而最新的变化就是实行弹性福利项目计划。弹性福利项目一方面可以通过福利项目差别化彰显企业福利的优势,另一方面它更加强调从员工的需求出发设计福利项目,从而使企业提供的福利项目能够最大限度地贴合员工的需求,使企业投入的每一分钱都能提升员工的满意度,降低员工流失的可能性。

(一)弹性福利设计的一般原则

1. 战略导向原则

基于战略的人力资源管理理念就是人力资源管理实践必须以企业发展战略为出发点,以帮助实现企业目标为最终的要求,弹性福利设计也必须遵循战略导向的原则。对采用不同战略的企业来说,福利方案的选择也是截然不同的:采用成本领先战略的企业一般来说不太适合实行全面的弹性福利计划,因为实施成本领先战略的企业一般都是生产技术、工艺非常成熟的产品生产企业。由于有完善的员工培训和生产流程控制系统,一般新员工经过短时间的培训就能上岗操作,因此员工的流动对生产的影响不是很大,保持员工队伍的稳定性不是企业需要解决的核心问题。相反,如何提高生产效率、控制和降低人工成本却是关系到企业生死存亡的关键问题。因此对企业来说,人力资源管理的重点应该是考虑如何通过合理用工(用劳务工代替合同工)或加强绩效考核、将成本控制与工资、奖金挂钩以不断驱动员工提高效率和降低损耗,而不是实行以提高员工满意度、降低离职率为目标的弹性福利计划。而对实施差别化战略的企业,弹性福利计划可能就是一个非常理想的选择。实施差别化战略的企业主要是通过制度和人才两个方面来保证企业的差别化能力(或创新能力),而最核心的差别化能力来源于具有创新精神和能力的企业员工,因此对实行差别化战略的企业来说,吸引和保留拥有差别化能力的员工是关乎企业未来命运的重中之重。由于具有差别化能力的员工的稀缺性,因此在给予他们高于市场平均水平的薪资之外,提供更加贴合他们个性化需要的福利项目组合,才能够不断提升他们的工作满意度和企业忠诚度,长期为企业服务。而对于实施重点集中战略的企业来说,必须识别企业最核心的竞争能力是什么,以及哪些员工是这些能力的载体。在设计弹性福利计划时,重点是考虑如何满足他们的个性化需要。福利设计如果不和企业战略相结合,福利就是一种成本;福利设计如果能很好地服务于企业战略和总体目标,福利就是一种投资,并且有可能成为一种竞争优势。

2. 市场竞争性原则

企业在设计弹性福利计划时,必须考虑其主干的福利项目保障水平具有市场竞争性,不能因为单纯追求福利项目的多样化,而使主干的福利项目达不到应有的保障水平,从而降低了弹性福利计划的实际效用和对员工的吸引力。

3. 灵活性原则

弹性福利的灵活性有两个方面的含义:一是弹性福利在设计时必须考虑它在企业战略调整时有一定的调整空间;二是弹性福利项目可以在一定条件下相互转化,从而保证员工能在不同的职业阶段、年龄阶段,选择自己真正需要的福利项目,充分体现弹性福利的优势。

4. 员工利益最大化原则

弹性福利设计时必须充分利用国家税收优惠政策，在同样投入的前提下，使员工享受最大的福利保障。

（二）弹性福利的主要类型

由于企业经营环境的多样化和企业内部的特殊性，弹性福利在实际的操作过程中逐渐演化为以下几种具有代表性的类型，企业可以根据自己的不同需要加以选择和比较。

1. 附加型弹性福利计划

它是最普遍的弹性福利制，就是在现有的福利计划之外，再提供其他不同的福利措施或扩大原有福利项目的水准，让员工去选择。例如，某家公司原先的福利计划包括房租津贴、交通补助费、意外险、带薪休假等，如果该公司实施此类型的弹性福利制，它可以将现有的福利项目及其给付水准全部保留下来当作核心福利，然后再根据员工的需求，额外提供不同的福利措施，如国外休假补助、人寿保险等，但通常都会标上一个"金额"作为"售价"。每一个员工则根据他的薪资水准、服务年资、职务高低或家眷数等因素，发给数目不等的福利限额，员工再以分配到的限额去认购所需要的额外福利，有些公司甚至还规定，员工如未用完自己的限额，余额可折成现金，不过现金的部分于年终必须合并其他所得交税，此外，如果员工购买的额外福利超过了限额，也可以从自己的税前薪资中抵扣。

2. 福利套餐型

它是由企业同时推出不同的"福利组合"，每一个组合所包含的福利项目或优惠水准都不一样，员工只能选择其中一个弹性福利制。就好像西餐厅所推出来的 A 餐、B 餐一样，食客只能选其中一个套餐，而不能要求更换套餐里面的内容。在规划此种弹性福利制时，企业可依据员工群体的背景（如婚姻状况、年龄、有无眷属、住宅需求等）来设计。

3. "选高择抵型"福利

福利计划一般会提供几种项目不等、程度不一的"福利组合"给员工选择，以组织现有的固定福利计划为基础，再据以规划数种不同的福利组合。这些组合的价值和原有的固定福利相比，有的高，有的低。如果员工看中了一个价值较原有福利措施还高的福利组合，那么他就需要从薪水中扣除一定的金额来支付其间的差价。如果他挑选了一个价值较低的福利组合，他就可以要求雇主发给其之间的差额。

（三）弹性福利计划的利与弊

实施弹性福利计划的优势主要有：①从员工的需求出发制定的福利项目，能够更好地满足员工的个性化需求；②弹性福利计划是在员工参与的情况下制定的，强调员工的自主选择，对员工有一定的激励作用；③弹性福利计划具有成本优势。

弹性福利计划的劣势主要有：①设计弹性福利计划的技术难度较大；②需要更多行政管理工作的支持。

三、员工福利制度管理

员工福利制度管理要明确福利享受者是谁及其享受福利的范围。要作出令所有员工都满意的规定是很难的，但有一点必须明确，福利的均等性要求每个员工都有享受福利的权利。可这并不意味着每一个员工都能享受同等的福利待遇，除了法定福利和诸如工作餐、带薪休假、组织的文体娱乐设施等部分福利外，通常的做法是依员工的职级确定员工个人福利费用的预算，职级越高，福利费用相对越高，这也有助于加强组织晋升制度的激励力度。

对于员工福利基金的筹集和使用，要进行科学、民主、公开和规范的管理。福利基金筹集渠道应多样化，避免由组织单独承担福利费用，员工也承担一部分福利费用有助于消除福利"免费蛋糕"的错误观念，有利于减少组织的福利成本，并使员工增强福利成本控制的意识。福利基金的使用应科学、民主、公开和规范，福利项目的确定应经职工代表大会或工会讨论审批，各项费用支出应由福利委员会监管，账目公开，手续完备。

员工福利制度管理要专业化。员工福利制度的好坏关键在于设计，现在福利制度管理的专业化趋势日益明显，经过专业设计和管理的福利制度将会提高管理的成效。

员工福利制度管理过程必须保持组织与员工之间的沟通，这是达成福利制度管理目标的重要环节，因为对福利项目及其价值的认识不清会导致员工对福利方案的不满，而且组织缺乏员工关于福利的需求偏好和对福利的评价等方面的信息，同样无法制定出较优的福利方案。

第三节　社会保险及住房公积金

大多数市场经济体制国家的企业都要面对很多按照法律规定必须提供的福利项目。我国规定有五种社会保险（养老保险、医疗保险、失业保险、工伤保险、生育保险）项目和住房公积金。

一、社会保险的含义及特点

公民在年老、疾病、工伤、失业、生育等情况下依法从国家和社会获得物质帮助是一项宪法权利，社会保险是公民从国家和社会获得物质帮助最主要的一种途径。

社会保险具有社会共济、责任分担、国家干预和主导的特点。社会共济体现在社会保险在全社会范围内统一筹集资金，建立保险基金，实行互助共济，集合多数人的力量来均衡分担少数人遭遇的社会风险。责任分担表现在社会风险由全体社会成员共同承担，个人、用人单位、国家都应承担社会保险责任。国家干预和主导，即社会保险具有强制性，通过立法强制单位和个人参加，政府参与社会保险的组织和运作。

为了规范社会保险关系，维护公民参加社会保险和享受社会保险待遇的合法权益，使公民共享发展成果，促进社会和谐稳定，根据我国宪法精神，《社会保险法》于2010年10月28日通过，并于2011年7月1日起正式实施。

二、社会保险的基本内容

（一）基本养老保险制度

基本养老保险制度是指缴费达到法定年限且个人达到法定退休年龄后，国家和社会提供物质帮助以保证年老者有稳定、可靠的生活来源的社会保险制度,其目标是实现"老有所养"。基本养老保险制度由三部分构成,即职工基本养老保险制度、新型农村社会养老保险制度、城镇居民社会养老保险制度。

职工基本养老保险覆盖范围:企业职工、灵活就业人员、事业单位职工和公务员以及参照《公务员法》管理的工作人员。

基本养老保险由统筹养老金和个人账户养老金组成。社会统筹养老金来源于由用人单位缴费和财政补贴等构成的社会统筹基金,根据个人缴费年限、缴费工资、当地职工平均工资等因素确定。个人账户养老金月标准为个人账户储存额除以计发月数,计发月数根据职工退休时个人账户余额、城镇人口平均预期寿命和本人退休年龄等因素确定。

(二)基本医疗保险制度

基本医疗保险制度是指按照国家规定缴纳一定比例的医疗保险费,在参保人因患病和意外伤害而发生医疗费用后,由医疗保险基金支付其医疗保险待遇的社会保险制度,其目标是实现"病有所医"。基本医疗保险制度由三部分组成,即职工基本医疗保险制度、新型农村合作医疗制度、城镇居民基本医疗保险制度。

城镇所有用人单位及其职工都要参加基本医疗保险,包括企业、机关、事业单位、社会团体、民办非企业单位及其职工。基本医疗保险费用由用人单位和职工双方共同负担,用人单位缴费比例控制在职工工资总额的6%左右,职工缴费比例一般为本人工资收入的2%。职工个人缴纳的基本医疗保险费,全部计入个人账户;用人单位缴纳的基本医疗保险费分为两部分,一部分用于建立统筹基金,另一部分划入个人账户。

(三)失业保险制度

失业保险制度是指国家为失业而暂时失去工资收入的社会成员提供物质帮助,以保障失业人员的基本生活,维持劳动力的再生产,为失业人员重新就业创造条件的一项社会保险制度。其目的是通过建立社会保险基金的办法,使员工在失业期间获得必要的经济帮助,保证其基本生活,并通过转业训练、职业介绍等手段,为他们重新实现就业创造条件。

失业保险制度主要内容包括:建立专项基金;建立专门管理机构;健全对失业员工的管理和服务;建立转业训练和生产自救实体。

(四)工伤保险制度

工伤保险制度是指由用人单位缴纳工伤保险费,对劳动者因工作原因遭受意外伤害或者职业病,从而造成死亡、暂时或永久丧失劳动能力时,给予职工及其相关人员工伤保险待遇的一种社会保险制度。

《中华人民共和国工伤保险条例》规定:工伤保险费由企业按时缴纳,职工个人不缴费。工伤保险缴费实行行业差别费率和企业浮动费率。根据不同行业的工伤事故风险和职业危害程度确定不同的行业费率;工伤保险基金在直辖市和设区的市实行全市统筹,其他地区的统筹层次由省、自治区人民政府确定。

工伤保险基金支付的待遇主要包括:工伤医疗期发生的医疗费用;工伤医疗期结束后根据劳动能力丧失程度确定的伤残补助金、抚恤金、伤残护理费等。没有参加工伤保险的单位,仍由该单位承担支付工伤待遇的责任。

(五) 生育保险制度

生育保险制度是指由用人单位缴纳保险费,其职工或者职工未就业配偶按照国家规定享受生育保险待遇的一项社会保险制度。

1994年,为配合我国《劳动法》的贯彻实施,维护企业女职工的合法权益,保障她们在生育期间得到必要的经济补偿和医疗保健,均衡企业生育费用负担,在总结各地改革经验的基础上,劳动部颁布了《企业职工生育保险试行办法》,对生育保险制度改革的内容、标准、形式等予以规范。

三、住房公积金

住房公积金是单位及其在职职工缴存的长期住房储备金,是住房分配货币化、社会化和法制化的主要形式。住房公积金制度是国家法律规定的重要的住房社会保障制度,具有强制性、互助性、保障性。单位和职工个人有必须依法履行缴存住房公积金的义务。职工个人缴存的住房公积金以及单位为其缴存的住房公积金,实行专户存储,归职工个人所有。

住房公积金具有如下特点:

第一,普遍性。城镇所有在职职工,无论其工作单位性质如何、家庭收入高低、是否已有住房,都必须按照《住房公积金管理条例》(以下简称《条例》)的规定缴存住房公积金。

第二,强制性。单位不办理住房公积金缴存登记或者不为本单位职工办理住房公积金账户设立的,住房公积金管理中心有权责令限期办理,逾期不办理的,可以按照《条例》的有关条款进行处罚,并可申请人民法院强制执行。

第三,专用性。《条例》明确规定:职工住房公积金应当用于职工购买、建造、翻建、大修自住住房,任何单位和个人不得挪作他用。

第四,福利性。除职工缴存的住房公积金外,单位也要为职工缴纳一定的金额,而且住房公积金贷款的利率低于商业性贷款。

第五,返还性。职工离休、退休,或完全丧失劳动能力并与单位终止劳动关系,户口迁出或出境定居等,缴存的住房公积金将返还职工个人。

职工和单位住房公积金的缴存比例均不得低于职工上一年度月平均工资的5%,有条件的城市,可以适当提高缴存比例。具体缴存比例由住房公积金管理委员会拟订,经本级人民政府审核后,报省、自治区、直辖市人民政府批准。

思考与练习

一、基本概念

员工福利　弹性福利计划　社会保险

二、单项选择题

1. 企业福利可分为(　　)两大类。

   A. 集体福利和个人福利　　　　　　　　B. 员工福利和绩效工资

C. 经济性福利和非经济性福利　　　　D. 法定福利和自主福利
2. 下列不属于社会保险的是(　　)。
　　A. 养老保险　　B. 住房公积金　　C. 失业保险　　D. 医疗保险
3. 五一当天,小李在公司加班,公司应支付小李工资(　　)的报酬。
　　A. 100%　　B. 150%　　C. 200%　　D. 300%
4. 员工能在不同的职业阶段、年龄阶段,选择自己真正需要的福利项目,体现了弹性福利的(　　)。
　　A. 市场竞争性原则　　　　　　　　B. 员工利益最大化原则
　　C. 灵活性原则　　　　　　　　　　D. 战略导向原则
5. 劳动者患病或非因工负伤,经劳动鉴定委员会确认不能再从事原来工作,也不能从事用人单位安排的其他工作时而解除劳动合同,在给予员工经济补偿金和医疗补助费的同时,如果是重病,企业还应当增加不低于医疗补助费(　　)的补充医疗补助费。
　　A. 80%　　B. 100%　　C. 120%　　D. 150%

三、判断题

1. 员工福利是指用人单位举办的,所属员工及其家属按一定的条件享有薪资以外的任何财务给付、实物或劳务;狭义内容涉及用人单位对所属员工发生退休、离职、病休、病假、身故、工伤、失业等收入中断期间的收入补偿,或者医疗、康复费用的补偿等。(　　)
2. 法定福利是指在国家法定的基本福利之外,由企业自定的福利项目。企业根据自身的经济效益和经营战略目标,以及企业的经营理念和文化确定自主福利项目。(　　)
3. 弹性福利项目可以通过福利项目相同化彰显企业福利的优势。(　　)
4. 弹性福利设计时必须充分利用国家税收优惠政策,在同样投入的前提下,使员工享受最大的福利保障。(　　)
5. 单位录用的新员工,应当自录用之日起30日内到住房公积金管理中心办理缴存登记。(　　)

四、简答题

是否任何企业都适合采用弹性福利计划? 为什么?

第十章 劳动关系管理

【知识目标】
- 掌握劳动关系的含义和要素
- 理解劳动合同的订立和管理
- 了解劳动争议处理的具体方式

【技能目标】
- 解决员工劳动关系的相关问题
- 订立并管理劳动合同
- 处理一般的劳动争议与纠纷

福特汽车公司人情化的员工管理

亨利·福特二世十分重视职工问题。他认为应该像过去重视机械要素取得成功那样重视人性要素，这样才能解决战后的工业问题；而且，劳工契约要像两家公司签订商业合同那样，进行有效率、有良好作风的协商。

当然他也是这样做的。他启用贝克当总经理，目的是改变公司职员消极怠工的局面。贝克也是不负众望，他以友好的态度与职工建立联系，使他们消除了怕被"炒鱿鱼"的顾虑，也善意批评他们不应消极怠工，互相扯皮。为了共同的利益，劳资双方应当同舟共济。他同时也虚心听取工人们的意见，并积极耐心地着手解决一个个存在的问题，与工会主席一道制定了一项《雇员参与计划》，在各车间成立由工人组成的"解决问题小组"。

为了把《雇员参与计划》辐射开来，福特还经常组织由工人和管理人员组成的代表团到世界各地的协作工厂访问并传经送宝，这充分体现了员工参与和决策的重要性。

目前，福特公司内部已形成了一个"员工参与计划"。员工投入感、合作性不断提高，大大缩短了与日本的差距，而这一切的改变就在于公司上下能够相互沟通；内部管理层、工人和职员改变了过去相互敌对的态度。领导者关心职工，也因此引发了职工对企业的"知遇之恩"，从而努力工作促进企业发展。

公司赋予了职工参与决策的权力，缩小了职工与管理者的距离，职工的独立性和自主性得到了尊重和发挥，积极性也随之高涨。"全员参与制度"的实施激发了职工潜力，为企业带来了巨大效益。

在福特公司，现已形成一条不成文的宗旨：尊重每一位职工。这个宗旨就像一条看不见的线，贯穿于福特公司管理企业的活动，同时也贯穿于企业领导的思想。这个基本信念对于其他任何企业领导来说都是不能忘记的，不但不能忘记，而且还应该扎扎实实地将它付诸实施。

福特认为，生产率的提高纯粹在于人们的忠诚，他们经过成效卓著的训练而产生的献身精神，他们个人对公司成就的认同感，用最简单的话说，就在于职工及其领导人之间的那种充满人情味的关系。如果当职工找你来谈关于公司生产经营等方面的建议，或其他有关企业事宜，而被你拒绝的话，则会使他(她)的自尊心受到伤害，而对工作感到心灰意冷，最终影响企业劳动生产率。

福特公司能有今天的辉煌，其独特的员工人情化管理应该说起到了很大的作用。

(资料来源：http://www.glzy8.com)

讨论：
(1) 福特公司采取了哪些人情化的管理措施？
(2) 你如何评价这些人情化的管理措施？

劳动关系的调整始终关系着组织的成长与发展，只有拥有和谐、发展型的劳动关系才能使组织得到快速稳步的发展,因此在实践中,组织必须要将员工看成合伙人,将员工的发展与组织的发展一样放在首位,建立具有建设性的劳动关系。

第一节 劳动关系概述

一、劳动关系的含义

劳动关系是指劳动力所有者与劳动力使用者之间,在实现劳动过程中建立的社会、经济和法律关系。这里的劳动力所有者指员工个人及其团体,劳动力使用者指用人单位。劳动关系有广义与狭义之分。从广义上讲,无论何人只要与用人单位之间因从事劳动而结成的社会关系,都属于劳动关系的范畴。从狭义上讲,现实经济生活中的劳动关系是指国家劳动法律法规规范的劳动法律关系,即双方当事人是被一定的劳动法律法规规范所规定和确认的权利和义务联系在一起的,其权利和义务的实现是由国家强制力来保障的。劳动法律关系的一方(劳动者)必须加入某一用人单位,成为该单位的一员,并参加该单位的生产劳动,遵守该单位内部的劳动规则;而另一方(用人单位)则必须按照劳动者的劳动数量或质量支付报酬,提供工作条件,并不断改进劳动者的物质文化生活,我们采用狭义的含义来理解劳动关系。

二、劳动关系的要素

劳动关系的要素包括主体、内容和客体三个方面。

(一)劳动关系的主体

劳动关系的主体是指在劳动关系中享有权利和承担义务的劳动关系的参与者,即拥有劳动力的雇员(劳动者)和使用劳动力的雇主(用人单位)。劳动关系的主体是构成劳动关系的第一要素。劳动关系的主体包括劳动关系的参与者,即劳动者、劳动者组织(工会、职工代表委员会)和用人单位。

(二)劳动关系的内容

劳动关系的内容是指劳动关系的主体双方依法享有的权利和承担的义务。它是劳动关系的基本要素,是联结劳动关系主体和客体的媒介,也是劳动关系的核心和实质。我国《劳动法》第3条规定:劳动者享有的主要权利有平等就业和选择职业的权利、取得劳动报酬的权利、休息休假的权利、获得劳动安全卫生保护的权利、接受职业技能培训的权利、享受社会保险和福利的权利、提请劳动争议处理的权利以及法律规定的其他劳动权利;劳动者承担的义务有完成劳动任务,提高职业技能,执行劳动安全卫生规程,遵守劳动纪律和职业道德。用人单位享有的主要权利有:依法录用、调动和辞退员工,决定企业的机构设置,任免企业的行政管理人员,制定工资、报酬和福利方案,依法奖惩员工等。用人单位承担的主要义务有:依法录用、分配、安排员工工作,保障工会和职代会行使其职权,按照员工的劳动质量、数量支付劳动报酬,加强员工思想、文化和业务的教育、培训,改善劳动条件,搞好劳动保护和环境保护。

（三）劳动关系的客体

劳动关系的客体是指劳动关系主体双方的权利义务共同指向的对象。主体双方的权利义务只有共同指向同一对象才能形成劳动关系。因此，客体是构成劳动关系必不可少的重要因素。在我国，劳动关系的客体包括：劳动时间、劳动报酬、劳动纪律、劳动卫生、福利保险、教育培训、劳动环境等。

三、劳动关系管理的原则

（一）兼顾各方利益

要使组织内部各方面保持和谐的合作关系，首先就要兼顾各方利益而不是偏顾一方，损害一方。为此，各方都要实事求是，以组织兴旺和员工满意为己任，多站在对方角度着想。例如，在处理组织利益分配时，既要考虑到组织的发展需要，又要考虑员工利益的增长。过分强调组织长远发展而忽视员工收益的增加，会挫伤员工积极性，而片面强调增加员工收益而不去考虑组织的发展，则容易使组织缺乏发展后劲，削弱竞争力，对双方均不利。又如，当前国有组织改革过程中需精简裁员，员工要考虑国家困难，组织困难，必要时做一点自我牺牲。组织则要多考虑员工，使被精简人员得到较为妥善的安置或为他们重新就业提供尽可能多的帮助。

（二）协商为主解决争议

当组织内部劳动关系紧张而发生劳动争议时，应尽量采取协商的办法解决，不应轻易采取极端方式，如罢工、怠工、开除、上街游行等，以免形成尖锐对立，造成更大的损失。在处理劳动争议时，应尽量遵循协商解决问题的原则，凡能不诉诸法律的就不上法庭。这样既可以节省费用，又不容易伤感情，且双方有较大的回旋余地。

（三）以法律为准绳

处理组织内劳动关系不能随心所欲，而要以国家有关法律、法规为依据。为此，组织各方都要认真学习《中华人民共和国劳动法》及其相关的法律法规，依法办事，凡是涉及组织各方责、权、利关系的，应尽量订立契约、合同或规章制度、章程，出现问题应及时找法律专家咨询。以法律规定协调各方关系，可以减少许多因不合理要求而造成的争端。

（四）劳动争议以预防为主

组织经营管理人员除了要关心组织生产经营活动之外，还应花相当一部分精力搞好人力资源的开发与管理，协调好各方面的关系，化解组织内部已经发生和将要发生的矛盾。一个称职的管理人员应经常分析劳动关系形势，了解员工情绪，遇见可能发生的问题，及时加以沟通，并采取有效措施使矛盾得到及时解决，而不应等到矛盾激化了再去处理。

（五）明确管理责任

处理劳动关系是组织经营管理中的一项重要事务，应当明确各层次管理人员改善劳动关系的责任，有条件的组织应在工会之外再设立必要的正式或非正式的机构来处理劳动关系，并配备专职或兼职人员。

四、改善劳动关系的途径

根据国内外管理实践经验，改善劳动关系的基本途径有如下几种。

(一) 立法

劳动关系的不和谐和劳动争议的出现，一个很重要的原因往往是组织各方强调自身利益而相互对立，并因为相关法制不健全而难以有效地协调。如果通过立法，在调查研究的基础上界定组织各方的利益，就能避免许多完全凭单方面意志而引起的矛盾，有了相关法律，一旦出现劳动争议也有个客观依据予以圆满解决。我国劳动法、公司法等一系列相关法律的制定，为从根本上保障组织和员工的利益，协调组织内部劳动关系提供了法律保障。

(二) 发挥工会作用

有些雇主及管理人员不欢迎工会，认为工会只能给组织增加负担、添麻烦。但从积极的方面来看，工会可以与管理当局合作，在开展质量圈、斯坎隆计划等方面发挥作用，使雇主可以度过特殊困难时期，甚至使组织更富有营利性及挑战性。工会还能够帮助雇主识别工作场所的危险因素，改善雇员的工作生活质量。

在我国的企业组织中，工会的作用被局限在非常有限的范围内，所起作用甚微。但随着社会主义市场经济的深入发展，工会的作用将逐步得以发挥。尤其是在三资企业中，工会对维护员工的合法权益更具有不可替代的作用。

(三) 培训主管人员

组织劳动关系的紧张或劳动争议的产生，大量地产生了不合理的报酬、不正当的处罚和解职、侵犯隐私或自尊、不公正的评价提升、不安全的工作环境等，这些都与各部门主管人员的思想作风、业务知识、法律意识有关。因此，改善劳动关系的重要前提就是对主管人员进行培训，使他们增强改善劳动关系的意识，掌握处理劳动关系的原则和技巧。这一问题在我国国有企业组织及其他类型组织中都是迫在眉睫需要解决的。

(四) 提高职业生活质量

不断努力提高员工的职业生活质量，是从根本上改善劳动关系的途径。在沟通方面，应全面开通各种正式渠道和非正式渠道，经常相互对话，开讨论会；印发宣传组织理念、目标、政策、程序的《员工手册》，使所有员工熟悉组织运行的关键信息；回答员工有关福利方面的问题，保证管理人员处事的公正、客观及一致性；还可广泛开展合理化运动，定期进行员工态度调查等。在劳动保护方面，包括重新设计工作，清除危险的工作条件，进行安全训练计划，奖励保持良好安全记录的员工和部门。在员工援助方面，当员工遇到个人困难和婚姻、家庭、法律、人际关系、健康等已影响到其工作的困难时，主管人员应及时找员工面谈，表达感情上的理解和集体的关心，鼓励其尽快改善绩效；当员工存在心理障碍时，可以请专业人员咨询帮助。在相互合作方面，包括成立员工与管理人员委员会，经常针对共同关心的问题进行磋商等。

第二节 劳动合同管理

劳动关系是劳动者与企业之间自愿达成的契约关系。当劳动者愿意以一定的条件出让自身劳动力使用权，而企业也愿意给予这种条件时，劳动关系就形成了。劳动者与企业所达成的契约有不同的形式,有口头契约、书面契约等。

一、劳动合同的概念与特征

劳动合同又称为劳动契约、劳动协议,是劳动者与用人单位确立劳动关系,明确双方责任、权利和义务的协议。订立劳动合同,对于用人单位而言,是完成一定的劳动生产过程所必需的条件;对于劳动者而言,是参与劳动过程、完成劳动任务并获取劳动报酬的保障。

劳动合同作为合同的一种,具有合同的一般特征:

(1) 合同是法律行为。合同是设立、变更或消灭某种具体的法律关系的行为,其目的在于表达设立、变更或消灭法律关系的愿望和意图。

(2) 合同以在当事人之间产生权利义务为目的。合同当事人的协商,总是为了建立某种具体的权利义务关系,而一旦合同依法成立,这种对当事人有约束力的权利义务关系就建立起来了。任何一方当事人都必须履行自己所应履行的义务,如果不履行合同规定的义务,就是违反合同,就要承担相应的法律责任。

(3) 合同是当事人双方或多方相互的意思表示一致,是当事人之间的协议。主要表现为:合同的成立必须有两方或两方以上的当事人;当事人双方或多方必须相互意思表示;当事人的意思必须表示一致。

劳动合同除了具有合同的一般特征之外,还具有特殊的法律特征:

(1) 劳动合同是建立劳动关系的一种法律形式,以合同形式确立了劳动者与用人单位的权利义务关系。劳动合同双方当事人的权利义务是统一的,即双方当事人既是劳动权利主体,又是劳动义务主体。

(2) 劳动合同的主体是由用人单位和劳动者双方构成的。劳动合同是为劳动力的使用而订立的合同,所以合同当事人一方必须是具有劳动权利能力和劳动行为能力的公民本人。在我国,劳动者应当是年满16周岁的公民。某些特定行业(文艺、体育和特种工艺单位)需要招收未满16周岁的人员,要得到国家有关部门的批准。另一方必须是依法设立的企业、个体经济组织、民办非企业单位等组织,以及与劳动者建立劳动关系的国家机关、事业单位、社会团体。

(3) 劳动合同的主体具有特定性和从属性。也就是说,作为劳动合同一方当事人的劳动者,在订立劳动合同后,成为另一方当事人(企业等用人单位)的一员,用人单位有权指派劳动者完成劳动合同规定的属于劳动者劳动职能范围内的工作任务。这种职业上的从属关系,是劳动合同区别于其他合同的重要特点之一。

(4) 劳动合同在时间上具有继续性。一般来说,通过劳动合同建立的劳动关系应当是长期和稳定的。劳动者期望得到稳定的工作,用人单位也需要专业技术和操作熟练的劳动者。此外,国家也通过立法加强劳动合同的稳定性,希望在稳定劳动关系的基础上,促进社会和谐。因此,劳动合同一般持续时间较长,续订也比较多见。

二、劳动合同的种类

(1) 按照签订的主体,劳动合同可分为单个劳动合同和集体劳动合同。单个劳动合同是指用人单位和劳动者个人之间就双方的权利义务签订的书面协议。集体劳动合同是指职工一方与用人单位,就劳动报酬、工作时间、休息休假、安全卫生、职业培训、保险福利等事项,通过集体协商签订的书面协议。

(2) 按照劳动合同的表现是否为常态,劳动合同可分为一般的劳动合同和特殊的劳动合同。一般的劳动合同是指用人单位和劳动者个人之间在正常情况下,按照一般的劳动时间和劳动条件所达成的约定双方权利义务关系的协议。特殊的劳动合同是指在非正常情况下,依照劳动合同法的特别规定而订立的劳动合同,包括劳务派遣合同、非全日制劳动合同和专项合同协议。

劳务派遣合同是指劳务派遣单位(用人单位)和劳动者签订劳动合同后,将劳动者派遣至劳务派遣接收单位(用工单位)。在劳务派遣关系中,劳动者和劳务派遣单位签订劳动合同,劳务派遣单位和实际用工单位签订劳务派遣协议。

非全日制劳动合同是指劳动者和用人单位签订的,以小时计酬的劳动合同。非全日制用工双方当事人也可以订立口头协议。

专项合同协议是指劳动关系双方当事人为明确劳动关系中的特定权利义务,在平等自愿、合法公平、协商一致的基础上所达成的契约。它一般包括服务期协议、培训协议、保守企业商业秘密协议、竞业禁止协议、补充保险协议等。

三、劳动合同的内容

劳动合同的内容具体表现为劳动合同的条款,可以分为法定条款、约定条款和禁止条款。

(一) 劳动合同的法定条款

劳动合同的法定条款又称为必备条款,是指根据法律规定,双方当事人签订的劳动合同都必须具备的内容。根据我国《劳动合同法》第17条的规定,劳动合同应当具备以下条款。

1. 用人单位的名称、住所和法定代表人或者主要负责人

名称是用人单位自身表示的符号,是此用人单位区别于其他用人单位的标志。住所是用人单位进行业务活动的地方,用人单位一般以它的主要办事机构所在地为住所。法定代表人是依法律规定或者用人单位组织章程的规定,代表用人单位行使职权的负责人。主要负责人是指除法定代表人之外代表用人单位行使职权的人。劳动合同载明用人单位的名称、住所和法定代表人或者主要负责人,有利于合同的履行与合同纠纷的解决。

2. 劳动者的姓名、住址和居民身份证或者其他有效身份证件号码

为了明确劳动合同中劳动者一方的主体资格,确定劳动合同的当事人,我国《劳动合同法》要求,劳动合同中必须具备这一项内容。

3. 劳动合同期限

根据我国《劳动法》的规定,用人单位与劳动者签订的劳动合同期限可以分为三类:①有固定期限,即在合同中明确约定效力期间,期限可长可短,长到几年、十几年,短到1年或者几个月;②无固定期限,即劳动合同中只约定了起始日期,没有约定具体终止

日期,无固定期限劳动合同可以依法约定终止劳动合同条件,在履行中只要不出现约定的终止条件或法律规定的解除条件,一般不能解除或终止,劳动关系可以一直存续到劳动者退休为止;③以完成一定的工作为期限,即以完成某项工作或者某项工程为有效期限,该项工作或者工程一经完成,劳动合同即终止。用人单位与劳动者在协商选择合同期限时,应根据双方的实际情况和需要来约定。

签订劳动合同可以不约定试用期,也可以约定试用期,但试用期最长不得超过6个月。劳动合同期限在6个月以下的,试用期不得超过15日;劳动合同期限在6个月以上1年以下的,试用期不得超过30日;劳动合同期限在1年以上2年以下的,试用期不得超过60日。试用期包括在劳动合同期限中。非全日制劳动合同,不得约定试用期。

4. 工作内容和工作地点

工作内容主要包括劳动者的工种和岗位、该岗位应完成的生产(工作)任务。工作内容是劳动关系所指向的对象,即劳动者具体从事什么种类或什么内容的劳动。劳动合同中的工作内容条款,是劳动合同的核心条款之一,是用人单位使用劳动者的目的,也是劳动者通过自己的劳动取得劳动报酬的原因,因此是必不可少的。劳动合同的工作内容条款一般要求规定得明确、具体,便于遵照执行。

工作地点即劳动合同的履行地,是劳动者从事劳动合同中所规定的工作内容的地点,它关系到劳动者的工作环境、生活环境,以及劳动者的就业选择。劳动者有权在与用人单位建立劳动关系时知悉自己的工作地点,所以这也是劳动合同中必不可少的内容。

5. 工作时间和休息休假

工作时间是指劳动者在用人单位中,必须用来完成其所担负的工作任务的时间。工作时间一般包括工作时间的长短、工作时间方式的确定,如是8小时工作制还是6小时工作制,是日班还是夜班,是正常工时还是实行不定时工时,或者是综合计算工时制。工作时间的不同对劳动者的就业选择、劳动报酬等均有影响,因此是劳动合同的必备内容。

休息休假是指劳动者按照规定不需进行工作而自行支配的时间。休息休假权是每个国家的公民都应享有的权利。我国《劳动法》第38条规定:用人单位应当保证劳动者每周至少休息1日。第40条规定:用人单位在下列节日期间应当依法安排劳动者休假:元旦,春节,国际劳动节,国庆节,法律法规规定的其他休假节日。第45条规定:国家实行带薪年休假制度。劳动者连续工作1年以上的,享受带薪年休假。具体办法由国务院规定。用人单位与劳动者在约定休息休假事项时应遵守上述法律规定。

6. 劳动报酬

劳动报酬作为必备条款可以约定劳动者的标准工资、加班加点工资、奖金、津贴、补贴的数额及支付时间、支付方式等。

明确劳动者的工资、奖金和津贴的数额和计发办法是很重要的。目前,用人单位克扣或者无故拖欠职工工资的现象时有发生,根据我国《劳动合同法》及《最高人民法院关于审理劳动争议案件适用法律若干问题的解释》的规定,用人单位未按照劳动合同约定支付劳动报酬或者提供劳动条件的,克扣或者无故拖欠劳动者工资的,拒不支付劳动者延长工作时间工作报酬的,低于当地最低工资标准支付劳动者工资的,若具有这些情形之一,迫使劳动者提出解除劳动合同的,用人单位应当支付劳动者的劳动报酬和经济补偿,并可支付赔偿金。

7. 社会保险

社会保险是指政府通过立法建立的使劳动者在年老、患病、伤残、生育、失业时,从社会获得物质帮助和服务以保障其基本生活需要的社会保障制度。其一般包括养老保险、医疗保险、失业保险、工伤保险和生育保险。社会保险强调劳动者、用人单位和国家三方共同筹资,体现了国家和社会对劳动者提供基本生活保障的责任。由于社会保险由国家强制实施,所以成为劳动合同不可缺少的内容。

8. 劳动保护、劳动条件和职业危害防护

劳动保护是指用人单位为了保障劳动者的生命安全和健康,防止劳动过程中事故的发生,减少职业危害而采取各种措施。用人单位为劳动者提供的工作环境、劳动场所、安全卫生设施、劳动保护用品等必须符合法律的规定,制定相应的劳动保护规则。劳动合同应当体现这方面的内容,以保证劳动者的身体健康和生命安全。

劳动条件主要是指用人单位为使劳动者顺利完成劳动合同约定的工作任务,为劳动者提供必要的物质和技术条件,如必要的劳动工具、机械设备、工作场地、劳动经费、辅助人员、技术资料、工具书,以及其他一些必不可少的物质、技术条件和其他工作条件。

职业危害是指劳动者在劳动过程中,因接触职业性有害因素(如粉尘、放射性物质和其他有毒、有害物质等)而对生命健康所引起的危害。根据我国《职业病防治法》第30条的规定,用人单位与劳动者订立劳动合同时,应当将工作过程中可能产生的职业病危害及其后果、职业病防护措施和待遇等如实告知劳动者,并在劳动合同中写明,不得隐瞒或者欺骗。用人单位应当按照有关法律、法规的规定严格履行职业危害防护的义务。

9. 法律、法规规定应当纳入劳动合同的其他事项

本项规定是一个弹性条款,即上述条款以外的法律、法规规定的应当纳入劳动合同的其他事项。

(二)劳动合同的约定条款

按照法律规定,用人单位与劳动者订立的劳动合同除上述9项必须具备的条款内容外,还可以协商约定其他的内容,一般简称为协商条款或约定条款,其实称为随机条款似乎更准确,因为必备条款的内容也是需要双方当事人协商、约定的。

这类约定条款的内容,是当国家法律规定不明确,或者国家尚无法律规定的情况下,用人单位与劳动者根据双方的实际情况协商约定的一些随机性的条款。劳动行政部门印制的劳动合同样本,一般都将必备条款写得很具体,同时留出一定的空白由双方随机约定一些内容。我国《劳动合同法》第17条规定:劳动合同除前款规定的必备条款外,用人单位与劳动者可以约定试用期、培训、保守秘密、补充保险和福利待遇等其他事项。

1. 试用期

根据《劳动部关于实行劳动合同制度若干问题的通知》(劳部[1996]354号)第3条

规定,如果约定试用期,则试用期应包括在劳动合同期中,也就是说在试用期间用人单位应当为劳动者缴纳社会保险费;试用期满,合同期未满而用人单位依据我国《劳动法》第24条、第27条的规定解除劳动合同计发经济补偿金时,应将试用期计算在工作时间内。约定试用期的长短应根据合同期限的长短而定,劳动合同期限在6个月以下的,试用期不得超过15天;劳动合同期限在6个月以上1年以下的,试用期不得超过30天;劳动合同期限在1年以上2年以下的,试用期不得超过60天;劳动合同期限在2年以上的,试用期不得超过6个月。

试用期是指用人单位与劳动者建立劳动关系后为相互了解、选择而约定的考察期,一般情况下适用于初次就业或再次就业时改变劳动岗位或工种的劳动者。因此,在试用期内劳动者若被证明不符合录用条件,用人单位可随时解除合同,而劳动者在试用期内认为用人单位的工作不适合自己,也可随时解除合同。

2. 培训

培训是指按照职业或者工作岗位对劳动者提出的要求,以开发和提高劳动者的职业技能为目的的教育和训练过程。我国《劳动合同法》第22条规定:用人单位为劳动者提供专项培训费用,对其进行专业技术培训的,可以与该劳动者订立协议,约定服务期。劳动者违反服务期约定的,应当按照约定向用人单位支付违约金。违约金的数额不得超过用人单位提供的培训费用。用人单位要求劳动者支付的违约金不得超过服务期尚未履行部分所应分摊的培训费用。用人单位与劳动者约定服务期的,不影响按照正常的工资调整机制提高劳动者在服务期期间的劳动报酬。

按照这一规定,用人单位在对劳动者提供专项培训费用进行技术培训时,最好签署培训条款或协议。

3. 保守秘密

商业秘密是指不能从公开渠道直接获取的,能为权利人带来经济利益、具有实用性,并须权利人采取保密措施的信息。该信息必须全部具备上述三个特点,方能称之为商业秘密。作为用人单位,应当在劳动合同中与劳动者约定保守商业秘密的内容。

按照规定,可以约定在劳动合同终止前或该职工提出解除劳动合同后的一定时间内(不超过6个月),调整其工作岗位,变更劳动合同的相关内容;也可以约定用人单位对掌握商业秘密的职工规定在终止或解除劳动合同后的一定期限内(不超过3年),不得到生产同类产品或经营同类业务且有竞争关系的其他用人单位任职,也不得自己生产与原单位有竞争关系的同类产品或经营同类业务,但用人单位应当给予该职工一定数额的经济补偿。

4. 补充保险和福利待遇

补充保险是指除了国家基本保险以外,用人单位根据自己的实际情况为劳动者建立的一种保险,用来满足劳动者高于基本社会保险需求的愿望。对于补充保险,国家不做强制性的统一规定,用人单位可根据自身的经济承受能力,自愿选择是否参加。

福利待遇一般包括交通补贴、住房补贴、医疗补贴、通信补贴,以及用人单位提供解决职工生活需要的各种福利设施等。目前,用人单位给予劳动者的福利待遇也成为劳动者收入的重要来源之一。

(三) 劳动合同的禁止条款

根据我国《劳动合同法》的规定,劳动合同中的禁止条款主要包括担保条款、违约金条款和合同终止约定条款等。我国《劳动合同法》第9条规定:用人单位招用劳动者,不得扣押劳动者的居民身份证和其他证件,不得要求劳动者提供担保或者以其他名义向劳动者收取财物。对违约金的问题,按照我国《劳动合同法》第22条、第23条的规定,用人单位只能在专项技术培训、保密事项中与劳动者约定违约金,其他方面一律不准约定违约金。对合同终止条件,我国《劳动合同法》第44条将合同终止明确规定为法定条件,双方不得再另行协商约定。

四、劳动合同的订立

劳动合同订立是指劳动者和用人单位经过相互选择和平等协商,就劳动合同条款达成协议,从而确立劳动关系和明确相互权利义务的法律行为。它一般包括确定合同当事人和确定合同内容两个阶段。在立法中,有的国家(如某些东欧国家在计划经济时期)只着重规定如何确定合同当事人;有的国家(如不少西方国家)只着重规定如何确定合同内容;有的国家(如日本、前苏联等)则对如何确定合同当事人和合同内容都同样重视,我国现阶段立法亦如此。

(一) 劳动合同订立的原则

我国《劳动法》第17条规定:"订立和变更劳动合同,应遵循平等自愿、协商一致的原则,不得违反法律、行政法规的规定",明确了劳动者与用人单位签订劳动合同必须遵循的三项基本原则。

1. 平等自愿原则

平等指双方当事人法律地位平等,都有权选择对方并就合同内容表达各自独立的意志。自愿指劳动者与用人单位自由表达各自意志,主张自己的权益和志愿,任何一方都不得强迫对方接受其意志。凡采取欺诈、胁迫等手段,把自己的意愿强加给对方,均不符合自愿原则。对于双方当事人来讲,平等是自愿的基础和条件,自愿是平等的表现,二者相辅相成、不可分割。平等自愿原则是劳动合同订立的基础和基本条件。

2. 协商一致原则

在订立合同的过程中,劳动者与用人单位双方对劳动合同的内容、期限等条款进行充分协商,达到双方对劳动权利、义务意思表示一致。只有协商一致,合同才能成立。

3. 合法原则

合法原则指遵守国家法律、行政法规的原则。劳动者和用人单位在订立劳动合同时,不能违反国家法律、行政法规的规定,这是劳动合同得以有效并受法律保护的前提条件。依法订立劳动合同,必须符合以下几项要求:

(1) 订立劳动合同的目的必须合法。当事人不得以订立劳动合同的合法形式掩盖非法意图和违法行为,以达到不良企图的目的。

(2) 订立劳动合同的主体必须合法。即双方当事人必须具备法律、法规规定的主体资格。作为用人单位,应是依法成立的企业、个体经济组织、国家机关、事业组织、社会团体等用人单位。作为劳动者,必须具有劳动权利能力和劳动行为能力,即应是年满

16周岁、具有劳动行为能力的中国人、外国人和无国籍人,双方主体在签约时,主体资格必须合法。

(3) 订立劳动合同的内容必须合法。双方当事人在劳动合同中所设定的权利、义务条款必须符合国家法律、法规和有关政策的规定。如有的劳动合同规定:"发生工伤事故,单位概不负责""旷工3天予以除名""不享受星期天休假"等等,均属于内容违法而无效的条款。对此,用人单位应承担由此而产生的法律责任。

(4) 订立劳动合同的程序必须合法。有的地方性的法规对劳动合同签订程序的法律要求,除了要求当事人签订书面合同并签字盖章外,还规定由劳动行政主管部门的劳动合同管理机构进行鉴证,方能生效。

(5) 订立劳动合同的行为必须合法。

(二) 劳动合同订立的意义

一般而言,劳动合同的订立具有以下意义。

1. 通过订立劳动合同,明确双方权利、义务及责任

劳动者与用人单位之间签订劳动合同,借以在它们之间形成一定的劳动法律关系。劳动法律关系同其他法律关系一样,是以合同当事人双方的权利、义务为其内容的。究竟双方当事人享有什么样的权利,应该履行怎样的义务,必须借助于劳动合同给予明确。也即是说,通过签订劳动合同,一方面把法律所赋予劳动合同当事人的抽象的法律上的权利给以具体化,另一方面也需要依据当事人双方的平等协商创设一些法律未予明定但将给予承认并保护的权利,正是在这一意义上我们说劳动合同的签订是劳动合同成立的前提。

2. 依法订立的劳动合同对双方当事人产生法律约束力

劳动合同经双方当事人意思表示一致而成立,当事人双方即应严格按照合同的规定履行,任何一方未经合同另一方的同意,不得擅自变更或解除劳动合同,但法律赋予一方当事人在特定情况下享有单方解除权的除外。劳动合同的效力体现在受法律保障的强制执行力,法律也正是通过要求当事人严格履行合同,并对违反合同的当事人提出法律责任的方式,维护劳动合同的严肃性。

3. 依法订立的劳动合同是处理劳动合同争议的依据

劳动合同当事人在履行合同过程中,基于对劳动合同条款的不同认识,或者因为其他原因,难免发生争议。在处理这些劳动争议时,争议处理机关就应当在查明事实真相的情况下,依照合同和法律的规定,判断是非曲直,明确当事人的责任。

(三) 劳动合同订立的一般程序

劳动合同的订立就是劳动合同当事人就合同条款通过协商达成一致意思的过程,这一过程一般分为要约和承诺两个阶段。

1. 要约

要约是指一方当事人以订立合同为目的向另一方就合同主要内容作出的意思表示。因而,要约的发出人和接受人均须特定,且要约的内容足以构成合同的主要条款,同时应作出缔约的表示,否则不算有效要约。如果仅有订约的意思而未就合同主要内容作出表示,只能称为要约邀请,不能产生要约的效力。要约仅在要约有效期内对要约

人具有法律约束力,要约期满其效力自动解除。因而,用人单位如果仅在招工启事或广告或简章中介绍自身情况,并发出招工信息,并未就合同主要内容给予说明,该行为只能算是要约邀请,不构成有效要约。而如果用人单位在招工简章中对合同条件给予明确说明,则属于要约,一旦应招者承诺,用人单位有义务与劳动者签订劳动合同。如应招者不同意所列条件,而提出新的条件,则属于反要约,用人单位可以承诺,也可不予承诺而不成立合同。

2. 承诺

承诺是指受要约人完全无条件地接受要约以成立合同的意思表示。承诺必须由受要约人本人在有效期内作出,且应当完全接受要约条款,如果接受的意思与要约不一致而改变了要约的实质性内容,则只能视为反要约,不构成有效承诺。劳动者或用人单位一旦同意对方要约而作出承诺,劳动合同即告成立。

任何一个劳动合同的成立,一般都要经过上述两个阶段,但具体可能要经过要约—反要约—再要约—承诺的复杂的反复协商,最后成立合同的过程,合同一经成立,即对双方当事人产生法律约束力。

(四) 劳动合同订立的具体步骤

劳动合同的订立从理论上讲应当经过要约和承诺的订约过程,这符合合同订立的一般理论。但劳动合同有其特殊性,在具体订立过程中,一般包括以下几个步骤。

1. 用人单位公布招工简章

用人单位在招用合同制工人或其他人员时,应当先公布招工简章。简章一般包括以下内容:①用人单位情况介绍,包括本单位是否具有法人资格、所有制性质、经营规模、经营范围、工作地点及条件、发展规划等,借此向社会公开其自身情况,有助于劳动者了解情况,决定是否应招。但所介绍的情况应当真实,不能进行欺诈行为,否则应承担法律责任。②需招收的人员数量、岗位或工种。③各层次、各种类的岗位招用人员的条件,如男女比例、年龄、学历等;还可以就应聘人员的政治条件、身体条件、居住(户口)条件等作出相应要求,但与录用无关的条件,如是否单身、民族等不得作出要求。④被录用人员的权利,义务,主要指工作内容、工资、福利、劳动保护和劳动条件、保险和劳动纪律、民主权利等。⑤报名时间、地点,需携带和提交的证明文件、材料、报名手续等。有的招工简章中仅规定招工人数、报名条件、时间、地点、手续等内容,亦无不可。

2. 劳动者自愿报名

符合条件的应招人员,结合自身情况,有选择地自愿报名,报名时一般应提交身份及户口证明、毕业证书,工作简历及其他证明材料,并填报用人单位要求填写的各种表格,如报名登记表、工作申请书,报名一般应当本人亲自到场,但特殊情况下亦可请人代为报名。用人单位根据劳动者所提交的材料,进行初步资格审查,以确定报名资格。

3. 全面考核

用人单位对于符合基本资格条件的报名者进行德、智、体全面考核,着重从身体条件、业务能力、心理素质等方面考评。同时根据工作岗位需要而有所侧重。如学徒工,应侧重文化考核;技术工则侧重技术技能考核;管理人员侧重于综合素质考核等。考核的具体内容、标准由用人单位确定,其方法可采取申请资料审查、背景调查、面试、笔试、实地操作、体检等多种方式。经过考核,对申请人作出尽可能合乎实际的评定结论,对于评定结论要张榜公布。

4. 择优录用

用人单位通过对报名者全面考核之后,对于合格者应张榜公布,公开录用,并通知被录用者订立劳动合同。

5. 签订劳动合同

劳动合同草案一般由用人单位提出,用人单位在草案中要注意遵守法律、法规,如对妇女及未成年人的特殊保护、最低工资规定、工作时间等。在合同草案基础上,双方本着平等自愿、协商一致的原则,继续对合同条款作出修改,最后签订正式劳动合同。在履行了上述手续后,合同即依法成立。值得注意的是,鉴证不是劳动合同订立的必经程序,劳动合同在当事人达成一致意思签订合同后即告成立,双方可自行决定是否鉴证,是否鉴证不影响合同的成立与生效。

五、劳动合同的变更

根据我国《劳动合同法》第16条和第3条的规定,劳动合同由用人单位与劳动者协商一致,并经用人单位与劳动者在劳动合同文本上签字或者盖章生效。因此,劳动合同一经依法订立,即具有法律约束力,受法律保护,双方当事人应当严格履行,任何一方不得随意变更劳动合同约定的内容。但是,当事人在订立合同时,有时不可能对涉及合同的所有问题都作出明确的规定;合同订立后,在履行劳动合同的过程中,由于社会生活和市场条件的不断变化,订立劳动合同所依据的客观情况发生变化,使得劳动合同难于履行或者难于全面履行,或者使合同的履行可能造成当事人之间权利义务的不平衡,这就需要用人单位和劳动者双方对劳动合同的部分内容进行适当的调整。否则,在劳动合同与实际情况相脱节的情况下,若继续履行,则可能会对当事人的正当利益造成损害。因此,《劳动合同法》允许当事人在一定条件下变更劳动合同。双方当事人可以依据有关法律法规的规定,经协商一致,就劳动合同的部分条款进行修改、补充或者删减,通过对双方权利义务关系重新进行调整和规定,使劳动合同适应变化发展了的新情况,从而保证劳动合同的继续履行。

劳动合同的变更是在原合同的基础上对原劳动合同内容作部分修改、补充或者删减,而不是签订新的劳动合同。原劳动合同未变更的部分仍然有效,变更后的内容就取代了原合同的相关内容,新达成的变更协议条款与原合同中其他条款具有同等法律效力,对双方当事人都有约束力。

(一)劳动合同变更的情形

第一种情形,在一般情况下,只要用人单位与劳动者协商一致,即可变更劳动合同约定的内容。首先,劳动合同是劳动关系双方协商达成的协议,当然也可以协商变更;对于劳动合同约定的内容,只要是经双方当事人协商一致而达成的,都可以经协商一致予以变更。其次,对变更劳动合同,用人单位和劳动者之间应当采取自愿协商的方式,不允许合同的一方当事人未经协商单方变更劳动合同。一方当事人未经对方当事人同意任意改变合同内容的,在法律上是无效行为,变更后的内容对另一方没有约束力,而且这种擅自改变合同的做法也是一种违约行为。再次,劳动合同的变更只是对原劳动合同的部分内容作修改、补充或者删减,而不是对合同内容的全部变更。对劳动合同所要变更的部分内容,当事人双方通过协商后,必须达成一致的意见。如果在协商过程中,有任何一方当事人不同意所要变更的内容,则该部分内容的合同变更就不能成立,原有的合同就依然具有法律效力。最后,在变更过程中必须遵循与订立劳动合同时同样的原则,即遵循合法、公平、平等自愿、协商一致、诚实信用的原则。

第二种情形,劳动合同订立时所依据的客观情况发生重大变化,致使劳动合同无法履行,经用人单位与劳动者协商,未能就变更劳动合同内容达成协议的,用人单位在提前30日以书面形式通知劳动者本人或者额外支付劳动者1个月工资后,可以解除劳动合同。由此可以确定,劳动合同订立时所依据的客观情况发生重大变化,是劳动合同变更的一个重要事由。

所谓"劳动合同订立时所依据的客观情况发生重大变化",主要是指:

(1) 订立劳动合同所依据的法律、法规已经修改或者废止。劳动合同的签订和履行必须以不得违反法律、法规的规定为前提。如果合同签订时所依据的法律、法规发生修改或者废止,合同如果不变更,就可能出现与法律、法规不相符甚至是违反法律、法规的情况,导致合同因违法而无效。因此,根据法律、法规的变化而变更劳动合同的相关内容是必要而且是必须的。

(2) 用人单位方面的原因。用人单位的生产经营不是一成不变的,而是根据上级主管部门批准或者根据市场变化可能会经常调整自己的经营策略和产品结构,这就不可避免地发生转产、调整生产任务或者生产经营项目情况。在这种情况下,有些工种、产品生产岗位就可能因此而撤销,或者被其他新的工种、岗位所替代,原劳动合同就可能因签订条件的改变而发生变更。

(3) 劳动者方面的原因。如劳动者的身体健康状况发生变化、劳动能力部分丧失、所在岗位与其职业技能不相适应、职业技能提高了一定等级等,造成原劳动合同不能履行或者如果继续履行原合同规定的义务对劳动者明显不公平。

(4) 客观方面的原因。这种客观原因的出现使得当事人原来在劳动合同中约定的权利义务的履行成为不必要或者不可能。这时应当允许当事人对劳动合同有关内容进行变更。其主要有:①由于不可抗力的发生,使得原来合同的履行成为不可能或者失去意义,不可抗力是指当事人所不能预见、不能避免并不能克服的客观情况,如自然灾害、意外事故、战争等;②由于物价大幅度上升等客观经济情况变化致使劳动合同的履行会花费太大代价而失去经济上的价值。这是民法的情势变更原则在劳动合同履行中的运用。

(二) 劳动合同变更应注意的问题

劳动合同变更应注意以下几个方面的问题:

(1) 必须在劳动合同依法订立之后,在合同没有履行或者尚未履行完毕之前的有效时间内进行。即劳动合同双方当事人已经存在劳动合同关系,如果劳动合同尚未订立或者是已经履行完毕,则不存在劳动合同的变更问题。

(2) 必须坚持平等自愿、协商一致的原则,即劳动合同的变更必须经用人单位和劳动者双方当事人的同意。平等自愿、协商一致是劳动合同订立的原则,也是其变更应遵循的原则。劳动合同关系,是通过劳动者与用人单位协商一致而形成的,其变更当然应当通过双方协商一致才能进行。劳动合同允许变更,但不允许单方变更,任何单方变更劳动合同的行为都是无效的。

在实践中,有些用人单位为达到变更劳动合同的目的,采取了许多变通的手段。如某用人单位根据工作的需要,决定采取公开考试的办法,对考试不通过的职工,一律另行安排工作岗位或予以辞退。这种形式是否合法呢?我们认为,劳动合同的变更需要经过双方当事人协商一致,否则不能变更。采取公开考试的办法似乎公平,在未经劳动者同意的情况下,对劳动者不具有约束力。用人单位对原合同仍应履行。

(3) 必须合法,不得违反法律、法规的强制性规定。劳动合同变更也并非是任意的,用人单位和劳动者约定的变更内容必须符合国家法律、法规的相关规定。

(4) 变更劳动合同必须采用书面形式。劳动合同双方当事人经协商后对劳动合同中的约定内容的变更达成一致意见时,必须达成变更劳动合同的书面协议,任何口头形式达成的变更协议都是无效的。劳动合同变更的书面协议应当指明对劳动合同的哪些条款作出变更,并应明确劳动合同变更协议的生效日期,书面协议经用人单位和劳动者双方当事人签字盖章后生效。这一规定,是为避免劳动合同双方当事人因劳动合同的变更问题而产生劳动争议。

(5) 劳动合同的变更要及时进行。提出变更劳动合同的主体可以是用人单位,也可以是劳动者,无论是哪一方要求变更劳动合同的,都应当及时向对方提出变更劳动合同的要求,说明变更劳动合同的理由、内容和条件等。如果应该变更的劳动合同内容没有及时变更,由于原订条款继续有效,往往使劳动合同不适应变化了的新情况,从而引起不必要的争议。当事人一方得知对方变更劳动合同的要求后,应在对方规定的合理期限内及时作出答复,不得对对方提出的变更劳动合同的要求置之不理。因为根据我国《劳动法》第26条和我国《劳动合同法》第40条的规定,劳动合同订立时所依据的客观情况发生重大变化,致使劳动合同无法履行,如果用人单位经与劳动者协商,未能就变更劳动合同内容达成协议的,则用人单位可以单方解除劳动合同。

六、劳动合同的解除

劳动合同解除是指劳动合同订立后,尚未全部履行前,由于某种原因导致劳动合同一方或双方当事人提前消灭劳动关系的一种法律行为。劳动合同的解除分为法定解除和约定解除两种。根据我国《劳动法》的规定,劳动合同既可以由单方依法解除,也可以由双方协商解除。劳动合同的解除,只对未履行的部分发生效力,不涉及已履行的部分。

(一) 劳动者可解除劳动合同的情形

1. 协商一致解除劳动合同

2. 预告解除

即劳动者履行预告程序后单方解除劳动合同。其包括两种情形:①劳动者提前30

日以书面形式通知用人单位,可以解除劳动合同;②劳动者在试用期内提前3日通知用人单位,可以解除劳动合同。

3. 被迫解除劳动合同

我国《劳动合同法》第38条规定,对于下列几种情形劳动者可以单方解除合同:①未按照劳动合同约定提供劳动保护或者劳动条件的;②未及时足额支付劳动报酬的;③未依法为劳动者缴纳社会保险费的;④用人单位的规章制度违反法律、法规的规定,损害劳动者权益的;⑤因我国《劳动合同法》第26条第一款规定的情形致使劳动合同无效的;⑥法律、法规规定劳动者可以解除劳动合同的其他情形。

用人单位以暴力、威胁或者非法限制人身自由的手段强迫劳动者劳动的,或者用人单位违章指挥、强令冒险作业危及劳动者人身安全的,劳动者可以立即解除劳动合同,不需事先告知用人单位。

(二) 用人单位可解除劳动合同的情形

1. 协商一致解除劳动合同

2. 过错性辞退

劳动者有下列情形之一的,用人单位可以解除劳动合同且无须支付劳动者解除劳动合同的经济补偿金:①在试用期间被证明不符合录用条件的;②严重违反用人单位的规章制度的;③严重失职,营私舞弊,给用人单位造成重大损害的;④劳动者同时与其他用人单位建立劳动关系,对完成本单位的工作任务造成严重影响,或者经用人单位提出,拒不改正的;⑤因劳动者以欺诈、胁迫的手段或者乘人之危,使对方在违背真实意思的情况下订立或者变更劳动合同致使劳动合同无效的;⑥被依法追究刑事责任的。

3. 非过错性辞退

有下列情形之一的,用人单位需提前30天以书面形式通知劳动者本人或者额外支付劳动者1个月工资后,可以解除劳动合同:①劳动者患病或者非因工负伤,在规定的医疗期满后不能从事原工作,也不能从事由用人单位另行安排的工作的;②劳动者不能胜任工作,经过培训或者调整工作岗位,仍不能胜任工作的;③劳动合同订立时所依据的客观情况发生重大变化,致使劳动合同无法履行,经用人单位与劳动者协商,未能就变更劳动合同内容达成协议的。

4. 经济性裁员

有下列情形之一,用人单位为降低劳动成本,改善经营管理,因经济或技术等原因一次裁减20人以上或者不足20人以上但占企业职工总数10%以上的,用人单位提前30日向工会或者全体职工说明情况,听取工会或者职工的意见后,裁减人员方案经向劳动行政部门报告,可以裁减人员:①依照我国《企业破产法》规定进行重整的;②生产经营发生严重困难的;③企业转产、重大技术革新或者经营方式调整,经变更劳动合同后,仍需裁减人员的;④其他因劳动合同订立时所依据的客观经济情况发生重大变化,致使劳动合同无法履行的。

(三) 用人单位解除劳动合同的限制

劳动者有以下情形之一的,用人单位不得依据非过错性辞退和经济性裁员的规定单方解除劳动合同:

（1）从事接触职业病危害作业的劳动者未进行离岗前职业健康检查，或者疑似职业病病人在诊断或者医学观察期间的。

（2）在本单位患职业病或者因工负伤并被确认丧失或者部分丧失劳动能力的。

（3）患病或者非因工负伤，在规定的医疗期内的。

（4）女职工在孕期、产期、哺乳期的。

（5）在本单位连续工作满15年，且距法定退休年龄不足5年的。

（6）法律、行政法规规定的其他情形。

（四）用人单位解除劳动合同的程序

用人单位单方面解除劳动合同，应当事先将理由通知工会。用人单位违反法律、法规规定或者劳动合同约定的，工会有权要求用人单位纠正。用人单位应当研究工会的意见，并将处理结果书面通知工会。

（五）违法解除劳动合同的法律后果

用人单位违法解除劳动合同的，如果劳动者要求继续履行劳动合同的，用人单位应当继续履行；劳动者不要求继续履行劳动合同或者劳动合同已不能继续履行的，用人单位应当支付赔偿金，赔偿金的标准为经济补偿金的2倍。

七、劳动合同的终止

劳动合同终止是指劳动合同关系的消失，即劳动关系双方权利、义务的失效。劳动合同的终止分为自然终止和因故终止。

（一）自然终止

属于自然终止的情形包括：定期劳动合同到期；劳动者退休，开始依法享有基本养老保险待遇；以完成一定工作为期限的劳动合同规定的劳动任务的完成。

（二）因故终止

因故终止的情形主要包括：劳动合同约定的终止条件出现，劳动合同终止；劳动合同双方约定解除劳动关系，一方依法解除劳动关系；劳动主体一方消灭（劳动者死亡，或者被人民法院宣告死亡或者宣告失踪；用人单位被依法宣告破产的；用人单位被吊销营业执照、责令关闭、撤销或者用人单位决定提前解散的）；不可抗力导致劳动合同无法履行（战争、自然灾害等）；劳动仲裁机构的仲裁裁决、人民法院判决亦可导致劳动合同终止。不得终止劳动合同或逾期终止的情形见表10-1。

表10-1　　　　　　　　　劳动合同不得终止或逾期终止的情形

不得终止或逾期终止的情形	逾期终止的期限
从事接触职业病危害作业的	职业健康检查后未发现职业病或诊断后治愈的或观察期满排除职业病的，才可以终止
患职业病或工伤的	1. 1～6级，不能终止，协商一致，支付伤残就业补助费后可以终止； 2. 7～10级，支付伤残就业补助费后可以终止
患病或非因公负伤的	逾期到医疗期届满后才可以终止

(续表)

不得终止或逾期终止的情形		逾期终止的期限
女职工在"三期"内的		逾期到孕期、产期、哺乳期结束后才可以终止
在本单位连续工作满15年、距法定退休年龄不足5年的		劳动关系保留到退休
其他	担任平等协商代表的	逾期到平等协商事项结束后才可以终止
	担任基层工会专职主席、副主席或者委员的	延长的期限等于其工会职务任职的期间;非专职的工会主席、副主席或委员自任职日起,尚未履行的期限短于任期的,自动延长至任期届满
	员工服兵役的	服兵役属于可以终止的情形,服兵役结束后,劳动合同继续履行

八、经济补偿金的计算

(一)用人单位需支付经济补偿的法定情形

因劳动合同解除和终止而支付经济补偿金的情形如表10-2所示。

表10-2　　　　　　　　劳动合同解除和终止及经济补偿金支付情形一览表

解除和终止		条件	期限	经济补偿金
协商解除	单位提出	不论何种类型的劳动合同,也不需要任何条件,都可以协商解除	无要求	需支付
	员工提出		无要求	无需支付
单位解除的情形	即时通知解除劳动合同(过失性解除劳动合同)	试用期内不符合录用条件	随时	无需支付
		严重违纪	随时	无需支付
		造成重大损害	随时	无需支付
		兼职,对本职工作有严重影响或经提出拒不改正的	随时	无需支付
		以欺诈、胁迫的手段或者乘人之危订立劳动合同	随时	无需支付
		被追究刑事责任	随时	无需支付
	预告通知解除劳动合同(非过失性解除劳动合同)	患病或非因公负伤医疗期满,不能从事原工作也不能从事另行安排工作的	提前30天或支付一个月工资	需支付
		不能胜任工作,经培训或调岗后仍无法胜任的	提前30天或支付一个月工资	需支付
		劳动合同无法履行且无法达成变更劳动合同协议的	提前30天或支付一个月工资	需支付
	裁员解除	破产、经营困难,转产、重大技术革新或者经营方式调整,客观条件发生重大变化	履行法定程序后可以裁员	需支付

(续表)

解除和终止		条件	期限	经济补偿金
员工解除的情形	提前30天通知解除	不论何种类型的劳动合同,也不需要任何条件,劳动者都可以提前30天通知解除劳动合同	提前30天通知	无需支付
	提前3天通知解除	在试用期内的	提前3天通知	无需支付
	随时通知解除	未提供约定的劳动保护和条件	随时通知	需支付
		未按时足额支付劳动报酬	随时通知	需支付
		未缴纳社会保险费	随时通知	需支付
		规章制度违法,损害劳动者利益	随时通知	需支付
		以欺诈、胁迫的手段或者乘人之危订立劳动合同的	随时通知	需支付
		法律、法规规定的其他情况	随时通知	需支付
	无需通知立即解除	暴力等手段强迫劳动	立即无需通知	无需支付
		违规违章强令冒险作业	立即无需通知	无需支付
劳动合同终止		劳动合同期满的		有条件支付
		劳动者开始享受基本养老保险待遇的		无需支付
		劳动者死亡或被法院宣告死亡或失踪的		无需支付
		单位被宣告破产		需支付
		被吊销营业执照、责令关闭、撤销或用人单位决定提前解散的		需支付
		法律、法规规定的其他情形		无需支付

(二) 计算标准

我国《劳动合同法》第47条规定的经济补偿的具体标准如下:

(1) 年限计算标准。按劳动者在本单位工作的年限,每满1年支付1个月工资的标准,6个月以上不满1年的,按1年计算;不满6个月的,支付半个月工资的经济补偿。

(2) 工资计算基数。我国《劳动合同法》简化了工资的计算标准,规定工资是指劳动者在劳动合同解除或者终止前12个月的平均工资。这里的工资是指劳动者应得的工资,一般包括:计时工资、计件工资、奖金、津贴和补贴、加班加点工资、特殊情况下支付的工资。

(3) 针对高工资收入者的计算封顶。我国《劳动合同法》规定,劳动者月工资高于用人单位所在直辖市、设区的市级人民政府公布的本地区上年度职工月平均工资3倍的,向其支付经济补偿的标准按职工月平均工资3倍的数额支付,向其支付经济补偿的年限最高不超过12年。

(三) 经济补偿的支付时间

我国《劳动合同法》第50条第2款规定：劳动者应当按照双方约定，办理工作交接。用人单位依照《劳动合同法》有关规定应当向劳动者支付经济补偿的，在办理工作交接时支付。

我国《劳动合同法》针对用人单位不按规定支付经济补偿作了规定，即用人单位逾期不支付经济补偿的，由劳动行政部门责令用人单位按应付金额50%以上100%以下的标准向劳动者加付赔偿金。根据规定，劳动者无法通过劳动仲裁或诉讼程序主张赔偿金，必须通过劳动监察程序主张权利。

第三节 劳动争议处理

劳动争议又称劳动纠纷、人事纠纷，是劳动关系当事人之间因实现劳动权利和履行劳动义务产生分歧而引起的纠纷。随着社会的不断发展和劳动法制的逐步健全，劳动争议处理已经成为一项法律制度，在劳动法律制度中占有重要地位，并且在调整劳动关系中发挥着重要的作用。

一、劳动争议的类型

根据不同的划分标准，劳动争议主要分为以下几种类型：

(1) 根据职工人数的多少，劳动争议划分为个人争议与集体争议。根据现行法律规定，发生劳动争议的职工一方当事人在3人以上，并有共同理由的，为集体争议；职工当事人不满3人的，则分别为个人争议。集体争议与团体争议不同，团体争议是关于集体合同的争议，争议的主体是用人单位或用人单位团体与工会；而集体争议的主体仍然是用人单位与劳动者。划分个人争议与集体争议，主要意义在于设定两者在争议处理中的不同程序。个人争议的处理适用一般程序。集体争议则有特殊的要求：职工当事人在3人以上，但不满30人的，虽也适用一般程序，但必须推举代表参加处理活动。

(2) 根据争议的内容，劳动争议可划分为权利争议和利益争议。用人单位或其团体与劳动者或其团体就执行劳动法律法规、集体合同、劳动合同和规章制度设定的权利而发生的争议是权利争议。权利争议是为实现既定权利而发生的争议，它属于法律问题，故又称为法律争议。如支付拖欠工资争议、支付经济补偿金争议、补缴社会保险费争议等。用人单位或其团体与工会就集体合同的订立与变更发生的争议是利益争议。利益争议是为创设将来的合同，设定将来劳动条件而发生的争议，它涉及的不是法律问题，故又称经济争议。利益争议与集体争议是不同的，利益争议的主体是工会，争议的内容是将来的劳动条件，表现形式是集体合同的订立和变更；而集体争议是多数劳动者共同提起的争议，争议的内容是现有权利的确认与执行，依据来自于法律法规、劳动合同或者已经订立的集体合同的规定。权利争议因涉及的是法律问题，一般通过仲裁或诉讼程序解决；利益争议的解决没有可引用的实体法依据，无法通过诉讼作出判决，一般通过调解、调停、仲裁等和平方式解决处理。

（3）根据争议的内容，劳动争议还可细分为工资争议、保险福利争议、劳动保护争议、培训争议、劳动合同解除和终止争议等。

二、劳动争议的范围

明确劳动争议的范围，对于依法受理和处理劳动争议案件，合法、及时、公正地保护当事人的合法权益，非常重要。我国《劳动争议调解仲裁法》总结多年来劳动争议处理的实践，明确下列劳动争议适用本法：

（1）因确认劳动关系发生的争议。
（2）因订立、履行、变更、解除和终止劳动合同发生的争议。
（3）因除名、辞退和辞职、离职发生的争议。
（4）因工作时间、休息休假、社会保险、福利、培训以及劳动保护发生的争议。
（5）因劳动报酬、工伤医疗费、经济补偿或者赔偿金等发生的争议。
（6）法律、法规规定的其他劳动争议。

三、劳动争议的处理程序

用人单位与劳动者发生劳动争议后，可以通过以下途径解决争议。

（一）通过双方协商解决劳动争议

由劳动者与用人单位协商，或者请工会（第三方）共同与用人单位协商，达成和解协议，并履行和解协议。不能达成和解协议或者不履行和解协议的，当事人可以申请调解或者劳动仲裁。

（二）通过调解途径解决劳动争议

劳动争议的调解组织包括企业劳动争议调解委员会、依法设立的基层人民调解组织以及在乡镇街道设立的具有劳动争议调解职能的组织。

发生劳动争议后，用人单位与劳动者都可以向上述调解组织提出调解申请。提出劳动争议调解申请可以书面申请，也可以口头申请。

经调解达成协议的，应当制作调解协议书，调解协议书由双方当事人签名或者盖章，经调解员签名并加盖调解组织印章后生效，对双方当事人具有约束力，当事人应当履行。一方当事人在协议约定期限内不履行调解协议的，另一方当事人可以依法申请劳动仲裁。

自劳动争议调解组织收到调解申请之日起15日内未达成调解协议的，用人单位与劳动者都可以申请劳动仲裁。

因支付拖欠劳动报酬、工伤医疗费、经济补偿或者赔偿金事项达成调解协议，用人单位在协议约定期限内不履行的，劳动者可以持调解协议书依法向人民法院申请支付令，人民法院应当依法发出支付令。

（三）通过劳动仲裁途径解决劳动争议

1. 劳动争议仲裁的管辖、当事人

劳动争议仲裁由劳动合同履行地或者用人单位所在地的劳动争议仲裁委员会管

辖,用人单位与劳动者分别向劳动合同履行地和用人单位所在地的劳动争议仲裁委员会申请仲裁的,由劳动合同履行地的劳动争议仲裁委员会管辖。

发生劳动争议的劳动者和用人单位为劳动争议仲裁案件的双方当事人。劳务派遣单位或者用工单位与劳动者发生劳动争议的,劳务派遣单位和用工单位为共同当事人。与劳动争议案件的处理结果有利害关系的第三人,可以主动申请参加仲裁活动,也可以由劳动争议仲裁委员会通知其参加仲裁活动。

劳动争议仲裁公开进行,但当事人协议不公开进行或者涉及国家秘密、商业秘密和个人隐私的可以不公开进行。

2. 劳动争议仲裁的申请和受理

劳动争议申请仲裁的时效期间为1年,从当事人知道或者应当知道其权利被侵害之日起计算。仲裁时效因当事人一方向对方当事人主张权利、或者向有关部门请求权利救济、或者对方当事人同意履行义务而中断。因不可抗力或者其他正当理由,当事人不能在规定的仲裁时效期间申请仲裁的,仲裁时效中止。劳动关系存续期间因拖欠劳动报酬发生争议的,劳动者申请仲裁不受1年仲裁时效期间的限制。但劳动关系终止的,应当自劳动关系终止之日起1年内提出。

申请人申请劳动仲裁应当提交书面仲裁申请,书写仲裁申请确有困难的,可以口头申请。

劳动争议仲裁委员会收到仲裁申请之日起5日内决定是否受理。对劳动争议仲裁委员会不予受理或者逾期未作出决定的,申请人可以就该劳动争议事项向人民法院提起诉讼。

3. 劳动争议仲裁的开庭和裁决

劳动争议仲裁委员会裁决劳动争议案件实行仲裁庭制。仲裁庭应当在开庭5日前将开庭日期、地点书面通知双方当事人,当事人有正当理由的,可以在开庭3日前请求延期开庭。

申请人收到书面通知,无正当理由拒不到庭或者未经仲裁庭同意中途退庭的,可以视为撤回仲裁申请。被申请人收到书面通知,无正当理由拒不到庭或者未经仲裁庭同意中途退庭的,可以缺席裁决。

当事人申请劳动争议仲裁后,可以自行和解,达成和解协议的,可以撤回仲裁申请。

仲裁庭在作出裁决前,应当先行调解。调解达成协议的,仲裁庭应当制作调解书,调解书经双方当事人签收后发生法律效力。调解不成,或者调解书送达前一方当事人反悔的,仲裁庭应当及时作出裁决。

仲裁庭裁决劳动争议案件,应当自劳动争议仲裁委员会受理仲裁申请之日起45日内结束。案情复杂需要延期的,经劳动争议仲裁委员会主任批准,可以延期并书面通知当事人,但是延长期限不得超过15日。逾期未作出仲裁裁决的,当事人可以就该劳动争议事项向人民法院提起诉讼。

对下列两项争议事项的仲裁裁决为终局裁决,裁决书自作出之日起发生法律效力:①追索劳动报酬、工伤医疗费、经济补偿或者赔偿金,不超过当地月最低工资标准12个月金额的争议;②因执行国家的劳动标准在工作时间、休息休假、社会保险等方面发生的争议。

劳动者对上述两项争议事项的仲裁裁决不服的,可以自收到仲裁裁决书之日起15日内向人民法院提起诉讼。

用人单位有证据证明上述两项争议事项的仲裁裁决存在适用法律法规确有错误、劳动争议仲裁委员会无管辖权、违反法定程序、裁决所根据的证据是伪造的、对方当事人隐瞒了足以影响公正裁决的证据、仲裁员在仲裁该案时有索贿受贿、徇私舞弊、枉法裁决行为的,可以自收到仲裁裁决书之日起30日内向劳动争议仲裁委员会所在地的中级人民法院申请撤销裁决。

对上述两项争议事项以外的其他劳动争议案件的仲裁裁决不服的,当事人可以自收到仲裁裁决书之日起15日内向人民法院提起诉讼,期满不起诉的,裁决书发生法律效力。

4. 劳动争议调解书、裁决书的执行

当事人对发生法律效力的调解书、裁决书应当依照规定的期限履行,一方当事人逾期不履行的,另一方当事人可以依照《中华人民共和国民事诉讼法》的有关规定向人民法院申请执行,受理申请的人民法院应当依法执行。

(四)通过司法诉讼途径解决劳动争议

劳动争议司法是我国司法制度的一个重要组成部分,是国家司法机关以我国《劳动法》为准绳,按照法律规定的程序,对劳动争议案件进行审理的活动。

我国劳动争议司法工作的基本任务是:人民法院负责审理不服劳动争议仲裁委员会裁决的劳动争议案件和依法执行发生法律效力的劳动争议仲裁机关的调解书和仲裁书;对于当事人干扰调解、仲裁活动,扰乱工作、生产秩序或者拒绝、阻碍国家机关工作人员执行公务,情节严重的,由公安机关按有关规定处理;对于当事人干扰调解、仲裁活动和处理劳动争议的,以及工作人员违反我国《劳动法》及有关规定的,构成犯罪的,由司法机关依法追究刑事责任;教育公民自觉遵守劳动法规,从而起到预防纠纷、减少诉讼的作用。

劳动争议仲裁机关与人民法院在处理劳动争议中,是各有分工、互相配合的关系。各有分工就是说两者处理劳动争议有各自特定的任务,不能相互代替或互相推诿。互相配合,即劳动争议仲裁机构和人民法院在处理劳动争议中要注意互相支持。劳动争议仲裁机关发生法律效力的裁决和裁定,必须由人民法院协助强制执行;人民法院受理的劳动争议案件,必须是经过劳动争议仲裁机关仲裁不服而起诉的案件,否则人民法院可拒绝受理。

思考与练习

一、基本概念

劳动关系　劳动合同　劳动争议

二、单项选择题

1. 劳动者的公众与岗位、工作地点和场所通常在劳动合同中的(　　)条款加以规定。
   A. 劳动纪律　　　B. 劳动条件　　　C. 工作内容　　　D. 约定

2. 企业违反了集体合同的规定义务,应当承担(　　)。
   A. 行政责任　　　B. 道义责任　　　C. 经济责任　　　D. 法律责任
3. 企业内部劳动关系管理制度制定的主体是(　　)。
   A. 国家　　　　　　　　　　　　B. 企业主管部门
   C. 企业　　　　　　　　　　　　D. 企业与工会
4. 订立为期 2 年的劳动合同,双方约定了 2 个月的试用期,则劳动合同的期限为(　　)。
   A. 24 个月　　　　　　　　　　　B. 26 个月
   C. 22 个月　　　　　　　　　　　D. 由劳动合同双方规定
5. 劳动争议协调委员会协调劳动争议的期限为(　　)日,到期未结束,视为协调不成。
   A. 15　　　　　B. 30　　　　　C. 45　　　　　D. 60

三、判断题

1. 我国《劳动合同法》规定,合同期满用人单位不续订,应当支付劳动者相应的经济补偿金。(　　)
2. 根据我国《劳动法》的规定,用人单位与劳动者签订的劳动合同期限可以分为有固定期限、无固定期限、以完成一定的工作为期限的合同。(　　)
3. 续订劳动合同不得约定试用期。(　　)
4. 企业内部劳动关系管理制度是企业劳动者的行为规范,仅对劳动者有约束力。(　　)
5. 提出劳动合同续订要求的一方应在合同到期前 60 日书面通知对方。(　　)

四、简答题

1. 劳动合同的法定条款包含哪些内容?
2. 简述劳动争议处理的一般程序。
3. 劳动合同变更的情形包括哪些?
4. 劳动合同具有哪些特殊的法律特征?

第十一章

员工职业生涯管理

【知识目标】
- 了解职业生涯的含义及影响因素
- 掌握职业生涯规划制定的步骤及方法
- 掌握职业目标定位的方法

【技能目标】
- 能够选择适当工具进行自我评估
- 制定完整的员工职业生涯规划方案

个性在国内职场和国外职场的不同待遇

在思科的公司内部网站上,有一个专门为同性恋员工设置的PARTY。我们从这一个小小的细节,可以真实地体会到美国企业对不同员工个性的尊重。相反,中国绝大部分企业不尊重人的个性。中国企业喜欢听话、使人放心、能办事的人,那些才华横溢但浑身是刺的人是不受欢迎的。广告界是最崇尚点子、标榜个性的行业,我们见到那些有才华、有个性的广告人,又有几个能在一个企业善始善终。

我一个朋友,嘴很臭,说话很不讨人喜欢,却在一家美国著名的石油公司做了5年,收入也颇高,只是一直没有升职。凭他这样的个性,要是在国内企业,早被炒鱿鱼了。在中国职场,性格至关重要。不但岗位与性格的相关性很高(性格内向在企业的发展机会少,职位上升的空间也十分狭窄;而大部分中国人都是内向性格,而美国人75%是外向性格),企业内部环境(许多企业谈不上有企业文化)对性格的要求也较高,换句话说就是,中国企业对性格的包容性很低,许多性格内向的人很难有大的发展,真正有性格的人很难生存,更谈不上发展。

美国思科公司(中国华南区)总经理张岩强调:可以说,40岁左右是大陆大区经理退休的年龄,因为对于上边的总裁来说,你年龄大了,跑不动了。

从未换过工作、一路升迁的宝洁大中华区副总裁韦俊贤,在今年4月1日也就是他46岁的时候,还是选择了离开全球快消产品第一名的公司——宝洁。

因为全球化的结果,企业形成了矩阵式的组织架构,分工越来越细,个人的职责范围缩小。决策权越来越集中到美国总部,每一个事业群由总部实行全球统一经营管理。最后,一个行政总经理做什么?只剩下握手、照相、接受访问,负责当地的政府关系、媒体关系。

所以,即使是在这些尊重员工个性的美资企业,也存在一个很大的职业发展的问题,就是你进不了决策层,不能参与决策,你只负责执行,这是你想要毕生追寻的职业理想吗?李先生在一家著名的美资烟草公司深圳分公司做销售,毕业不到两年,月收入已有七八千元,但他深深感受到在这家全球500强企业发展的局限。因为他发现,对于分公司下一步的发展计划,连公司经理都不知道。

所以我们见到许多外企的经理人,跳槽到民营企业做总监、副总经理,从而又引出外企经理人是否适应民营企业、职业经理人与老板的冲突等热门话题。

总之,在中国,无论在国内企业,还是在外资企业,无论是在港台企业,还是在欧美企业,职业定位和职业生涯规划都尤其重要。

(资料来源:http://wenku.baidu.com)

讨论:

(1) 民营企业和外企在对待员工的性格上有什么不同?

(2) 应该如何给自己一个准确的职业定位和职业生涯规划?

第一节　员工职业生涯概述

一、职业生涯的含义

职业生涯是一个人一生中所有与职业相联系的行为与活动，以及相关的态度、价值观、愿望等的连续性经历的过程，也是一个人一生中职业、职位的变迁及工作理想的实现过程。

简单地说，职业生涯就是一个人终生的工作经历。一般可以认为，我们的职业生涯开始于任职前的职业学习和培训，终止于退休。我们选择什么职业作为自己的工作，这对于我们每个人的重要性都是不言而喻的。

首先，我们未来的衣食住用行等各种需要，包括许多年轻人梦想的出国旅游、买房、买车，几乎都要通过我们的工作来满足。同时，现代人大部分时间是在社会组织中度过的。在毕业后到退休前的几十年中，我们几乎每天都要和我们的工作打交道，因此，我们从事的工作，自己是否喜欢、是否适合、是否觉得这份工作很有意义，对我们同样非常重要。一位总裁曾经说过："在我看来，世界上最大的悲剧莫过于，有太多年轻人从来没有发现自己真正想做什么。想想看，一个人在工作中只能赚到薪水，其他的一无所获，这是一件多么可悲的事情啊！"所以，我们在选择职业的时候，应该慎重的对待。中国的古话"男怕入错行，女怕嫁错郎"，在一定程度上反映了职业对于我们每个人的重要性。

二、职业生涯的影响因素

（一）个人因素

个人因素是因自身一些特征或个性给职业生涯带来的影响。个人因素包括职业发展阶段、职业倾向、技能、职业锚。

1. 职业发展阶段

职业发展阶段可按人的一生经历的顺序分为职业成长阶段、职业探索阶段、立业与发展阶段、职业维持阶段、职业衰退阶段。由于成长阶段属于非职业范畴，故把它省略。不同职业发展阶段的特点如表11-1所示。

2. 职业倾向

个人的职业倾向可分为技能倾向、研究倾向、社交倾向、事务倾向、经营倾向、艺术倾向。个人往往具有多种职业倾向，人的多种职业倾向越相邻，在职业选择时越不容易产生内在冲突。

（1）技能倾向。适合从事包含体力活动并需要一定的技巧、力量和协调性才能承担的职业，如机械维修、烹饪等。

（2）研究倾向。喜欢从事包含较多认知活动（思考、组织、理解等）的职业，如生物学家、大学教授等。

表 11-1　　　　　　　　　　　不同职业发展阶段的特点

职业发展阶段	对工作方面的需求	情感方面的需求
职业探索阶段 （25 岁前）	1. 要求从事多种不同的工作 2. 希望自己探索	1. 进行试探性的职业选择 2. 在比较中逐渐选定自己的职业
立业与发展阶段 （25～44 岁）	1. 希望干具有挑战性的工作 2. 希望在某一领域发展自己的专业知识和技能 3. 希望在工作中有创造性和革新 4. 希望在经历 3～5 年期间转向其他领域	1. 希望面对各种竞争，敢于面对成败 2. 能处理工作和人际关系矛盾 3. 希望互相支持 4. 希望独立自主
职业维持阶段 （45～60 岁）	1. 希望更新技能 2. 希望在培训和辅导青年员工中发展自己的技能	1. 具有中年人较稳健的思想感情 2. 对工作、家庭和周围的看法有所改变 3. 自我陶醉以及竞争性逐渐减弱
职业衰退阶段 （60 岁以后）	1. 计划好退休 2. 转向咨询和指导性的工作 3. 寻找自己的接班人 4. 寻找组织外的其他活动	1. 希望把咨询看作对他人的帮助 2. 希望能接受和欣赏组织外的其他活动

（3）社交倾向。乐于从事那些包含大量人际交往内容的职业，如心理医生、社会工作者等。

（4）事务倾向。乐于从事那些包含大量结构性的且规范较为固定的活动的职业，如会计、银行职员等。

（5）经营倾向。乐于从事那些通过语言活动影响他人的职业，如管理人员、律师、推销员等。

（6）艺术倾向。乐于从事那些包含大量自我表现、艺术创造、情感表达以及个性化活动的职业，如艺术家、广告制作者、音乐家等。

3．技能

技能就是一个人所拥有的专业技术。一个人可能具有多种技能，而根据自己的特长，一个人可能选择不同的职业以适应、发挥自己的技能，从而实现自己的职业目标。

4．职业锚

职业锚是指当一个人不得不做出选择的时候，他或她不会放弃的职业中的那种至关重要的东西或价值观。职业锚是人们选择和发展自己的职业时所围绕的中心。职业锚可分为技术或功能型职业锚、管理型职业锚、创造型职业锚、自主与独立型职业锚、安全型职业锚。关于职业锚的详细内容，在第二节中介绍。

（二）社会环境因素

社会环境因素包括社会经济发展水平、社会文化环境、政治制度和氛围、社会价值观。如果一个人处在一个经济快速发展的时期，那么社会将提供大量的工作岗位，相对来说，个人也会得到更多的工作机会，完善自己的职业生涯；反之，如果一个人处在经济萧条时期，那么由于工作岗位少的限制，他的职业选择范围也将缩小。此外，社会文化环境、政治制度和氛围、社会价值观会影响一个人的职业倾向以及职业锚,从而影响他的职业生涯。

(三)企业环境因素

企业环境因素包括企业文化、组织状况、管理制度、领导者素质。企业是一个人实现职业生涯的特定环境,员工能否适应所在企业的环境,是决定他能否圆满完成工作任务,安心为企业服务的直接影响因素。良好的企业环境能激励员工努力工作,并为晋升争取机会。如果员工不能与所在企业的企业环境相适应,则他会考虑重新择业,从而影响他的职业生涯。

(四)其他因素

第一,个人的家庭背景。首先,一个人的家庭背景会影响他的职业定位。例如,一个出身于医生世家的人,在选择职业里会更多地考虑医生这个职业。其次,家长的期望也会影响个人的职业生涯。例如,家长期望子女能够从政,子女也会或多或少遵从家长的意思。再次,家庭的关系会为个人提供更多的工作机会。

第二,个人的关系网络。俗话说:"朋友多了,路好走。"现在这个社会虽然注重个人能力,但是关系也是一条争取良好工作机会的捷径。因此,良好的关系网络是实现职业生涯的垫脚石,也是职业生涯的不可忽视的影响因素。

第二节 员工职业生涯规划

一、职业生涯规划的含义

职业生涯规划是指个人和组织相结合,在对一个人职业生涯的主客观条件进行测定、分析、总结研究的基础上,对自己的兴趣、爱好、能力、特长、经历及不足等各方面进行综合分析与权衡,结合时代特点,根据自己的职业倾向,确定其最佳的职业奋斗目标,并为实现这一目标作出行之有效的安排。

职业生涯规划要求根据自身的职业兴趣、性格特点,能力倾向,以及自身所学的专业知识技能等因素,同时考虑到各种外界因素,经过综合权衡考虑,来把自己定位在一个最能发挥自己长处的位置,以便最大限度地实现自我价值。一个职业目标与生活目标相一致的人是幸福的,职业生涯规划实质上是追求最佳职业生涯的过程。

二、职业生涯规划的分类

(一)按设计的主体进行划分

职业生涯规划按设计的主体划分可以分为个人对自己进行的个体生涯规划和企业对员工进行的职业规划。职业生涯规划不仅可以使个人在职业起步阶段成功就业,在职业发展阶段走出困惑,到达成功彼岸;对于企业来说,良好的职业生涯管理体系还可以充分发挥员工的潜能,给优秀员工一个明确而具体的职业发展引导,从人力资本增值的角度达成企业价值最大化。

（二）按期限长短进行划分

职业生涯规划按这种方法一般划分为短期规划、中期规划和长期规划。短期规划为3年以内的规划，主要是确定近期目标，规划近期完成的任务。中期目标一般为3～5年，在近期目标的基础上设计中期目标。长期目标其规划时间是5～10年，主要设定长远目标。

三、职业生涯规划的基本步骤

职业生涯规划的目的是帮助员工真正了解自己，并且在进一步详细衡量内在与外在环境的优势、劣势的基础上，为员工设计出合理且可行的职业生涯发展目标，协助员工在达成个人目标的同时达成组织目标。职业生涯是一个逐步展开的过程，它能够促进员工学习新的知识、掌握新的技能、形成良好的工作态度和工作行为。职业生涯规划一般需要经过以下四个步骤。

（一）对员工进行分析与定位

1. 员工个人评估

职业生涯规划的过程是从员工对自己的能力、兴趣、职业生涯需要及其目标的评估开始的。个人评估的重点是分析自身的条件，特别是个人的性格、兴趣、特长、需求等，至少应考虑性格与职业的匹配、特长与职业的匹配。个人评估是职业生涯规划的基础，直接关系到职业生涯成功与否。

2. 组织对员工的评估

组织对员工的评估是为了确定员工的职业生涯目标是否现实。组织可以通过获取员工的基本信息，利用当前的工作情况，包括绩效评估结果、晋升记录、参加各种培训的情况等，结合个人评估的结果，对员工的能力和潜力进行评估。

3. 环境分析

人是社会的人，任何一个人都不可能离群索居，必须生活在一定的环境中。环境为每个人提供了活动的空间、发展的条件、成功的机遇。环境分析主要是通过对组织环境、社会环境、经济环境等有关环境的分析与探讨，弄清环境对职业发展的作用、影响及要求，以便更好地进行职业选择与职业目标规划。

（二）帮助员工确立职业生涯目标

职业发展必须有明确的方向和目标，目标的选择是职业发展的关键，主要包括职业选择和职业生涯路线选择两个方面的内容。职业选择是事业发展的起点，选择正确与否直接关系到事业的成败。组织应开展必要的职业指导活动，通过对员工的分析与组织岗位的分析，为员工选择合适的职业岗位。职业生涯路线选择是指一个人选定职业之后从什么方向上达成自己的职业目标，是向专业技术方向发展，还是向行政管理方向发展。发展方向不同，要求也就不同。因此，职业生涯路线选择也是职业发展的关键环节之一，其重点是组织通过对职业生涯路线的选择要素分析，帮助员工确定职业生涯路线。

（三）帮助员工制定职业生涯策略

职业生涯策略是指为达成职业目标而采取的各种行动和措施。组织应该在组织战略目标的指导下为员工提供各种职业发展的条件。

(四）职业生涯规划的评估与修正

由于种种原因，最初组织为员工制定的职业目标往往是比较抽象的，有时甚至是错误的。因此，经过一段时间的工作后，组织应有意识地回顾员工的工作表现，检验员工的职业定位与职业方向是否合适。这样，在实施职业生涯规划的过程中评估现有的职业生涯规划，组织就可以修正对员工的认识与判断，通过评估与修正，纠正最终职业目标与分析阶段职业目标的偏差，同时可以极大地增强员工达成职业目标的信心。

四、职业锚

（一）职业锚的概念

职业锚理论产生于美国麻省理工大学斯隆商学院施恩教授领导的专门研究小组，是在该学院毕业生的职业生涯纵向研究中演绎而成的。职业锚又称职业定位，是指当一个人面临职业选择时，他无论如何都不会放弃的职业中至关重要的东西或价值观。施恩认为，职业设计是一个持续不断的探索过程，随着一个人对自己越来越了解，这个人就会越来越明显地形成一个占主要地位的职业锚。职业锚是人们在选择和发展自己的职业时所围绕的核心，是一种指导、制约、稳定和整合个人职业决策的自我观。

职业锚在职业生涯过程中非常重要，这是因为它是以人们实际生活和工作经历以及他人的反馈为基础形成的。即使面临非常困难的状况，职业锚在职业选择过程中也不会被放弃，所以它可以解释人们与组织之间是如何以及为什么相互影响、相互作用的。这意味着人们不会放弃目前的工作，而转换到一份不能满足职业锚需要的其他工作。

职业锚虽然是引导人们作出职业选择的中心，但许多人并不是在选择工作的一开始就明确自己的职业锚的。它是在个人进入早期工作情境后，在具体的工作经验中，经过个人对自己的资质、动机、需要、价值观和能力的认识的相互作用和整合下，逐步形成的一种长期的、稳定的职业定位。而且，更多的时候，人们在往往不得不作出重大职业选择时，才会意识到自己无论如何都不会放弃的东西和价值观是什么，这也就是他们的职业锚。

（二）职业锚的类型

1. 技术/职能型职业锚

具有这种职业锚的人往往不愿意选择那些带有一般管理性质的职业，他们总是倾向于选择那些能够保证自己在既定的技术或功能领域中不断发展的职业。其主要特点为：①注重实际技术和具体的某项职能业务的工作；②不喜欢一般性管理活动，喜欢能够保证自己在既定的技术或功能领域中发展的职业；③不太看重等级地位的提升，更重视他们在自己的专业领域内获得的评价和认可。

2. 管理能力型职业锚

具有这种职业锚的人有着强烈的管理动机。其主要特点为：①喜欢承担更大、更多的责任，承担较高责任的管理职位是这些人的最终目标；②重视等级地位的大幅提升，并把这作为他们成功的标志;③职业经历使得他们相信自己具备被提升到那些一般管理性职位上去所需要的各种必要能力以及相关的价值倾向。

3. 创造型职业锚

具有这种职业锚的人希望运用自己的能力去创建属于自己的公司或创建完全属于自己的产品,而且勇于冒险和克服障碍。在某种程度上,创造型职业锚同其他类型的职业锚存在重叠。例如,他们也要有管理能力,或者要在某一专业领域取得独创的成果。但这些并不是他们的核心动机和目的,创造才是他们的核心动机和目的。他们对于尝试新事物总是乐此不疲。

4. 安全/稳定型职业锚

具有这种职业锚的人极为重视长期的职业稳定和工作保障性。稳定和安全是他们追求的目标,比如工作的安定、收入的稳定、可靠的保障体系,或者是一种心理上的被组织接纳的稳定和安全感。在行为上,具有这种职业锚的人倾向于照章办事,不越雷池半步。在职业选择上,他们往往对组织有较强的依赖性,一般不轻易离开组织,依赖组织对他们的能力和需要进行识别和安排,更容易接受并融入组织。

5. 自主/独立型职业锚

具有这种职业锚的人似乎被一种自己决定自己命运的需要驱使着,他们希望摆脱那种因在大企业中工作而依赖别人的境况,因为当一个人在某个大企业中工作的时候,他的晋升、工作调动、薪金等诸多方面都难免要受别人的摆布。这些人中有许多人还有着强烈的技术或功能导向。然而,他们不会在某一个企业中去追求这种职业导向,而是想要成为一位咨询专家,要么是自己独立工作,要么是作为一个相对较小的企业中的合伙人来工作。

6. 服务型职业锚

具有这种职业锚的人一直追求他们认可的核心价值,如帮助他人、改善人们的安全、通过新的产品消除疾病等。这意味着即使换工作,他们也不会接受不允许他们实现这种价值的工作变换或工作提升。

7. 挑战型职业锚

具有这种职业锚的人喜欢解决看上去无法解决的问题,战胜强硬的对手,克服无法克服的困难和障碍。

8. 生活型职业锚

具有这种职业锚的人希望将生活的各个主要方面整合为一个整体,喜欢平衡个人的、家庭的和职业的需要,因此他们需要一个能够提供足够弹性的工作环境来达成这一目标。

(三) 如何确定自己的职业锚

对于个人来说,职业锚有时并不那么显而易见,那么如何确定自己的职业锚呢? 以下这个职业锚自我分析表(见表11-2)有助于我们判定自己的职业锚。

在这张分析表中,要求您在左边的栏目中给出客观信息,在右边的栏目中给出选择、决策的理由,回答要自然。表11-2主要的目的是,提供您自身的信息,帮助您确定自身的职业锚。

表 11-2　　　　　　　　　　　　职业锚自我分析表

外在因素和事件	内在理由和情感
1. 你在大学时主要的注意力放在哪个方面	1. 你为什么选择这个方面？你对此感觉如何
2. 你上研究生了吗？如果上了，你的注意力在哪个方面？你获得了何种学位	2. 你为什么上（或不上）研究生
3. 离校后你的第一份工作是什么（如果恰当的话，包括服役）	3. 你在第一份工作中寻求的是什么
4. 你开始自己的职业时，你的抱负或长期目标是什么	4. 你的抱负或长期目标有过变化吗？何时？为什么
5. 你的第一个主工作或主公司变动是什么	5. 启动这次变动的是你还是公司？你为什么启动或接受这次变动？在接下来的工作中你在追求什么
继续列出在自己的职业中所见到的，被认为是主工作、主公司、主职业的变动。列出每一步，对每一步的问题作出回答	
6. 变动——	你为什么启动或接受？你在追求什么
7. 变动——	你为什么启动或接受？你在追求什么
8. 变动——	你为什么启动或接受？你在追求什么
9. 变动——	你为什么启动或接受？你在追求什么
10. 回顾自己的职业，看看什么时期感到特别愉快	你这个时期感到愉快的是什么
11. 回顾自己的职业，看看什么时期感到特别不愉快	你这个时期感到不愉快的是什么
12. 你拒绝过工作调动或提升吗	为什么
13. 你是如何向他人描述自己的职业的	你认为自己是什么样的人
14. 你看到了自己职业中的主要过渡点了吗？客观地描述这种过渡	你对此过渡感觉如何？你为什么启动或接受它？复查本栏目中的全部回答，找出回答中的模式。你在答案中看到某种职业锚了吗

　　根据上述回答，按重要性逐一评定下列锚，从 1 至 5 共五级。"1"表示重要性最低，"5"表示重要性最高，从而确定自己在管理能力、技术或职能能力、安全、创造性、自主性等方面的倾向性，进一步明确自己职业生涯选择上的着重点。

　　职业锚一旦被认识，就会使人根据上表思考这样一些问题：我工作这么多年了，到底倾向于做什么？我的职业锚类型是什么？我终生的追求是什么？现在的职业还能满足我的要求吗？我最好把我的职业锚抛在哪个职业领域？由此，人们会把自己在工作中感悟到的态度、价值观、能力等分门别类，找到适合自己的职业种类与领域；认识自己的抱负模式,确定自己的职业成功标准;对要求个人发挥作用的职业情况提出标准,找到适合自己的职业道路。

第三节　员工职业发展管理

一、职业发展的必要性

职业发展是组织用来帮助员工获取目前及将来工作所需的知识、技能的一种方法。实际上,职业发展是组织对企业人力资源进行的知识、技能的发展性培训和教育活动。

从组织的观点来看,职业发展能降低员工流动带来的成本。如果组织能帮助员工制定职业计划,这些计划可能与组织密切相连,员工就不大可能离开。热心于员工的职业发展同样能鼓舞士气、提高生产率,并帮助组织变得更有效率。事实上,组织对员工的职业发展感兴趣对员工也有积极的影响,在这种情况下员工认为组织把他们看作是整体计划的一部分而不仅仅是一些无关紧要的个人。重视职业发展对员工看待他们的工作和雇主的方式也有积极的影响。

二、职业发展的负责人

谁对职业发展负责?职业发展涉及组织、员工本身和员工直接管理者。完整的职业发展应是三者共同努力来完成,具体来说,三者都有其具体的责任。

(一)组织的责任

根据职业发展的定义,职业发展是组织用来帮助员工获取目前及将来工作所需的知识、技能的一种方法,也就是说职业发展主要是就组织来说的。组织对激发和确保职业发展的实施负主要责任。组织的责任是开发并在组织内部向员工通告职业选择权。组织要向员工传递组织内所存在的职业选择,并且就能实现员工职业目标的职业道路向员工提出详细的建议。在新的职位出现和旧的职位被淘汰时,人力资源管理部门一般负责使这些信息能马上被员工了解。

(二)员工的责任

尽管职业发展主要是就组织来说的,但没有员工的积极配合,职业发展就难以实施,最终会影响员工个人的职业发展。员工有了个人职业规划,就必须采取一系列的实际行动,如虚心接受来自组织各方面专家和直接管理者的有关职业发展的指导和建议,进行自我评估,选择一条正确的职业道路,接受组织的一系列培训,并加强各方面的学习。

(三)员工直接管理者的责任

直接管理者在推进下属的职业发展中发挥着重要作用,他们应引导员工进行职业发展,然后帮助员工评估结果。直接管理者起到的作用应该包括充当顾问、评估者、教练、指导者等。

三、职业发展的实施

在一个组织中,职业发展的实施是一个系统工程,需要组织精心策划并付诸行动。一般来说,组织中的职业发展的实施,包括员工自我评估、组织评估、职业信息的传递、职业咨询、职业道路引导等。

(一)员工自我评估

员工自我评估是指员工个人对自己的能力、兴趣、气质、性格以及自己职业发展的要求等进行分析和评估,以确定适合自己的职业生涯目标和职业生涯发展路线。员工自我评估的目的,简单来说就是要认识自己、了解自己。

在整个职业规划和发展中,每个人都要不断评估自己的能力和兴趣,衡量各种职业机会,确定适合自己的职业目标。员工自我评估会受到自身的知识水平和所掌握信息的限制。在实际中,很多人可能在这方面并没有花过多少时间,他们可能也不知道正确的自我评估方法。这时,组织可以为员工提供各种各样的自我评估方法和材料。优缺点平衡表、好恶调查这些自我评估工具都是非常有用的。

(二)组织评估

组织评估是指组织利用相应的信息对员工的能力和潜力作出客观公正的评估。这些信息主要来自对员工的绩效评估,也包括反映该员工的受教育情况、以前工作经历等信息的记录。

(三)职业信息的传递

员工要确立现实的职业发展目标,就必须知道可以获得的职业选择和职业发展机会,并获得组织内有关职业选择、职业变动、空缺的工作岗位等方面的信息。组织要及时为员工提供有关组织发展和员工个人的信息,包括职位升迁机会与条件限制、工作绩效评估结果、培训机会等,增进员工对组织的了解,帮助员工了解组织的职业发展通道。

(四)职业咨询

职业咨询是指整合职业规划过程中不同步骤的活动,是伴随着整个职业生涯发展过程中的多次或连续性咨询活动。在职业发展活动中,有可能出现许多员工无法预测或必须面对的难题,如职位升迁、职能转换、跳槽等。职业咨询可以为员工解决职业发展中的困惑,为员工作出明智选择提供参考意见和决策支持。

(五)职业道路引导

职业道路是指员工在一个组织中的经历或发展轨迹。组织应帮助员工制定出各种职业道路计划。员工在组织中工作不仅是为了自身生存需要的满足,更在乎人生价值需要的满足。如果组织无法满足员工个人发展的需求,就会增大员工离职的风险。因此,组织不仅要帮助员工作好职业道路计划,还要更多地做好职业道路引导工作。职业道路引导可定义为一系列包括正式与非正式教育、培训及工作体验的开发活动,这些开发活动有助于员工胜任更高一级的职位。

职业道路引导指明了组织内员工都可能的发展方向及发展机会,组织内每一个员工都可能沿着本组织的职业道路变换工作岗位。职业道路引导一方面有利于组织吸引并留住最优秀的员工,另一方面能激发员工的工作兴趣,挖掘员工的工作潜能。

思考与练习

一、基本概念
职业生涯　职业锚　职业生涯规划

二、单项选择题
1. 喜欢承担更大、更多的责任，重视等级地位的大幅提升。这类人的职业锚属于（　　）。
   A. 技术/职能型职业锚　　　　　　B. 管理能力型职业锚
   C. 创造型职业锚　　　　　　　　D. 安全/稳定型职业锚
2. （　　）对职业发展负责。
   A. 组织　　　　　　　　　　　　B. 员工
   C. 员工直接管理者　　　　　　　D. 以上都是
3. 个人的家庭背景属于职业生涯影响因素中的（　　）。
   A. 个人因素　　　　　　　　　　B. 社会环境因素
   C. 企业环境因素　　　　　　　　D. 其他因素
4. 人们在选择和发展自己的职业时所围绕的核心是（　　）。
   A. 职业兴趣　　B. 价值观　　C. 职业锚　　D. 薪酬

三、判断题
1. 3~5年的职业生涯规划属于长期规划。（　　）
2. 职业发展必须有明确的方向和目标，目标的选择是职业发展的基础。（　　）
3. 职业咨询是伴随着整个职业生涯发展过程中的一次性咨询活动。（　　）
4. 在立业与发展阶段，人们更愿意干具有挑战性的工作。（　　）

四、简答题
1. 列举职业生涯的影响因素。
2. 简述职业生涯规划的基本步骤。
3. 在员工的职业发展中，组织应承担哪些责任？

第十二章

企业文化管理

【知识目标】
- 理解企业文化的内涵、内容及功能
- 掌握企业文化的类型
- 掌握企业文化与人力资源管理的关系

【技能目标】
- 掌握建立和维持企业文化的方法

A.O.史密斯公司：价值观推动活动让文化变成行动

公司背景

1843年，一名金属工匠为了实现他的梦想，揣着技术工人证件，乘上帆船，来到美国。当时的美国非常需要熟练工人，于是工匠顺利地进入了米尔沃基铁路工厂，领上了丰厚的工资，过上了小康生活。在工匠54岁以前，一切看似平静，然而一件小事却改变了他的命运。一天清晨，工匠患上流感无法上班，可又担心一个大发动机零件被没有经验的机械师毁掉，于是他仍带着高烧来到工厂。但工厂有个条例，不管迟到几分钟，这一个小时都要算作迟到。就是因为这个条例，门卫竟将工匠拦在门外，坚持一个小时后才准进厂。工匠愤然离去，回家立即向妻子宣布："我再也不为对设备不当回事的人打工！"果真，工匠再也没去那里上班，并于1874年开始了他一生最为重要的创业，在他的作坊上挂起了"查尔斯·史密斯，机械师"的招牌。这个作坊逐渐成长为享誉全球的A.O.史密斯公司，这个工匠正是查尔斯·史密斯先生。

A.O.史密斯公司最初是生产婴儿车配件的小店，1936年才进入热水器生产领域，1947年就被《生活》杂志称为"世界上同类型工厂中生产效率最高的工厂"，1968年生产了第10 000 000台家用热水器，2001年占据北美商用热水器市场52%的份额。到2004年，A.O.史密斯公司全球年营业额高达16.5亿美元，全球雇佣员工17 000人，在8个国家拥有43家工厂。

根据全球经济变化趋势，中国被预测成为新的世界制造中心，并且中国有着巨大的消费市场。A.O.史密斯公司意识到在中国发展有着重要的战略意义，于1998年在南京投资成立艾欧史密斯(中国)热水器有限公司。在华投资是A.O.史密斯公司的重要战略，为开辟市场奠定了基础，根据所占市场份额排序，在近400个热水器品牌中，A.O.史密斯在2002年就排到了第6位，而2003年一跃升至第2位。

价值观推动活动让文化变成行动

一个企业最大的困难是如何让公司的理念变成员工的理念，仅从口头上倡导远远不够。很多企业说企业文化只是在墙上挂挂、嘴上说说的事，其实不是企业文化无用，而是企业不知如何让企业文化有效。

价值观推动活动(Values Recognition Program)是A.O.史密斯公司美国总部在1994年发起的，该活动是为了奖励那些认同公司价值观并为之作出贡献的员工。活动的效果非常显著，员工开始主动了解自己的公司文化，更重要的是，这些文化渐渐变成了员工的行动。这个活动连续举办了13年，已经成为A.O.史密斯公司最受欢迎的活动之一。

在A.O.史密斯，价值观推动活动已是一项成熟的人力资源管理实践，其主要有四个步骤：第一，根据公司发展需要，规划本年度的价值观推动活动；第二，鼓励员工相互提名；第三，管理层集体讨论；第四，奖励和宣传获奖的个人或团队。

虽然这已成为该公司一项成熟的活动，但每年都会根据当年的情况突出重点，或是进行改进。比如2004年价值观推动就有与往不同之处,首先,其强调团队主题,更加重视那些通过团队合作完成并符合价值观的行为;其次,提名更加方便,奖品即时兑现,资料触手可及,通过改进操作方法促进员工参与活动。

提名是价值观推动活动中非常重要的部分,它直接关系到员工参与热情、评奖广泛性和公正性以及奖项受到重视的程度。为了方便和调动员工参与,HR部门主要从三个方面推动这项活动:第一,让资料触手可及;第二,令提名更加方便;第三,奖品即时兑现。为了引导员工正确提名,HR部门还特意罗列出了一些提名题材,告诉员工哪些行为是潜在的提名对象,比如"工人的一个合理化建议""员工得到所在社区的某项荣誉""为减少浪费采取的措施""来自客户的一个感谢电话或一封表扬信""某个人或团队提出了一个新的流程或对现有流程的改进"……

活动中一共设置六大奖项,分别是管理流程改进奖、生产流程改进奖、产品创新奖、客户满意奖、环保贡献奖和公益活动参与奖。每个奖项都有详细说明,包括该奖项为哪些人、哪些部门、哪些行为、哪些工作设置,应该满足什么条件,提名应有哪些描述并提供哪些材料……《奖项说明》包含了评奖必备的主要信息,整个说明并非呆板、生硬的规定,而是大量地采用了"我们肯定""我们赏识""请",而尽量避免了"应该""必须"等词,使说明看起来富有人情味。这些奖项体现了企业价值观,只有认同和推动价值观的员工或团队才能获得此奖。因此,评选的过程,实际上就是灌输企业价值观的过程;评选的结果,即是奖励为实践企业价值观做出贡献的个人或团队。

在2004年之前,已有来自世界各地的49家公司的523名员工和管理人获得此奖,活动随同公司的全球战略一起推广。培训采用多种形式,如讨论、角色扮演、工厂参观和集思广益等,特别是还引入了室外活动(类似拓展训练),其中有10米跳台之类的活动。这个创造性的培训项目自开发以后,不仅使促销员掌握了更多公司和产品的知识,还提高了士气、增加了销售量、减少了离职率。该项目最终获得集团总部的认可并授予"管理流程改进奖"。在南京本部,也有多个团队和个人获得各类奖项,如通过竞标方式为公司降低成本600万元的项目而获得管理流程改进奖、勇救落水女子不留姓名而获公益活动参与奖、卓越领导力培训项目持续改进而获客户满意奖,等等。

A.O.史密斯公司的价值观推动活动有两个主要目的:第一,通过一种生动有趣的方式让在世界各地的员工了解并理解公司的价值观及其在公司中的作用;第二,找到一种方式让员工可以在日常工作中为推动企业文化作出贡献。在A.O.史密斯,价值观推动活动已成为员工工作和生活中的一件大事,受到全体成员的关注。

(资料来源:http://www.glzy8.com)

讨论:

(1) A.O.史密斯公司的价值观推动活动的内容有哪些?
(2) 你如何评价A.O.史密斯公司的价值观推动活动?

随着知识经济和经济全球化的发展,企业之间的竞争越来越激烈,企业文化对企业的生存和发展的作用越来越大,已经成为企业管理当中的核心要素。在这种情势下,营造一种良好的企业文化,可以为企业管理提供最有力、最长效的支持,无疑成为企业管理者的首要任务。纵观成功企业的发展史,无一例外地都有着深厚的文化底蕴,但企业文化又是企业管理中最模糊的领域,也是迄今为止对每个企业来说最具挑战性的一环,因为它涉及有关企业的价值观、员工士气以及领导方式等诸多领域。

第一节　企业文化概述

曾经有企业抄袭海尔公司的企业文化,但并没有成功,对此张瑞敏的回答是:海尔企业文化分三个层次,最外层是物质文化,看得见,摸得着;中间层是制度行为文化,如规章制度等;最深层的是海尔精神文化。精神文化的核心是价值观,而海尔的价值观就是两个字:创新。制度的东西可以学,但创新却无法模仿。而海尔集团于1995年收购青岛线星电厂后,没有投入资金,却救活了这条"休克鱼",就是应用了海尔的企业文化。由此可知,企业文化是企业发展的动力所在,企业文化是企业无形的精神财富,它虽不能直接以货币来衡量,但优秀的企业文化却能带来企业财富的增值。

一、企业文化的内涵

企业文化是企业在生产经营实践中,逐步形成的,为全体员工所认同并遵守的、带有本组织特点的使命、愿景、宗旨、精神、价值观和经营理念,以及这些理念在生产经营实践、管理制度、员工行为方式与企业对外形象的体现的总和。

(一)企业文化的构成

企业文化通常是由企业精神文化、企业制度文化、企业行为文化和企业物质文化四个层次构成的。

1. 企业物质文化

企业文化作为社会文化的一个子系统,其显著的特点是以物质为载体,物质文化是它的外部表现形式。优秀的企业文化是通过重视产品的开发、服务的质量、产品的信誉和企业的生产环境、生活环境、文化设施等物质现象来体现的。

(1)生产环境的改造。生产环境的好坏直接影响员工的情绪与心理。好的生产环境不仅可以激发员工的自豪感和凝聚力,还可以直接影响员工的工作效率。因此,优秀的企业特别注重为员工创造优美的工作环境,并把它作为企业文化建设的重要内容,作为调动员工积极性的重要手段。

(2)文化设施建设。在物质生活水平不断提高的今天,人们对精神需要的追求愈加强烈,求知、求美、求乐等心理迅速发展,构成企业文化建设中不可忽略的课题。建立和完善员工的文化设施,积极开展健康有益的文体活动,是许多优秀企业的重要物质文化内容。

2. 企业制度文化

企业的制度文化是由企业的法律形态、组织形态和管理形态构成的外显文化,它是企业文化的中坚和桥梁,把企业文化中的物质文化和精神文化有机地结合成一个整体。企业的制度文化一般包括企业法规、企业的经营制度和企业的管理制度。

(1) 企业法规。企业法规是调整国家与企业,以及企业在生产经营或服务性活动中所发生的经济关系的法律规范的总称。不同国家的企业法规,都是以国家的性质、社会制度和文化传统为基础制定的,对本国的企业文化建设有着巨大的影响和制约作用。企业法规作为制度文化的法律形态,为企业确定了明确的行为规范,是依法管理企业的重要依据和保障。

(2) 企业的经营制度。企业的经营制度是指通过划分生产权和经营权,在不改变所有权的情况下,强化企业的经营责任,促进竞争,提高企业经济效益的一种经营责任制度,是企业制度文化的组织形态。

(3) 企业的管理制度和经营观念。没有规矩,无以成方圆。一般来说,企业法规和企业经营制度影响和制约着企业文化发展的总趋势,同时也促使不同企业的企业文化朝着个性化的方向发展。但真正制约和影响企业文化个性的原因,是企业内部的管理制度和经营观念。企业的制度与企业的经营观念有着相互影响、相互促进的作用。合理的制度必然会促进正确的企业经营观念和员工价值观念的形成;而正确的经营观念和价值观念又会促进制度的正确贯彻,使职工形成良好的行为习惯。

3. 企业行为文化

企业行为文化是指企业员工在生产经营、学习娱乐中产生的活动文化。它包括企业经营、教育宣传、人际关系活动、文娱体育活动中产生的文化现象。它是企业经营作风、精神面貌、人际关系的动态体现,也是企业精神、企业价值观的折射。

从人员结构上划分,企业行为中又包括企业家的行为,企业模范人物的行为,企业员工的行为等。企业的经营决策方式和决策行为主要来自企业家,企业家是企业经营的主角。在具有优秀企业文化的企业中,最受人敬重的是那些集中体现了企业价值观的企业模范人物。这些模范人物使企业的价值观"人格化",他们是企业员工学习的榜样,他们的行为常常被企业员工作为仿效的行为规范。企业员工是企业的主体,企业员工的群体行为决定企业整体的精神风貌和企业文明的程度。

4. 企业精神文化

企业的精神文化是用以指导企业开展生产经营活动的各种行为规范、群体意识和价值观念,是以企业精神为核心的价值体系。

企业精神是企业价值观的核心。企业精神是企业广大员工在长期的生产经营活动中逐步形成的,并经过企业家有意识的概括、总结、提炼而得到确立的思想成果和精神力量,它是企业优良传统的结晶,是维系企业生存发展的精神支柱。集中体现了一个企业独特的、鲜明的经营思想和个性风格,反映着企业的信念和追求,也是企业群体意识的集中体现。企业精神具有号召力、凝聚力和向心力,是一个企业最宝贵的经营优势和精神财富,它不是可有可无的,而是必不可少的。

(二) 企业文化的特征

1. 时代性

企业不但存在于一定的社会条件这一空间环境中,而且同时处在一定时间环境这一时代条件下。企业在一定的时空条件下产生、生存与发展,企业本身就是当时社会政治、经济、文化的折射,所以,企业文化中必然反映出特定的时代精神,例如:20世纪50年代鞍钢的"孟泰精神",60年代大庆的"铁人精神"和煤炭系统的"石圪节"精神,以及原大同矿务局的"特别能战斗"精神。

2. 人文性

企业文化学说作为以人为中心的现代管理发展中的新阶段、新思想,它高度重视对企业中人的因素的管理与激发,虽然如此做的终极目标在于企业价值的顺利实现,但这并不妨碍企业以开发人的潜能为切入点的管理模式而为企业带来的巨大张力。企业的成长与发展需求与个人的成长与发展需求在企业文化这个层面达到了完美的契合。企业文化是一种以人为本的文化,着力于以文化因素去挖掘企业的潜力,尊重和重视人的因素在企业发展中的作用。

3. 民族和区域性

任何企业都必然存在于特定的国家、地理区域和民族聚居范围内。因此,企业文化总会受到特定国家历史、民族传统和区域习俗的影响,它们会从各方面给企业文化打上自己的烙印,形成某种企业文化特定的区域特质。例如,蒙牛企业文化概念是"草原文化"、海尔企业文化概念是"海文化",等等。

4. 系统性

企业文化是一个整体的有机系统,企业文化的各个构成要素以一定的结构形式排列,各个要素相对独立,各司其职。同时,企业文化又是一个系统工程,是一个严密有序的有机结合体,由企业内互相联系、互相依赖、互相作用的不同层次、不同部分结合而成。企业文化既然以企业价值实现为最终目标,那么就不可能不涉及企业的战略规划;既然以人为本,那么就不可能不涉及人力资源开发;既然是一种管理方法,那么就不可能不涉及企业的管理制度……可以说,企业文化今天之所以被管理界推崇备至,与它的这一性质不无关系。

二、企业文化的内容

(一) 企业目标

确定企业目标必须要从总体上体现企业经营发展战略,有一定的竞争性和一定的超前性,注意解决好经济效益与社会效益的关系。考虑到企业目标的复杂性、动态性、现实性,制定与贯彻企业目标,都要按客观规律办事,争取企业目标最佳化。

(二) 企业哲学

现代企业必须着眼于培养企业家和企业员工的哲学思想,以转变观念和思维方式,正确处理企业中人与人、人与物、人与经济规律的关系,统一全体员工的思想,激发企业活力,带动企业前进。

(三) 企业价值观

企业价值观是企业文化的核心,它决定和影响着现代企业存在的意义和目的,现代企业各项规章制度的价值和作用,现代企业中人的各种行为和企业利益的关系,为现代企业的生存和发展提供了基本方向和行动指南,为现代企业员工形成共同行为准则奠定了基础。

(四) 企业精神

企业精神是企业文化的高度浓缩,是企业文化的灵魂。企业精神的内涵应该丰富而深刻,意义重大而深远。企业精神具有强大的凝聚力、感召力和约束力,是企业员工对企业的信任感、自豪感和荣誉感的集中体现,是企业在经营管理过程中占统治地位的思想观念、立场观点和精神支柱。

企业因自己的生产方式、历史传统、产品结构、管理风格、员工状况的不同,受社会潮流、民族精神的影响,必然会形成自己独特的企业精神。这种独特的企业精神一般应包括企业对远大目标的追求、企业和员工强烈的命运共同体意识、企业所肩负的崇高使命、企业正确的价值观和方法论、企业有效的激励机制等。

(五) 企业道德

企业道德必须包括以下内容:遵纪守法,国家、企业、个人利益统一;履行社会职责,向社会负责,诚实守信;公平竞争,互惠互利;优质适价,竭诚为消费者服务;重视人的价值,关心爱护员工;不断创新,追求卓越,等等。

(六) 企业制度

企业制度一般指企业的规章制度或管理制度,是现代企业组织或群体为了维护其生产、工作和生活秩序而制定、颁布执行的书面的规划、程序、条例及法规的总和。

(七) 企业文化活动

企业文化活动的内容很多,主要包括:为提高企业员工的文化素质和劳动技能开展的学习培训活动;为开发企业员工智力,培养员工的创造性和成就感开展的技术创新活动;为培养和提高企业员工艺术审美水平和艺术创造能力开展的文学艺术活动;为丰富企业员工的精神生活开展的陶冶员工情操的娱乐活动;为培养企业员工勇敢拼搏精神,增强体质开展的体育竞技活动;为使员工增强对企业的感情,加深对企业福利环境和文化氛围的依恋开展的福利性活动;为了使员工树立起主人翁意识,强化和确立共同理想和现代企业意识开展的思想性活动等。

(八) 企业环境

企业环境包括企业的内部环境和外部环境,不同的内部和外部环境,是使企业文化具有个性的重要原因。一般来讲,企业的内部环境,是构成企业文化的重要因素;企业与外部环境的关系,则综合地体现了企业的基本信念、价值观、道德风貌和经营哲学。

(九) 企业形象

企业形象包括的内容很多,但基本的内容有:企业理念形象、企业外表形象、企业产品形象、企业领导者形象、企业员工形象、企业目标形象、企业经营形象、企业销售服务形象、企业公共关系形象等。

企业文化和企业形象是内容和形式的关系,没有良好的企业文化,就不可能有良好的企业形象,良好的企业形象背后必然有良好的企业文化。企业形象反映的是企业个性文化的形象。因为企业的特有形象是由企业的思想、信念、策略、方针、准则、价值观等构成的。

（十）企业创新

企业创新实质上是指企业文化的创造力，是企业文化的一个重要组成部分，在知识经济时代，企业创新是企业持续发展的源泉，是确保企业成功的关键。

三、企业文化的功能

通过企业文化的内涵及内容可知，企业文化就是要回答一个企业里人们应该怎样生活与工作的问题，它是一个价值评价的准则，是制度的一个源泉。它反映了一个群体的追求，影响着企业成员的日常行为。这种追求和影响表现在以下几个方面的功能上。

（一）导向功能

企业文化能对企业整体和企业每个成员的价值取向及行为取向起引导作用，具体表现在两个方面：一是对企业成员个体的思想行为起导向作用；二是对企业整体的价值取向和行为起导向作用。后者是更为重要的一方面。良好的企业文化使员工潜移默化地接受本企业共同的价值观，人们在文化层面上结成一体，朝着一个确定的目标而奋斗献身，这样，那些繁复琐碎的规章制度反而显得不怎么重要了。

（二）约束功能

企业文化是无声的号令、无形的管制。企业文化对企业员工的思想、心理和行为具有约束和规范作用。企业文化的约束不是制度式的硬约束，而是一种软约束。软约束产生的依据在于人的文化性和社会性，任何一个作为组织成员的人都有一种心理需要，那就是自觉服从基于组织的根本利益而确定的行为规范和准则。员工在企业中的行为如果得到承认和赞许，就能获得心理上的平衡与满足，相反，就会产生挫折感与失落感。这种约束会造成强大的使个体行为从众化的群体心理压力和动力，使企业成员产生心理共鸣，继而达到行为的自我控制。

（三）凝聚功能

企业文化的凝聚功能是指当一种价值观被企业员工共同认可后，在特定的文化氛围之下，员工们通过自己的切身感受，产生出对本职工作的自豪感和使命感以及对本企业的认同感和归属感，使员工把自己的思想、感情、行为与整个企业联系起来，从而使企业产生一种强大的向心力和凝聚力，发挥出巨大的整体效应。

（四）激励功能

企业文化具有使企业成员从内心产生一种高昂情绪和奋发进取精神的效应。企业文化把尊重人作为中心内容，以人的管理为中心。在一种"人人受重视，个个被尊重"的文化氛围中，每个人的贡献都会及时受到肯定、赞赏和褒奖，而不会被埋没。这样，员工就时时受到鼓舞，处处感到满意，从而有了极大的荣誉感和责任心，能自觉地为获得新的、更大的成功而瞄准下一个目标。企业文化给员工多重需要的满足，并能对各种不合理的需要用它的软约束来调节。所以，积极向上的思想观念及行为准则会形成强烈的使命感、持久的驱动力，成为员工自我激励的一把标尺。

（五）辐射功能

企业文化是一团很好的酵母、一种热力强大的辐射源。所以企业文化一旦形成较为固定的模式，它不仅会在企业内部发挥作用，对本企业员工产生影响，而且也会通过各种渠道(宣传、交往等)对社会产生影响。

第二节　企业文化的分类

鉴于企业文化是一种庞杂而抽象的概念，为了研究或测量的需要，常将企业文化予以分类，以使企业文化的抽象程度降低。对于企业文化类型，国内外专家和学者从不同角度提出了不同的观点。

一、库克与赖佛特的分类

库克与赖佛特把企业文化划分为 12 类，分别说明如下：

(1) 人文关怀的文化：鼓励企业成员积极参与企业事务，并相当重视团体中的个人。企业希望成员间能有开放的、支持的、建设的互动。

(2) 高度归属的文化：企业成员对其所属工作团体能有相当的认同、友善的态度、开放的心胸与强烈的满足感。

(3) 抉择互惠的文化：避免冲突，强调和谐的气氛，支持他人意见，可换取他人对自己的支持。

(4) 传统保守的文化：保守，重视传统，特色是层级节制，严密节制。要求成员顺从决策，恪守规则。

(5) 因循依赖的文化：层层严密监控，决策集权。

(6) 规避错误的文化：有罚无奖赏的文化，若表现优良，则理所当然。有"多做多错，少做少错，不做不错"的心态，企业成员不再愿意负担任何责任，将自己受责备的可能性降至最低。

(7) 异议反制的文化：此种企业充满了反制对立的意味，异议分子往往是令人赞赏的对象。企业成员会因所提之批评而声名大噪，获得崇高的地位与影响力。同时，也会使企业成员习惯为反对而反对，因而作出不切实际的决定。当然，适度的异议具有良性的刺激，但若过度，则会产生一些没有必要的冲突，问题不但很难对症下药，亦难获得解决。

(8) 权力取向的文化：此种企业不注重成员的参与，但重视职位所赋予的权威。企业成员相信，只要攀登管理阶层，监控部属，并对上级的需求做响应就能得到奖励。如此企业中，人与人之间的关系不再存在，取而代之的是职位与职位之间、角色与角色之间的关系。所以部属很可能会抵抗此种权威式的控制，因而降低贡献心力的意愿。

(9) 竞争文化：即成王败寇，企业成员会因突出的表现而受到奖励与重视，企业成员彼此处于竞争态势，不可自拔，合作意愿低。

(10) 力求至善文化：追求完美，坚忍而固执。企业中，努力不懈的人才会受到重视。企业成员皆避免犯任何错误，并使自己随时对周围事物保持高敏感度。

(11) 成就取向的文化：处事有条不紊、能够自行预定目标与完成目标的个人。

(12) 自我实现的文化：此种文化有三个特点：一是重视创造性；二是质重于量；三

是兼顾工作的完成与个人的成长。

进一步，Cooke 和 Rousseau(1988)对企业文化类型进行了整理，分为三大类，分别是：满足文化、安全/人际文化和安全/任务文化。如表 12-1 所示。

表 12-1　　　　　　　　　　　企业文化类型表

文化类型	企业文化子维度
满足文化	1. 人道帮助文化：为参与及人员导向的管理 2. 关怀亲爱文化：强调人群互动关系，分享感觉 3. 追求成就文化：强调员工自我规划目标并充满热情的完成目标 4. 自我实现文化：鼓励员工乐在工作、发展自我及时常创新
安全/人际文化	5. 赞同接纳文化：避免冲突的发生及重视人际的互动关系 6. 传统谨慎文化：公司为传统、保守及较高的控制性 7. 倚靠依赖文化：员工较依赖主管的决策，较少参与 8. 回避保守文化：企业对失败的员工则给予严重的惩罚
安全/任务文化	9. 对立抗衡文化：公司鼓励同仁间的对立及互相批评 10. 权力控制文化：成员重视争取更高的职位及控制部属 11. 强调竞争文化：成员努力与同伴竞争以争取奖酬 12. 完美主义文化：公司非常认同完美、持续力强及辛勤工作的员工

二、E·戴尔和 A·肯尼迪的分类

美国企业管理家 E·戴尔和 A·肯尼迪，在深入考察世界 500 强企业后，发现大部分企业的文化可概括为以下四种类型：

（1）硬汉式的企业文化：自信，个人主义挂帅，追求最佳及完美，提倡冒险精神、创新意识；鼓励企业内部的竞争，为企业的价值追求不断创新；风险高。

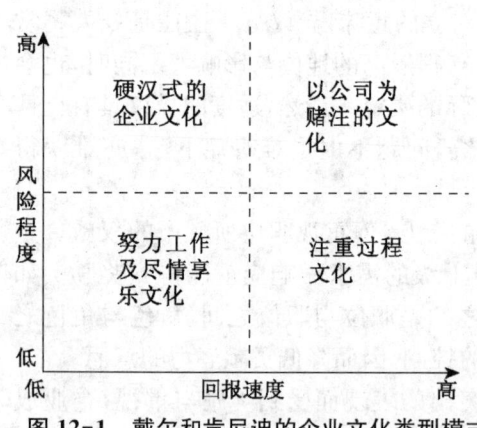

图 12-1　戴尔和肯尼迪的企业文化类型模式

（2）努力工作及尽情享乐文化：工作与娱乐并重，企业成员喜欢采用低风险、迅速回报的方式来取得成功；以紧张地努力工作来增强企业实力，避免大的风险。

（3）以公司为赌注的文化：决策中包含的赌注极大，需要几年后才知道结果。

（4）注重过程文化：很少回报或完全没有回报，成员很难衡量自己所做的事，只能把全部精神放在"如何做"上，也称"官僚"文化。

戴尔和肯尼迪的企业文化类型模式如图 12-1 所示。

三、Cameron 的分类

1985 年，密西根大学工商管理学院的 Kim S. Cameron 以企业接受风险的程度（内向—外向）及企业行为之弹性程度（弹性—控制）为构面，将文化分为四类：支持型文化、创新型文化、效率型文化及官僚型文化。

（1）官僚型文化：其特征是企业层级分明，有清楚的责任及授权，工作标准化和固定化，行事态度谨慎保守，此类型文化通常建立在控制和权力的基础上，不喜变革。

（2）创新型文化：其特征是面临的竞争环境较为复杂、多变、激烈及动态性，在这种环境下，具有企业家精神或充满企图心的人较容易成功，工作较具创造性、挑战性和冒险性。

（3）支持型文化：其特征是企业环境通常相当开放、和谐，有家庭温暖的感觉，企业中具有高度的支持、公平、鼓励、信任与开放，具有很高的相互合作精神，是十分重视人际关系导向的工作环境。接受变革。

（4）效率型文化：其特征是企业间重视绩效和讲究效率，存在相互竞争的氛围，经常冒大风险和接受大变革。

Cameron 的企业文化类型模式如图 12-2 所示。

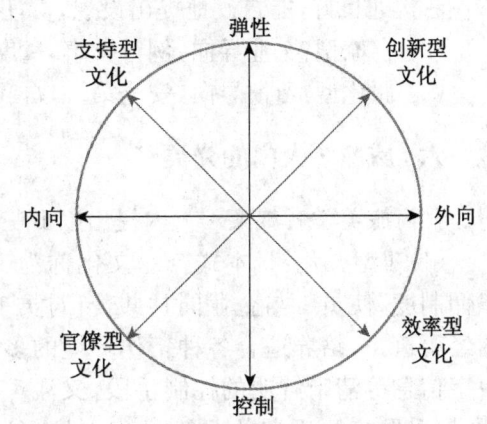

图 12-2　Cameron 的企业文化类型模式

四、Quinn[①] 的分类

Robert E. Quinn 教授认为用两个主要的成对维度（灵活性—稳定性）和（关注内部—关注外部），可将指标分成四个主要的类群，四个象限代表着不同特征的企业文化，分别被命名为以下几种：

（1）团队型：强调人际关系，企业就像一个大家庭，彼此帮忙，忠心和传统是重要的价值观，重视人力资源发展所带来的长期利益、士气及凝聚力。

（2）活力型：特点是强调创新与创业，企业比较松弛非规范化，强调不断的成长和创新，鼓励个人主动创新并自由发挥。

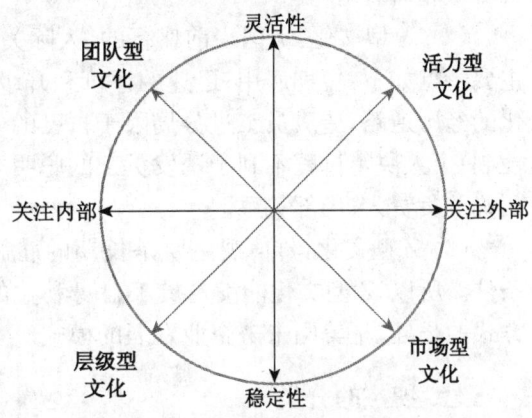

图 12-3　Quinn 的企业文化类型模式

（3）市场型：强调工作导向及目标完成，重视市场及产品，对市场有敏锐的洞察力。

（4）层级型：强调规则至上，凡事皆有规章可循，企业重视结构化与正规化，稳定与

---

① 罗伯特·奎恩，美国密西根大学教授，一直在美国密西根大学从事组织行为学和人力资源的管理工作，主要研究方向为组织的有效性和领导。他出版了众多著作，提出了用于分析组织内部冲突与竞争紧张性的竞争价值理论模型。

恒久是重要的观念。领导以企业有良好的协调和效率为荣。

Quinn 的企业文化类型模式如图 12-3 所示。

五、河野丰弘的分类

日本河野丰弘则把企业文化分为以下三种类型①：

(1) 活力型：具有活力，追求革新，挑战精神旺盛，无畏失败。有目标、面向外部，上下左右沟通良好，能自发地提出设想，责任心强。

(2) 官僚型：企业导向，例行公事，过度谨慎等。

(3) 僵化型：习惯导向，安全第一，自我保存，面向内部，行动迟缓，不创新。

六、威廉·大内的分类

日裔旅美学者威廉·大内提出以下三种企业文化类型②：

(1) J 型文化：日本式企业文化称为 J 型文化，主要特点是企业实行长期或终身雇佣制度，使员工与企业同甘共苦；对员工实行长期考核和逐步提升制度；非专业化的经历道路，培养适合各种工作环境的多专多能人才；管理过程既要运用统计报表、数字信息等清晰鲜明的控制手段，又注重对人的经验和潜能进行细致而积极的启发诱导；采取集体研究的决策过程；对一件工作集体负责；让人们树立牢固的正题观念，员工之间平等相待，每个人对事物均可作出判断，并能独立工作，以自我指挥代替等级指挥。

(2) A 型文化：美国当前盛行的、人际关系淡漠的企业文化模式称为 A 型文化，其主要特点如下：短期雇用、迅速的评价和升级，即绩效考核期短，员工得到回报快；专业化的经历道路，造成员工过分局限于自己的专业，但对整个企业并不了解很多；明确的控制；个人决策过程不利于诱发员工的聪明才智和创造精神；个人负责，任何事情都有明确的负责人；局部关系。

(3) Z 型文化：价值观主要是长期的雇佣、信任和亲密的人际关系、人道化的工作条件。所以，Z 型文化能满足员工自身利益的需要，符合美国文化，又学习了日本管理方式的长处，是美国未来企业发展的模式。

七、魏杰的分类

清华大学学者魏杰提出将企业文化归为经营性企业文化、管理性企业文化和体制性企业文化三个方面。经营性企业文化指的是企业在处理对内管理过程的各种关系中所形成的价值观和方法论。管理性企业文化是指企业在对外经营中所表现出来的价值观和方法论。体制性企业文化指的是为了维系企业体制而产生的企业文化。

企业文化类型各家说法不一，其分类构面有的从领导的角度划分，有的从员工的表现与态度划分，有的则以企业目标的达成划分；由于企业结构不同、企业目标不同、企业

---

① 河野丰弘：《改造企业文化》，台北：远流出版公司 1998 年版。
② 威廉·大内：《Z 理论》，朱雁斌译．机械工业出版社 2013 年版。

成员组合不同,其分类方式也不一样。企业文化的分类,根据需要,有的可将之合并,有的可以将之展开。在不失代表性的前提下,分类应以简洁明了、便于理解、方便使用为最佳。

第三节 企业文化与人力资源管理

一、企业文化在人力资源管理中的作用

企业人力资源管理的重要功能就是,为企业"选、用、育、留"合适的人才,为企业建立良好的人才梯队作贡献。企业文化是一个企业无形的宝贵财富。企业集体的声誉、成就感、荣誉感与员工息息相关。我们要积极发挥企业文化在企业人力资源管理中的作用。

1. 选人

企业文化作为企业的品牌,是企业的精神符号。在组织招聘或部门间调动(职位升、降等)时,一个人是否认同企业的企业文化,是招聘的一个依据;另外,在一些校园招聘或者网络招聘过程中,应聘者如果认同企业文化,则会主动投递简历,这样会大大提高企业的招聘效率。

2. 用人

古代有名的政治家晏子曾说过:"国有三不祥,夫有贤而不知,一不祥;知而不用,二不祥;用而不任,三不祥。"从我们企业用人的角度来说,就是要知人善任,用人不疑。具体来说,就是要做到:了解每一名员工,将其安排在合适的岗位上,使其个人的发展同企业的发展相结合,做到人尽其才。企业文化作为企业的精神引领,不但引导着企业管理者,同样引导着一线员工。在企业长期发展中积累下来的企业文化,会形成管理者和员工的自觉性、惯性行为。企业管理者的知人善任、不用人唯亲,员工的按规章制度办事、不违规操作都会受到企业文化的影响。

3. 育人

企业的有些特殊人才需要从社会上招聘,但如果能从内部选拔的,一般企业就不会去社会上招聘。因为,社会上招聘来的人,他们不了解公司的企业文化,而从企业内部选拔的员工,了解企业文化,明确企业目标,工作起来自然如鱼得水。

4. 留人

企业允许合理的人才流动,对于一些不适合企业发展的、成为企业发展累赘的,甚至是毒瘤的员工要坚决予以辞退;而新来员工则可为企业注入新鲜的血液,利于企业的创新。对于企业的当用人才,要设法留住他们,让其为企业作贡献。

二、企业文化对人力资源管理的影响

企业文化是在企业追求生存和发展过程中逐步形成的,它一旦形成,就会对企业经营管理发挥巨大的影响和制约作用,即使负责人更换,也会代代相传。

(一) 企业文化的变革与人力资源管理的关系

1. 招聘工作

从招聘阶段开始,人力资源管理者就要以企业文化为指导,向应聘者介绍企业的基本情况,特别是企业的文化、风格、工作作风、基本价值观念,要让应聘者充分认识企业的文化,从而感受到未来的工作环境。

2. 员工培训

人力资源部门的另一项比较重要的工作就是培训。它包括新员工进入企业后的技能培训和环境培训,帮助新员工了解和理解企业文化,增强核心价值观认同,使新员工的思想能够渗透到企业文化中去。它还包括对于新老员工定期组织企业文化方面的培训或研讨会,以不断深化对企业价值观的理解,让他们积极加入企业文化的变革中。人员的培训是保证企业文化变革的关键。在企业培训阶段,首先应对新员工加强企业文化知识的培训,使新员工对具有特色的企业文化有一个明确的认识。新员工对企业存在的问题会有强烈的感受和印象,人力资源管理者应认真听取新员工的意见,找出合理因素加以吸收,这样不仅会使新员工加快对已有文化价值观念的认同,而且更主要的是给企业文化注入新的活力,保持企业具有不断变革的动力。

3. 业绩考评

在员工业绩考评上,应将企业价值观念、风格等企业文化的内容作为多元考核指标的一部分,其中对企业文化的解释要通过各种行为规范来进行,通过鼓励或反对某种行为,达到诠释企业文化的目的。

4. 薪酬系统

公司应真正建立起符合新的企业核心价值观和企业原则的薪酬系统。薪酬系统表达并加强了构成企业文化的价值观和规范,对薪酬系统设计的仔细斟酌能够成功地修正企业文化,薪酬系统实际上可以成为管理者用来向组织成员传达态度和行为的有力机制。而且在企业中,以良好的文化为铺垫让工作表现好、对公司贡献大的员工受到明确的奖励和赏识,这样的人力资源政策的调整可以有效地强化企业文化。

(二) 企业文化对人力资源管理具有导向作用

导向包括价值导向与行为导向。企业价值观念与企业精神,能够为企业提供具有长远意义的、更大范围的正确方向,为企业在市场竞争中基本竞争战略和政策的制定提供依据。企业文化创新尤其是观念创新对企业的持续发展有很重要的作用。在构成企业文化的诸多要素中,价值观念是决定企业文化特征的核心和基础,企业必须对此给予足够的重视并使之不断创新,与时俱进。

三、企业文化与人力资源管理的相互融合

(一) 人力资源管理倡导建设企业文化

人力资源的组织优化管理,可以直接带来企业文化的深入开发,引起企业文化的优化变革。无论是只有几个人的个体企业还是拥有多个子公司的跨国集团,都会存在一种为大多数人所认可的行为意识,这就是企业文化的一种。当然,这种自发意识有好有坏,需要管理者对于有利于企业发展的文化进行提炼总结,并组织员工进行学习,督导

员工切实有效地践行。这样,才能有效发挥企业文化的积极作用。

大量的研究和实践证明,企业文化建设的关键在于让文化经历从理念到行动、从抽象到具体、从口头到书面的过程。人力资源管理工作必须围绕企业文化、核心价值观展开,广泛征求员工意见,共同探讨企业文化,取得对原有文化优势和糟粕的认知,最后采取扬弃的办法,保留原有企业文化的精华部分,并进行广泛宣扬,让全体员工都知道企业文化产生的过程,最终使隐性的企业文化完成质的飞跃。

在企业文化形成过程中,人力资源管理部门和企业领导层应进行有效沟通,确认企业文化是否把握到位、准确。企业领导者应做塑造企业文化的楷模,把理念转化为行动,使自己的工作与文化相结合,同人力资源管理部门一起用企业文化激励和约束员工。

(二)企业文化指导人力资源管理

企业文化一旦形成,它将反过来指导企业人力资源管理,使企业具有强大的生命力和发展动力。

1. 用企业文化优化企业的组织架构

最佳的组织架构有利于企业价值观的应用:一是总体的组织架构要适应企业的价值观;二是企业各个组成部分(某一部门或者某一岗位)的具体职责要与价值观紧密结合。在价值观的影响下,员工的自我管理能力会显著增强,企业管理也会变得更加简单、轻松。

2. 把企业文化运用到招聘和培训体系中

在招聘员工时,应该对应聘者进行两个方面的考察,即能力考察和应聘者观念是否与组织的价值观相吻合的考察。比如,团队合作是专卖稽查员最基础的价值理念,工作中需要团队成员共同努力完成各项工作任务,如果某一成员出现问题,会直接导致工作的失败。这就要求成员必须有很强的团队合作意识,那么人力资源管理部门在招聘新员工时就要考虑其团队意识强不强、是否具备团队合作能力等问题。另外,在培训方面,一是要对员工进行广泛的企业价值观培训,重点是让其认同企业价值观,理解价值观对于每一名员工的意义。二是针对企业的价值观进行相关的技能(包括领导力)方面的培训。比如,企业倡导人性化管理,而实际情况是管理者领导力欠缺,这时就应针对相关人员进行领导力提升方面的技能培训。共同价值观和精神理念可以激发企业的凝聚力,员工有了共同的价值观和精神理念,就会自觉地朝着共同目标前进,积极争取最佳的团队绩效和企业绩效。

思考与练习

一、基本概念

企业文化　企业形象　企业价值观

二、单项选择题

1. 企业的经营制度属于企业文化构成中的(　　)层次。

A. 企业物质文化　　　　　　　　B. 企业制度文化

C. 企业行为文化　　　　　　　　D. 企业精神文化
2. 20世纪50年代鞍钢的"孟泰精神"体现了企业文化的(　　)特征。
　　A. 时代性　　　　　　　　　　　B. 人文性
　　C. 系统性　　　　　　　　　　　D. 民族和区域性
3. 将大部分企业文化概括为"硬汉式的企业文化、努力工作及尽情享乐文化、以公司为赌注的文化、注重过程文化"的人是(　　)。
　　A. E·戴尔和A·肯尼迪　　　　　B. 库克与赖佛提
　　C. Kim S. Cameron　　　　　　　D. 威廉·大内
4. 企业文化的核心是(　　)。
　　A. 企业哲学　　B. 企业精神　　C. 企业道德　　D. 企业价值观
5. 具有重视创造性、质重于量、兼顾工作完成与个人成长等特点的企业文化类型是(　　)。
　　A. 传统保守的文化　　　　　　　B. 抉择互惠的文化
　　C. 自我实现的文化　　　　　　　D. 竞争文化

三、判断题

1. 提出"J型文化、A型文化和Z型文化"的人是Robert E. Quinn教授。　　(　　)
2. 古代有名的政治家晏子曾说过："国有三不祥,夫有贤而不知,一不祥;知而不用,二不祥;用而不任,三不祥。"这句话体现了企业文化对人力资源管理中留人的作用。
　　　　　　　　　　　　　　　　　　　　　　　　　　　　　　(　　)
3. 力求至善的企业文化要求企业成员皆避免犯下任何错误,并使自己随时对周遭事物保持高敏感度。　　　　　　　　　　　　　　　　　　　　(　　)
4. 企业精神是企业文化的高度浓缩,是企业文化的核心。　　　　　(　　)

四、简答题

1. 简述企业文化包含的内容。
2. 列举企业文化的功能。
3. 简要分析企业文化与人力资源管理的关系。

参 考 文 献

［1］朱长丰. 人力资源管理［M］. 北京：中国人民大学出版社，2014.
［2］吴强，阚雅玲，丁雯. 人力资源管理基础与实务［M］. 2版. 北京：中国人民大学出版社，2015.
［3］陈玲，黄英，温晶媛. 人力资源管理［M］. 北京：清华大学出版社，2016.
［4］姚泽有，张建国. 人力资源管理［M］. 北京：北京理工大学出版社，2012.
［5］林红，陈晖. 人力资源管理实务［M］. 北京：中国人民大学出版社，2015.
［6］杨明娜. 绩效管理实务［M］. 2版. 北京：中国人民大学出版社，2012.
［7］吴国华，崔霞. 人力资源管理实验实训教程［M］. 南京：东南大学出版社，2008.
［8］鲍立刚，覃扬彬，覃学强. 人力资源管理综合实训演练［M］. 大连：东北财经大学出版社，2008.
［9］李庆海，吴雪贤. 中小企业人力资源管理实训演练教程［M］. 北京：北京交通大学出版社，2009.
［10］秦志华. 企业人力资源管理原理［M］. 北京：清华大学出版社，2008.
［11］严新明. 人力资源管理［M］. 武汉：武汉大学出版社，2011.
［12］顾沉珠，时长胜. 人力资源管理实务［M］. 北京：北京大学出版社，2011.
［13］德斯勒，曾湘泉. 人力资源管理（中国版）［M］. 10版. 北京：中国人民大学出版社，2011.
［14］杨岗松. 岗位分析和评价从入门到精通［M］. 北京：清华大学出版社，2015.
［15］雷蒙德·A·诺伊，约翰·霍伦拜克，等. 人力资源管理：赢得竞争优势［M］. 7版. 北京：中国人民大学出版社，2013.
［16］刘昕. 薪酬管理［M］. 2版. 北京：中国人民大学出版社，2007.
［17］程延园. 劳动关系［M］. 北京：中国人民大学出版社，2002.
［18］陈汉文. 弹性福利——企业员工福利设计的新趋势［J］. HR论坛. 2007(04).